海亮教育科技服务集团分类办学课题组编

彭蕾　主编

编委：沈江峰　黄玲瑛　王婷婷

王国垣　姚澄彬　胡双双

# 分类办学：

## 为区域普通高中"千校一面"破局

上海教育出版社
SHANGHAI EDUCATIONAL
PUBLISHING HOUSE

# 序 一

## 普通高中多样化特色化的创新实践

高中是国民教育体系的"腰",它上接高度专业化的高等教育,下连国民基本素质的义务教育,处于过渡位置,尤为关键。因此,才有"赢得高中就赢得人才"的说法。党的二十大报告明确提出"坚持高中阶段学校多样化发展",在当前普通高中招生、高考高招以"统一"为标志的前提下,高中学校如何走向多样化、特色化,为"千校一面"破局,这是一个重大的时代课题。

早在 2018 年,海亮教育开风气之先,在浙江诸暨开始了分类办学的探索,提炼办学理念,建设特色课程,培养师资队伍,优化教学评价,充实校内外资源,努力实现集团内的海亮高级中学、海亮实验中学、海亮外语中学、海亮艺术中学错位发展,初步形成以科技、人文、外语、艺术为特色的高中分类办学格局。集团内各校办学特色鲜明,品牌辨识度不断提升,并尝试将自己的探索经验概念化——凝练了"高远海高""博雅海实""多元海外""向美海艺"的办学特色,这既满足了学生多样化的学习需求,也得到了家长与社会的认可。此类经验难能可贵,它不仅代表了一种引领性的实践创举,而且建构了一种典型性的"中国经验"。

高中学校多样化、特色化的核心是课程体系的建设与完善。如何明确学校课程之魂——毕业生形象,如何建设与之匹配的课程框架、科目设置、学分分配,以及如何整合国家课程与校本课程,如何兼顾个人发展、学校特色与国家课程有效实施的需求,这些问题都是我们需要共同面对的专业挑战,感谢海亮教育为破解这些难题提供了一种可贵的探索!

崔允漷 华东师范大学课程与教学研究所

# 为草根性教育探索而歌

浙江诸暨历来人文荟萃，每逢改革必有踊跃前行者。彭蕾女士，诸暨海亮教育副总裁，在高中教育领域摸爬滚打 20 多年。前不久，她递给我一份手稿，讲的是区域性普通高中"千校一面"应如何破局，让我眼睛为之一亮，这不正是我们高中校长时常为之苦恼的一个问题吗？当然，没有在真实的校园场景中泡上十年八年，是看不清楚这个问题的本真，也是拿不出解决问题的实招的！基于此，我对手稿进行了仔细研读，读后有三个至深直觉：

一、问题的提出，既切合实际，又合潮流，引人思考。在我们辽阔的祖国大地上，学校众多，堪称史上之最，但"出群拔萃"者不多，为什么？千校一面也！这极大地束缚了我们数以千万计校长和教师的首创精神和主观能动性，也极大地束缚了数以亿计学生的自主精神和创新创造能力，这是一屡见不鲜的大问题。而把教育实践扎根在城乡接合部的彭校长敢于直面这一问题，"赤脚的不怕穿鞋的"，可见改革者之本色。

二、把解决问题的思路聚焦到分类办学、逐校优化、形成闭环的模式上，让"泥土"里"长"出学校的新样态，令人欣喜。一般来讲，结构决定功能。从区域的角度，把数理高中、人文高中、外语高中、艺术高中打通，形成生态型教育绿地，使每所学校都能活，让每所学校都很牛，是学生之幸，是家长之幸，更是教育的生命之幸！

三、问题的解决不仅仅是结构意义上的改变，更是对学校本身意义的寻找。故此，四类特色课程，数理、人文、国际、艺术类课程大力推出；各种亮点活动举办，如关于项目制学习的，弘扬主题精神的，自主式体验的，等等，校园无围墙的评价迭起，让校园展现了一幅欣欣向荣的景象，好不美哉！

总之，草根性的探索是难得的，非常艰辛，但仅止于此又是遗憾的。期待彭校长敢于突破这一困境，走出一条理论与实践高位结合的新路子，耕耘不辍。

是为序！

叶翠微　海亮教育管理集团总校长

# 前　言

　　普通高中多样化发展是建设高质量教育体系的重要支撑。党的二十大报告提出要"坚持高中阶段学校多样化发展",办好人民满意的教育。2019年国务院办公厅印发的《关于新时代推进普通高中育人方式改革的指导意见》明确指出,帮助学生树立正确理想信念、正确认识自我,更好适应高中学习生活,处理好个人兴趣特长与国家和社会需要的关系,提高选修课程、选考科目、报考专业和未来发展方向的自主选择能力。2020年《浙江省普通高中学校实施分类办学促进特色发展改革试点工作方案》(以下简称《浙江省方案》)出台,要求切实改变普通高中学校长期形成的"千校一面"状况,指出要在区域内通过整合课程、教学、评价、资源配置等更为综合的方式来推进普通高中学校的多样化发展,不同学校形成各自的发展优势,逐步从分层办学走向分类办学,实现错位发展,形成区域内普通高中教育"百花齐放"的发展格局,促进基础教育更加公平、更有质量。《浙江省方案》提出要在全省形成一批办学特色遍及科技、人文、体艺、综合等多个领域,有效满足学生多样化学习需求的现代化普通高中学校。《浙江省方案》的出台推动了高中分类办学的实践和探索,标志着浙江省高中分类办学进入了政策落地的阶段。

　　海亮教育科技服务集团是分类办学的积极实践者。早在2017年12月,总校长叶翠微就提出了分类办学的设想,确定了"人皆有才,人人成才,让每个生命出彩"的办学理念,在2018年海亮教育便已在诸暨区域开始进行分类办学探索。目前海亮高级中学、海亮实验中学、海亮外语中学、海亮艺术中学初步实现特色化发展,已经形成以科技、人文、外语、艺术为特色的高中分类办学格局,满足了学生多样化的学习需求,并取得了一定成果,得到了家长和社会的认可。

正是因为前期的理念和实践准备的成效,在《浙江省方案》出台后,海亮教育申请成为绍兴地区普通高中分类办学的试点学校,同时申报了"区域内普通高中分类办学研究与实践探索""分类办学背景下高中特色课程建设、评价的实践与研究"两个省级课题,将分类办学作为实践与理论探索的重要主题。《分类办学:为区域普通高中"千校一面"破局》一书既是海亮教育对普通高中分类办学几年来理论与实践探索的经验总结,也是两个省级课题研究成果的初步呈现,希望通过将海亮教育多样化发展的实施路径与推进机制进行经验提炼,能够为其他试点区域提供借鉴。

全书共分为六个章节。第一章是绪论,阐述了高中分类办学的价值归属,介绍了海亮教育高中分类办学的缘起和思路;第二章是关于高中分类办学特色课程的设计和开发,从特色课程体系的顶层设计、国家课程校本化的设计、校本课程的设计三个方面对海亮教育数理、人文、外语、艺术四类特色课程体系进行了详细展示;第三章介绍了海亮教育数理、人文、外语、艺术四类特色课程的实施与改进过程;第四章介绍了分类办学与特色课程建设的成效与评价,既有海亮教育对分类办学各校的评价,也有专家、家长、学生对各校特色课程的评价,同时展示了各校分类办学的成果;第五章总结了分类办学与特色课程建设的经验;第六章提出未来发展的思路和建议,探讨高中分类办学的未来趋势和方向。

最后,感谢为此书提供支持和帮助的华东师范大学王涛教授团队,感谢海亮实验中学徐强主任、江琪老师、刘洋老师、谢清慧老师、赵敏哲老师、罗立菲老师,海亮外语中学谈磊主任、张志伟老师、王丝雨老师、王蕾老师、李奕锡老师,海亮高级中学姜志超主任、周文杰老师、计启迪老师、郑莉娇老师、高虹飞老师,海亮艺术中学闫泽伦老师、姚鑫珂老师,海亮科技集团唐雨竹老师,海亮教育科技服务集团冯茜老师在内容撰写与不断精炼上的付出。感谢各校教师的支持,感谢学生和家长的宝贵意见。希望此书能够对高中多样化发展的理论研究和实践探索起到一定的指导作用,推动高中教育改革的不断深化。

# 目录

# 第一章

# 分类办学的价值与意义

随着社会发展进步和产业分化与升级,对于不同类型人才的需求与日俱增,同时教育也越来越重视个体的兴趣培养和个性发展,这都使得教育需要改变其类型过于单一的现象,适应社会和个人需要,提供不同类型的教育。相较于义务教育阶段更关注人才培养的共同基础,以专业划分的高等教育强调不同专业间的分流培养。高中作为衔接义务教育和高等教育的重要环节,需要推动人才培养从共同基础向专业分化成长、过渡。在这一过程中,高中需要促成个人志向的初步形成、个性能力特征的初步显现,以及个体长远兴趣的逐渐聚焦。由此,才能更好地适应高等教育的要求,并为长远发展打下坚实基础。所以,高中阶段需要实行分类办学,将分类办学特色与国家统一要求结合,帮助不同类型的学生完成自我定位、实现个人成长。

海亮教育在二十余年集团化办学的基础上,于2017年底重新梳理整体办学理念和不同学校的特色办学方向,正是上述思考的自然延伸。一方面,基于海亮教育办学经验的沉淀,海亮教育思考人才的多元化定义,以及如何培养多元化的人才,真正落实"为党育人,为国育才"的要求。另一方面,出于对高速成长中的海亮教育未来发展的设想,为了应对未来的挑战,需要思考如何协调不同学校的教育定位和建设方向,才能使得教育资源得到合理有效的应用,而不至于陷入同质化竞争的困境,以更好地打造海亮教育多样化的教育名片。这样的思考使得海亮教育在分类办学的实践中,并不只是在做政策的"贯彻执行",而是在主动地"统筹规划",在推进特色化过程中,实现育人目标。

基于不同的办学基础、办学历史、办学资源等,海亮教育在区域内形成了四所各具特色的高中,分别为数理类、人文类、外语类、艺术类。确定好各校的发展定位后,海亮教育清晰地认识到特色课程建设是达成分类办学目标的必由之路,搭建一套国家课程、校本课程和特色活动齐头并进的特色课程体系是落实分类办学要求的重中之重,这需要从课程目标、课程设计、课程实施、课程评价、课程保障等方面进行系统性的建设。同时,需要注重人力、财力、物力的匹配,以及相应的组织建设和制度建设,以保障特色中学建设的平稳有序进行。一所中学自身特色的形成不是一朝一夕之功,而是需要长期的探索与沉淀。海亮教育有决心和信心持续推动课程体系、管理体系的完善,不断优化课程品质、提高育人质量,最终形成特色人才培养的办学优势和鲜明风格,在数理、人文、艺术、外语等方面发展成优势明显、成效显著的区域内普通高中群。

为了更好地实现上述目标,海亮教育在申请成为绍兴地区普通高中分类办学试点学校的同时,还以分类办学为主题申报了两项省级课题,分别为"区域内普通高中分类办学研究与实践探索""分类办学背景下高中特色课程建设、评价的实践与研究",以求将实践与研究相结合。本书即是针对海亮教育分类办学实践的阶段性经验汇总,研究的意义与价值主要有三点:一是希望能为解决目前教育集团在快速发展过程中所遭遇到的实际问题提供经验和启发。二是能为正在或将要开展分类办学与特色课程建设的学校提供成功样本和经验参考。通过总结区域分类办学优秀案例的实践经验,提炼分类办学与特色课程建设机制,凝练建设要点。三是响应国家"乡村教育振兴"政策,在促进海亮教育自身办学质量升级的同时,能够将多元化的办学实践所积淀下来的丰富经验进行归纳,赋能欠发达地区的教育,促进当地高中依据自身特色实现跨越式发展,为教育优质公平贡献"海亮智慧"。

# 第一节　分类办学的价值和路径

## 一、政策号召

国家出台相关政策以及地方实践推行分类办学与我国教育在新形势下遇到的新问题,以及进行的针对性新布局有关。2010 年全国高中阶段教育毛入学率达到了 82.5%,这意味着我国普通高中教育正式迈进大众阶段。在此之前,中央的政策定位多在发展重点高中、示范性高中,是特定社会阶段下"效率优先"价值取向的体现。重点高中、示范性高中的相关政策一定程度上伴随着高中之间的不良竞争,以及由此带来的校际差距拉大,社会资源的单侧倾斜,影响了教育生态和公平。该政策偏重于选拔的工具价值,忽视了育人的内在价值。关于高中定位中"双重任务""大学预科说""基础+选择""内外融合"等观点,实际上正是在讨论如何重新调整高中教育功能、实现高中教育体系优化,这正是高中分类发展的根本性问题。

2010 年发布的《国家中长期教育改革和发展规划纲要(2010—2020 年)》首次提出了高中学校多样化发展的目标,拉开了高中特色发展的序幕。之后,《关于做好普通高中新课程新教材实施工作的指导意见》《关于新时代推进普通高中育人方式改革的指导意见》等相关政策陆续出台,政策定位从效率优先转变为公平与效率兼顾。实践已经证明:以升学率高低配置生源的分层办学方式,会制约学校办学特色的形成,更会影响学生的多样化发展,所以要求完善德智体美劳全面发展的培养体系,健全立德树人落实机制,要深入推进适应学生全面而有个性发展的教育教学改革。紧随其后的是,2022年教育部印发《普通高中学校办学质量评价指南》,通过以评促建的方式,避免用"同一把尺子"衡量不同学校的办学成果,为促进普通高中多样化有特色发展提供了制度标准和保障。

国家的一系列政策中,"普通高中多样化发展"成为基础教育系列文件的高频词,并在培养体系、课程实施、组织保障、多主体评价管理等政策上相互配套支持,实现社会各方力量协同育人。政策层面的大力引导与宣传,一定程度上促进了高中办学模式的探索与变革。

在国家政策的引领下,地方政府积极响应和贯彻,普通高中特色发展在浙江省演变为高中学校的分类办学模式。伴随着国家新高考新课程新教材改革、学生减负要求的提出,浙江省14个部门联合发布的《浙江省中小学生减负工作实施方案》,初次提出了以高中分类办学的思路,来深化育人方式改革。在教育领域,政策的落地往往采用先试点再推广的方式,所以省教育厅出台了《浙江省普通高中学校实施分类办学促进特色发展改革试点工作方案》(以下简称《浙江省方案》),迈出实践的第一步。《浙江省方案》充分总结并认识到当前区域内普通高中"千校一面"的问题现状,要以"分类办学、错位发展"为原则,在区域内通过整合课程、教学、评价、资源配置等更为综合的方式,形成"百花齐放"的发展格局。其中,课程体系作为普通高中特色化办学的重心,可以通过丰富学校选修课、必修课、选择性必修课,培育学校优势学科,更好满足学生多元化学习需求,实现高中教育内在价值和功能价值的一体化。

## 二、理论基础

关于高中分类办学的理论讨论主要集中在特色化培养的教育价值,此问题通常围绕三个子问题展开:一是学校发展对教育资源差异化分配的需要;二是社会进步对差异化人才的需求;三是个体成长对差异化培养的需要。例如,陶西平就曾提出高中教育面临的三个困惑,分别是人才类型的多样化和培养模式的趋同化之间的矛盾、人的发展的个性化和学校发展的同质化之间的矛盾,以及学校竞争的激烈化和办学人员的惯性化之间的矛盾。在诸多特色化办学案例中,都能看到上述矛盾如何驱动着各所学校走向各具特色的发展道路,形成分类办学的新格局。

(一) 教育生态位理论

高中办学的特色化、分类化,即人才培养的个性化、差异化。从教育领域整体看,差异化战略符合教育生态构建的方向。二十世纪中期,美国教育学家克雷明提出了"教育生态位"的概念。根据生态位理论,同一地区不同物种可以占据环境中的不同生态位,而不同生态位对应着不同的资源获取途径。如果物种间的生态位高度重叠,那么种群之间对于资源的竞争就会非常激烈,如果生态位完全分离,又会因竞争缺乏,使得资源获取效率不能激发到最高,同样导致生态位资源的浪费。那么,从该理论看,教育领域的资源如果过分集中到同类型组织,会在相互竞争中损耗资源。教育领域的生态位过于集中会导致教育的覆盖面过窄,使得学生个体的很多其他方面的潜能难以被充分激发,导致社会人力资源的浪费。

不论是从教育组织本身的运转出发,还是从教育领域的资源高效使用切入,都会发现差异化是其进一步发展所需依赖的重要战略。

(二) 多元智能理论

美国教育心理学家加德纳在 20 世纪 80 年代曾提出多元智能理论,认为人类思维和认识方式是多元的。他反对单一的智商决定论,倡导弹性和多因素组合的智力观,并据此提出全面的、多样化的人才观,提倡积极平等地对待不同学生,进行个性化的因材施教。这一观点与美国二十世纪中期的人本主义教学理论相互呼应,其代表人物罗杰斯就提出教育应该注重个性的充分发展,以培养能够自主发展和积极实现自我价值的人。

(三) 人的全面发展理论

马克思认为"人的全面发展"是人类社会发展的最终目标,人类的全面进步和个人的全面发展是经济社会发展的出发点和落脚点。而人的全面发展是指人的精神和身体、个体性和社会性都得到普遍而充分的自由发展,包括四个层次的内涵:(1)完整发展,是指人的各种最基本或是最基础的素质必须得到完整的发展,各个方面可以有发展程度上的差异,但缺一不可,否则就是片面发展;(2)和谐发展,人的各种基本素质必须获得协调的发展,各方面发展不能失调,否则就是畸形发展;(3)多方面发展,指的是人的各种基本素质中的各素质要素和具体能力在主客观条件允许的范围内尽可能多方面地发展;(4)自由发展,是人自主的、具有独特性的和富有个性的发展。

"人的全面发展"不仅是马克思主义的基本原则之一,也是中国教育方针的理论基石,它要求教育者不能在教育中只注重人的个别方面,而是要在突出重点的同时,实现"五育并举",促进德智体美劳全面发展。

上述理论启发教育者需要关注作为义务教育和高等教育衔接环节的高中时段中的学生变化。在高中阶段,学生开始由基础相同的义务教育阶段,逐步向着高等教育阶段的分流培养过渡,个性需求和社会需求的差异化初现端倪。只有在这一阶段引入差异化战略,实践分类办学,才能使得人的潜能得到更充分的激发,教育资源得到更有效的利用。

## 三、现实意义

分类办学对于高中教育的现实发展和人才培养的具体实践也都具有重要的现实意义。杰森(Jesson D.)、托尼·布莱尔(Tony Blair)等学者通过对学校绩效的增值分析发现,特色学校比普通学校在提升学生学业成绩上取得了更大的进步。学业成绩提高是分类办学有效的一个重要证明,学生综合性发展也需要分类办学的支持。

### (一)我国高中办学现状

目前,我国的普通高中多样化发展仍处于初步探索阶段,尚未形成一套完善的体制、机制,各省在国家政策的激活和引导下,通过试点办学模式"摸着石头过河",没有形成区域内分类办学的典型案例和可供参考和推广的办学经验。分类办学的难点在"类"字,在区域内纠偏以往分层发展的方向本身难度较高,在没有标准化分类理论、方法路径可供参照的现实窘迫情况下,即使一所学校想要尽快调转船头,快速定位到适合自身发展的类型,也往往是有心无力。

社会对于特色办学的认知通常也较浅,认知偏见的修正不在一朝一夕,而是需要时间的力量。在高中校长、教师群体中甚至都还存在艺术类、体育类高中就是成绩差的学生聚集的学校的认识误区,更何况是大众的认知。当然,也需要第一个吃螃蟹的人，用成功的结果来说服和示范引领。

（二）海亮教育的使命担当

2021 年 9 月，海亮教育正式确立了自身发展史上最重大的一次战略抉择——启动"乡村教育振兴行动"。乡村教育振兴千头万绪，其中，县域学校的地位非常重要。县域学校联结着城市和乡村，铺就中国教育的底色和乡土的深情。但如今许多县域中学却深陷困境。教育和管理的理念及模式的落后既是"县中困境"的结果之一，也是重要原因之一。各地各校的情况存在一定的差别，较难找到一套普适性的方案。为此，海亮教育一方面走入县域之中，通过服务一所学校作为典型带动整个县域教育发展，另一方面也希望借助自身分类办学的尝试，探索更为丰富多样的办学模式，并将沉淀下的不同类型学校的管理经验在县域教育中进行对应推广，以此贡献海亮实践和海亮经验，彰显海亮教育的社会责任和使命。

本研究深刻地认识到，分类办学要实现多样化培养目标，不能只满足学生升入重点大学这一需求，还要为不同成长路径的学生寻找到合适的出路。同时，从创新人才培养模式的要求出发，在为学生升入大学打基础的过程中还要开发不同学生的潜能，培养更有特长或专长的学生，以满足大学对多样化优秀生源的需求。再次，还应着眼于培养与地方经济社会发展相适应的合格公民和实用人才，推动学校科学教育和文化教育的深化，提升青年人的科学素养和人文素养，从而增强普通高中教育为当地经济、社会发展服务的能力。最后，应通过组织多样、健康、活泼的文化、体艺、劳动与综合实践活动，让每个学生都掌握基本的体育运动技能、艺术特长与劳动技能，为学生提供自主发展的空间。

（三）海亮教育在发展中遇到的问题

随着集团内高中的不断开设与发展，为了避免同质化竞争，实现资源有重点的配比，需要解决的关键问题有：一是特色具备，但品质不足，体现为分类办学机制、课程体系不够完善，实施体系还不够精准，办学特色还不够突显。二是教师队伍水平与特色办学不匹配。专业队伍的结构有待优化、教师认知和专业支持有待提升，尚不能完全满足学生个性化发展和优质高中发展的需求。三是与分类办学相适应的学生实践不足，实践类课程有待进一步开发，以让学生用知识去解决学习和生活中的实际问题。四是特色办学评价体系有思路，但未成形落地。评价往往是引领教育发展的手段之一，需要慎之又慎。作为一项系统化工程，对于评什么、怎么评、谁来评需要形成一套科学、合理，促进特色发展的可实操性方案。

# 第二节　分类办学的缘起和过程

## 一、办学缘起

海亮教育在国家和浙江省相关政策正式出台前，出于民办教育生存发展的需要，就已经开始了分类办学的实践。区域内多所高中彼此之间存在一定的竞争关系。如何化解同质化竞争的风险，减少资源浪费，甚至通过调整，为彼此之间更好地开展合作奠定基础，是海亮教育在战略规划时需要考虑的重要问题。为此，海亮教育开始思考如何基于各校的发展历史、资源禀赋以及实际情况的差异，与社会多元化的需求和学生个性化的需要充分结合，选择适合各自学校的不同发展方向，引导学校之间形成差异化的竞争样态，并以此构建内部的良性生态。

在这一调整过程中，民办教育的特点为海亮教育的探索提供了条件和便利。首先是民办教育自身的敏感性与灵活性。这一方面是指它对于外部新形势的变化更为敏感，特别是学生和家长对于教育多样化的需求，海亮教育能够感同身受，并愿意为此供给教育资源，来填补教育市场中的空缺，提升家长和学生的满意度；另一方面则是民办教育的机制更为灵活、效率更高，对于内部的分工调整可以做到速度更快、力度更强。其次，海亮教育拥有深厚的资源基础。背靠名列世界500强企业的海亮集团，拥有相对充足的经费支持和资源支持，能够支持各种新形式的探索。最后就是得益于长三角地区的经济生态、文化生态与教育生态。作为地处长三角经济发达地区的国际化集团下属教育服务板块，海亮教育一向具备开阔的国际视野，紧扣时代发展的脉搏，对于新理念、新主张敢想敢做。这也驱动着海亮教育人敢为人先，先行在集团内部推动分类办学实践。

## 二、办学愿景

### (一) 办学历史与需求

海亮教育办学的历史,既见证了 20 世纪 90 年代中期以来中国民办教育的历史演变,也在持续回应着教育如何随着时代变迁,保持"为了人根本的需求和发展"的初心。在这一过程中自然形成了对于多元化办学的需求,积累了不同类别的教育经验。这些前期积累为海亮教育开展分类办学的实践凝聚了教育共识,打下了坚实基础。

海亮教育由属于世界 500 强企业的海亮集团于 1995 年创立,起初建设的是一所外国语学校,后开设高中部。自 2003 年开始,学生提出国外升学以及个人发展的需求,助推外语办学扩大化,由原本的外教口语兴趣课发展到英语专业语言课程。之后,学生升学方向多元化,从以英语为母语的国家和地区扩大至日本、韩国、西班牙等国家定向留学。为了满足学生的专业发展需要,海亮外语中学于 2018 年 8 月成立。外语教育是海亮教育坚持至今的传统,也成为海亮外语中学继承发展的特色。

回溯 20 世纪 90 年代,经过数年办学积累,海亮教育的初中毕业生对于在海亮高中学段继续求学展现出强烈的需求。这一需求推动了海亮教育的资源升级,也促使海亮教育在 2000 年创办了海亮实验中学(原诸暨私立高级中学),这是海亮教育办的第一所普通高中。在发展过程中,海亮实验中学的文科教育逐渐形成了自己的传统,梳理其发展历程可以发现,三任校长的任教学科都偏向文科,这也逐渐涵养着海亮实验中学的人文气质。

海亮高级中学的诞生既是为了积极回应"钱学森之问",也是为了探索培养拔尖创新人才的机制。海亮高级中学源于海亮集团创始人冯海良先生发起的"创新英才培养计划",这所学校是海亮教育"精品化"战略的攀登之举,是最重要的英才培养实践基地。其历任校长与海亮实验中学相映生辉,任教学科均为理科,并且在发展过程中形成了由众多理科名师组成的师资队伍,积累了数理科技活动的相关经验。

历经多年发展实践,海亮教育旗下部分学校分别开设了美术班,另一部分学校在学生和家长的呼吁下也计划开设美术班、传媒班等。面对艺术教育需求的不断上涨,集团充分调研家长、学生的需求,在深谙规模可观的前提下,也意识到学生自身具备相应的基础,家长也希望并支持孩子未来能够往艺术方向发展。于是,海亮教育在 2016 年成立了海亮艺术中学,明确其定位是一所文化与艺术并重的普通高级中学,这也是浙江省内第一所艺术类普通高中。集团为支持艺术类学生的发展,建立了专业的艺术楼,添置齐全各类设备,并将分散在各校的师资进行了汇集,集中力量办大事。

通过上述对于海亮教育核心区域内四所各具特色的高中发展历程的简要回顾,可以看到分类办学既是发展演进中的自然结果,也是回应社会对教育资源多元化需求的必然举措。海亮教育正是沿着教育服务国家要求与社会需要的道路,基于自身实际,开展了分类办学的丰富实践。

(二)办学使命

除了发展历程的影响外,分类办学也受到海亮教育为自身面向未来所提出的使命的影响。2017 年,叶翠微加盟海亮,担任海亮教育总校长,提出"为党育人,为国育才"的办学使命和"人皆有才,人人成才,让每个生命出彩"的育人理念。这标志着海亮教育正式明确将分类办学纳入其发展规划,它使得海亮教育的发展愿景更为宏大,使命更加高远。海亮教育希望能够为学生提供适合个性成长的教育之路,这促使其不断提升自身教育资源的丰富性,促进教育类型的多元化。尽管海亮教育已经转型成为一家颇具规模、覆盖领域全面的教育服务提供商,但其依旧保留下部分高中,为具有个性需求的学生提供有益的选择契机。

在海亮教育快速发展的过程中,高中的分类办学实践为小学和初中的育人提供了更具包容性和开放性的培养视野和方向。几十年的办学经验、与时俱进的办学使命也深深地刻在海亮教育人的心中,对于海亮教育而言,普通高中分类发展不仅仅是学校特色的彰显、课程改革的深化和教学模式的升级,更是对海亮教育的定位和使命的追寻。

(三)政策契机

2020 年正值浙江省开展新课程第二轮改革之际,教育厅发文要求浙江省区域内进行分类办学的改革实践,此时海亮教育已经开展了两年的探索,积累了丰富的经验,并且基本明确了内部各校之间的分类发展方向。绍兴市选择了海亮教育作为试点,正是看到了海亮教育试点学校打下的基础,认可海亮教育做好分类办学的决心和能力,相信能够与政府的支持形成合力。而作为试点单位的海亮教育更有信心把分类办学做出成绩、结出硕果。

### 三、生态构建

分类办学的实践对于海亮教育而言还有构建完整和健康生态的意义。"生态"关注的是环境中的各个主体之间,以及它们与其所处环境之间环环相扣的关系。就生态学而言,一个生态系统的稳定性与其内部的生物多样性之间存在着复杂关系,但一般认为生态的稳定性需要有一定的生物多样性作为支撑,生物多样性过于单一的生态系统对于外部风险的抗御能力和对于外部变化的适应能力都会较弱。如果将海亮教育视为一个整体,考察它对于其所处的外部环境的适应性,以及将海亮教育内部视为一个生态,考察它内部各个主体的环境适应性,都会发现只有推动分类办学,有效形成多元一体的格局,才能更好地确保海亮教育应对外生冲击,同时维持其内部生态的良性运转。

首先,分类办学能够提升海亮教育对于外部生态的适应性。随着社会的快速发展,不论是国家对于不同类型人才的需求,还是市场所提供的多样化的岗位要求,都需要学校有能力培养出能够适应不同要求的毕业生群体。谁能够更好地回应这样的多元化需求,谁就能在教育领域站稳脚跟,提高对于社会变化的适应性。

其次,分类办学能够完善教育集团的内部生态,这主要包括两个方面。从学校发展角度来看,有利于克服由于内部同质化导致的竞争。同质化竞争会带来资源分配的"马太效应",导致赢者通吃的局面,这对于在竞争中处于不利位置的学校而言,其想要提升自身教育质量会变得更加困难,久而久之将导致集团内部一家独大之外的四邻凋敝,使得内部生态恶化。而差异化竞争下,每个学校可以着重发挥自身的比较优势,以专业化的态度、资源和举措投入不同类型的人才培养之中。专业化将有效提升资源使用的效率,而各校在分类办学探索中累积的实践经验,又可以在更大范围内迁移流转,最终使得各所学校都因此获益。从学生的成长角度来看,分类办学有利于学生在良好教育生态中全面成长。人的发展是整体性的过程,不论是"全面育人"的要求,还是"五育并举"的实践,都在强调个体发展维度的多元性。分类办学实践一方面可以为有自身特长的学生提供对应的教育模式,另一方面由于经验的可迁移性,一所学校的特色办学经验也能为其他学校的发展、为其他类型人才的全面培养提供宝贵经验和资源支持。集团各学校在分类办学布局下的人才培养联动,有利于构建出适宜不同类型人才发展的教育生态。

赤橙黄绿青蓝紫,教育从来不乏其术,但疏于其道,以至于往往缺失了灵魂。为了守护好海亮教育的灵魂,叶翠微校长描画了海亮学子的成长之树,确立了小学和初中阶段学生的全面发展目标,配套生涯规划发展的引导,让学生在选择高中之前就能够深度地认知自我,知道自己想要成为什么样的人。到了高中阶段,四所学校不以成绩来选拔人,学生也不片面地选择高中,学校和学生根据成长档案袋、发展兴趣等进行开放式双选,学生最终进入到最适合自己的高中。如果学生在就读期间发现自己无法较好地适应或者想要转换发展方向,通过科学评估和诊断后,可以转学去其他高中。这套体系构成了学生纵向综合发展和横向个性发展的教育生态圈。

海亮立足教育的长远发展,为了推进区域内四所高中的差异化发展和资源优化分配,保持好学校的特色,从分类办学出现端倪之时便把握住了机遇,顺应教育规律,向办有特色的卓越高中进阶。高中阶段对学生的发展起着承上启下的作用,集团希望学生在高中阶段得到长足的发展,之后不论是进入国际高校还是国内高校,学生都能够成为想成为的人。

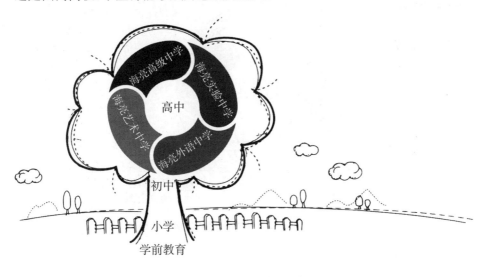

图 1-1  海亮教育成长树

### 四、机制保障

#### (一) 多样化发展中的集团保障机制

普通高中分类办学需要进行制度框架建构,同时也需要人员、经费、资源的保障。首先,参与四所特色高中课程建设的主体是各校课程领导小组和一线教师,管理人员和教师的质量和数量是特色课程是否能开发和落地的关键因素。其次,特色课程建设需要大额经费支撑,包括教师引进与培养、硬件改造、软件升级等,此外,还需要依靠外部资源来辅助特色课程的开发和落地,包括课程资源、专家资源、名师资源、信息资源等。最后,制度层面的建构主要是规定性的刚性工具,如分类办学与特色课程建设的系统规划、特色课程选课制度、特色课程学分制度、学生综合评价制度、教师开发课程的激励制度等。以下从四个方面分别进行阐述,一方面是为了"自查",对目前集团在分类办学工作中的可利用资源进行全面清算,另一方面是为了"自省",了解现状才能更好把握努力的方向。

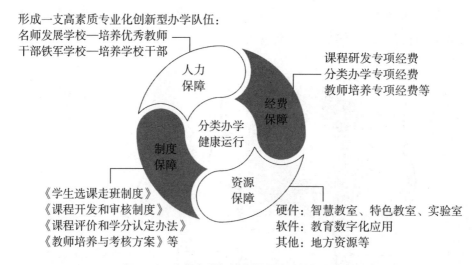

图 1-2 分类办学与特色课程建设的机制保障

1. 人力保障

海亮教育始终秉持"人才是发展的第一生产力"的理念,不仅重视人才的外部引进,还打通内部培养的"两大通道"——干部铁军学校和名师发展学校,让任何一个人才都能够在教育岗位上发光发热,更不放弃任何一个想要变得更好的教师。四所高中在集团吹响分类办学号角的第一时间纷纷响应,从上至下贯彻特色办学思想。四所学校成立以校长为组长的课程管理领导小组,成立课程评审委员会、学分认定委员会、学生选课指导中心等机构,以教学处和学生处为核心、备课组和年级组为单位落实执行,学校各处室合力联动,形成有效组织保障。

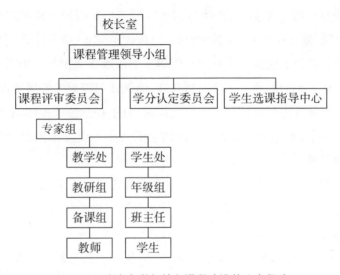

图 1-3　分类办学与特色课程建设的人力保障

　　四所学校都非常重视人才的外部引进和内部培养,并从名师和干部两个方向打造本校的人才队伍。在教育管理集团的支持和学校的培养下,目前四校均已初步建设了水平一流、功底深厚的师资队伍和工作高效、管理创新的干部队伍,为分类办学的实施和特色课程的建设提供了坚实的人才保障。在师资队伍方面,目前四校具有中学一级及以上职称的教师占比 40%,其中不乏特级教师、省市优质课一等奖获得者。高学历教师比例也在逐年上升,各学科均有有研究生学历的教师,更有名校毕业的博士研究生加入。教师根据自身特长,积极参与课程建设,目前学校 60% 以上的教师具有选修课程开发经验。除此之外,为进一步做好分类办学下的特色课程建设,集团帮助学校从清北复交浙等名校引进优秀的应历届毕业生,涵盖各类专业。四所学校形成了特色课程建设团队。在干部团队方面,"教而优则仕"是学校选拔干部的标准,学校的干部团队均来自教学一线的优秀教师,经民主选举或铁军干部挂职产生。在分类办学和课程建设上海亮干部并非门外汉,而是重要的亲历者和保障者。

2. 经费保障

海亮教育背靠世界 500 强企业海亮集团,且作为集团三大板块中优先发展的产业,得到海亮集团充足的资金支持,使得建设高质量特色高中和课程有了可能。在资金使用方面,得益于分类办学规划的提出,将对四所特色高中的经费进行合理配置,提前进行经费预算和规划,护航课程高效推进。

根据课程开展的需要,四所特色高中合理核定经费投入标准,建立稳定的经费保障机制,满足课程开发、教学研究、设施设备配置、资源建设、教师培训与研修以及开展综合实践活动等各项必要的经费需求。学校每年单列预算,旨在保障特色课程和活动提升工作的顺利开展,确保课程需要的各项资源和教师学习提升的一应经费得到充分保障。与此同时,对于在学校课程体系建设中作出突出贡献并取得良好效果的教师,学校也单独设立了专项经费予以资助与奖励。

3. 资源保障

人才培养是一个体系性的工程,需要各方面资源的保障,需要硬件与软件、校内资源与校外资源、教育资源和文化资源等不同类型资源的相互配合,形成有机的整体育人体系。

在硬件方面,根据分类办学实际需要,学校持续完善教学一体机等教学设备,改善教学环境与教学条件,配备专用教室与场馆,保障技术(含信息技术和通用技术)、艺术(音乐和美术)、体育与健康、综合实践活动等课程的正常开设以及有关科学实验的顺利开展,努力在学校创设良好有序的课程实施环境,以保障全部课程的有序运转。

在软件方面,海亮科技集团以教育应用型科研为核心,集教、产、学、研于一体,以项目化运作、企业化管理、产品化输出为导向运营,由国内外知名教育研究专家领衔,以教育科技产品服务于海亮教育质量和品牌价值的不断提升,为学校提供强大的技术保障,使得运用互联网、大数据和人工智能等技术手段改革学习方式和评价方式成为可能。

鉴于四所特色高中发展方向的差异和课程需求的不同,在硬件建设方面,各校要根据自身需要,提前进行科学的系统规划,避免拆东墙补西墙和流于形式的建设。因此,四所特色高中在硬件改造之前都提交了规划书,列出包括改造内容、改造预算、改造用途、改造可行性、改造收益等方面的核算,交由总裁室审核批准。同时,教育集团积极关注一线教师在实际教学过程中所提出的资源需求,并在进行充分调研和可行性论证的基础上予以完备的资源支持。例如专家团队和外部名优特教师资源库为学校分类办学提供了重要智力支撑——集团充分利用华东师范大学、浙江师范大学、南京大学等名校专家资源,建立良好的合作关系,邀请专家定期进行办学指导。此外,集团积极引进外部名优特教师来校讲座,建立校级名师工作室,帮助学校进行分类办学的实施和课程建设。

4. 制度保障

制度理论认为,制度是环境,也是资源。普通高中学校多样化发展有赖于学校制度与环境制度解构与重建。早在 1995 年颁布的《中华人民共和国教育法》中就提及一校一章程政策。具有针对性的管理制度设计是学校朝向个性化、多样化方向发展的制度保证,对特色学校建设的发展方向发挥了规范和促进作用。

四所特色高中根据各校特色课程建设需要,从课程开发和审核、特色课程建设和评价、教师培养、教学考核、走班选课和学分制等环节对相关制度进行修订,从而在制度方面提供保障。主要包括以下制度:《特色课程开发和审核制度》,对课程开发方向给予指导,并通过严格的审核环节避免课程质量良莠不齐,从源头上保障课程质量和实施;《特色课程评价方案》规定课程的评价方式,包括课程本身的质量评价及学生学习结果的评价,并将学生表现性评价机制与协商式评价机制相结合使用;《特色课程选课走班制度》加强学生选课走班管理,严明选课走班纪律,保障相关课程能够正常开设;《教师培养方案》规定了不同类型的教师培养方式,希望通过教师有效培养机制建立人才培养梯度,保障优秀教师持续输入;《教师考核方案》作为学校最重要的制度之一,以教学实绩为主要内容,结合各校特色,进行校本化。

## (二) 多样化发展中的学校保障机制

1. 海亮高级中学

为确保特色办学目标的实现,海亮高级中学积极从人力、经费、资源和制度建设四个方面予以保障,最大限度为建设数理科技高中保驾护航。

(1) 人力保障

经过多年的努力,学校的师资队伍得到了很好的重组与优化,现有教师 132

名,其中有特级教师 2 名,金牌教练 14 人,名优教师 47 人,毕业于清华、北大等名校的储备教练 12 人,曾获得地市级以上专业荣誉的教师超过教师总数的一半。目前数理学科课程师资阵容强大,师资团队合力构建了科学完善的分层课程体系,致力于提升学生的思维品质,拓宽学科视野,为学生量身定制数理学科特长发展及各科全面发展的规划方案。学校将继续面向全球吸纳金牌教练、特教名师,配合完善的高远课程体系,促进学生优质成长。

为了更加扎实地推进分类办学,学校积极引进外部名优特教师来校举行讲座,建立校级名师工作室,帮助学校进行课程建设。

在干部团队方面,秉承"教育能力优先,管理能力拔尖"的标准,学校从教学一线选拔干部,在铁军干部学校培养干部,保证了学校管理团队的高效和专业。同时,学校充分利用清华、北大、华东五校、华东师大等名校专家资源,建立良好的合作关系,邀请专家定期进行办学指导。

(2)经费保障

海亮高级中学以世界 500 强企业海亮集团为依托,具有充足的资金保障。海亮高级中学作为海亮教育的排头兵,代表了海亮教育的发展方向,是集团优先发展、努力深耕的校区,发展投入积极,发展力度强劲,资金保障稳定。

另外,结合课程实施需要,学校合理核定经费投入标准,建立稳定的经费保障机制,以满足课程开发、教学研究、设施配置、资源建设、教师培训等各项工作,做到合理分配资金,合理使用资金,更加科学、稳健地助力数理科技高中的建设。

(3)资源保障

为进一步做好数理科技高中建设的相关工作,结合学校的发展需要,海亮高级中学不断升级教育教学设施,持续完善实验室、图书馆、学科教室等教学设施,充分保障数理科技高中教学工作的有序、高效运转。

目前,学校已经投资 200 万元完成了对数字化实验室的全面改造,在软硬件方面对实验设施进行全面提升,建成了标准的 DIS 实验室,实现对高中阶段所有课程实验的数字化改造。

除此以外,集团和学校共同投资 6000 万的海亮高级中学科技大楼已经开始进入实际招标阶段。科技大楼将配备物理、化学、生物、通用技术学科的标准高考实验室和实验准备储藏室,配置信息奥赛机房、创客实验室、强基测试机房等数理提升内容专用实验教室,设置语文、数学、英语、政治、历史、地理、物理、化学、生物、通用技术、信息技术全学科标准学科教室,能够全面满足数理科技高中的各类高标准学科建设工作。

而在软件方面,学校购买了电子图书资源、生涯测评系统、心理测评系统等,并与部分高校建立了电子图书馆藏资源共享合作,全方位为学生的发展提供支持。

（4）制度保障

根据数理科技高中建设的需要,为了更好地促进学校各项工作的有序、高效运转,学校从课程设立和评价、教师培养、教学考核等环节对相关制度进行修订,为各项工作提供了全面的制度保障。主要包括以下制度:

《海亮高级中学数理科技高中课程建设实施方案》,作为课程建设的总纲领,对国家课程的实施、校本课程的建设等提出了具体、明确的要求,确保学校课程建设和实施工作稳健落地。

《海亮高级中学数理科技高中特色课程选课指导》,旨在帮助学生了解学校的课程设置和规划,让学生能够结合自身特长更好地参与到学校课程的选择与学习中,为自己的进一步发展奠定扎实基础。

《海亮高级中学数理科技高中课程评价和学分认定办法》,规定了课程体系的重要组成部分,分为特色校本课程评价、教师教学评价、学生学习评价三个部分,从课程、教师、学生三个维度规范各项课程的实施工作。

《海亮高级中学数理科技高中校本课程建设管理办法》,提供了数理科技高中课程管理的重要制度保障,是促进学校校本课程有序开展,帮助学生切实获得知识、提升能力的重要助力。

《海亮高级中学教师考核方案》,以教学实绩为主要内容,结合行政评议、班级管理等方面综合评定教师学期表现并与个人的考核工资相挂钩,同时针对要促进特色课程建设的需求,近期在该方案修订时增加了学校课程建设贡献分。

2. 海亮实验中学

制度建设是学校课程得以顺利开发和实施的重要前提,完善的制度使得学校课程体系建设能够做到科学规划、有效实施和扎实推进,同时制度能够充分调动教师参与课程开发和实施的积极性,促进课程质量和教学质量的同步提升。基于海亮实验中学人文类高中办学方向,学校从人力、经费、资源和制度等方面提供保障。

(1) 人力保障

学校重视课程开发与实施方面的人才队伍建设,积极引进相关领域的优秀人才,同时强化内部培养,通过外引内培相结合的形式打造学校人才培养模式,并着力从课程建设领导、课程开发与实施、专家顾问三个方面进行团队的建设,为学校特色课程体系建设提供坚实的人员保障。

首先是成立课程建设领导小组,该小组负责学校课程体系的顶层设计,制定保障课程开发和实施的相关制度,并对课程开发、实施及改进进行过程监督和管理,同时课程领导小组肩负推广课程建设成果,引领学校课程改革的重任。领导小组成员主要由校长、中层干部、教研组长及特聘专家组成,确保特色课程体系的建设与人文类办学大方向相契合。

表1-1 海亮实验中学课程建设领导小组成员及职责分工

| 职务 | 职责分工 |
| --- | --- |
| 校长 | 明确课程建设的大方向,推动课程建设落地实施。 |
| 教学副校长 | 负责课程建设的实际执行,完成各成员职责分工,协调各方资源,同时做好课程建设的过程监督。 |
| 教研组长 | 完成课程建设的体系设计,确定课程的建设内容。 |
| 特聘专家 | 对课程建设的各环节进行把关,确保课程的规范性和质量。 |

其次是成立课程开发与实施小组。目前海亮实验中学拥有专任教师332人,其中不乏特级教师、省市优质课一等奖获得者。此外,为做好特色课程建设,学校从清北复交浙等名校引进优秀的应届、往届毕业生,打造"博雅精英教师"团队,并以教学经验丰富的老教师为基础,以专业素养高的"博雅精英教师"为核心,形成了一支特色课程建设团队,按照课程类别成立国家课程校本化实施小组、特色校本课程开发小组及特色活动开发小组,并在开发与实施的各环节由专家顾问进行指导和把关。

表1-2 海亮实验中学课程开发与实施小组成员及职责分工

| 小组类别 | 开发过程 | 职务 | 职责分工 |
|---|---|---|---|
| 国家课程校本化实施小组 | 内容选择 | 课程组长专家顾问 | 基于办学方向,进行校本化的整体设计,对各学科校本化内容进行筛选。 |
| | 课程设计 | 专家顾问 | 基于学科特点,提供校本化实施的设计方案。 |
| | 课程开发与实施 | 教师、技术人员 | 参与课程开发及课程案例的撰写,技术人员提供实施保障。 |
| | 评价与改进 | 评估员、专家顾问 | 对课程实施进行评估,提供有价值的建议,专家顾问进行具体的改进指导。 |
| 特色校本课程开发小组 | 明确特色课程群开发方向 | 课程组长专家顾问 | 基于学校特色,设计符合学校特色的校本课程群。 |
| | 课程群的设计 | 专家顾问 | 提供各类别课程群的设计方案。 |
| | 课程开发与实施 | 教师、技术人员 | 开发课程群内的具体课程,并进行课程实施,技术人员提供实施保障。 |
| | 课程群的评价与改进 | 评估员、专家顾问 | 基于课程群的实施改进建议,专家顾问提供改进方案。 |
| 特色活动开发小组 | 确立活动方向 | 活动小组长 | 基于学校特色,确定活动类型。 |
| | 活动设计 | 活动小组长、教师 | 根据活动类型进行活动设计。 |
| | 活动实施 | 教师、技术人员 | 组织和实施活动。 |
| | 活动评价与改进 | 活动评估员 | 对活动效果进行评价和完善。 |

除此之外,学校积极与高校、研究院合作,建立外部专家库,成立专家顾问团队,由专家指导和把关学校课程建设。

(2) 经费保障

学校充分保证课程建设和实施过程中的经费支出。海亮实验中学是海亮教育管理集团的"黄埔军校",而教育作为集团三大板块中优先发展的产业,得到海亮集团充足的资金保障,为海亮实验中学将人文校园建设内化于心、外化于行的各种基础设施建设和多元活动开展提供了充足的经费保障。

同时,学校根据课程实施需要每年单列预算,保障博雅特色活动和教学提升工作的顺利开展，确保课程需要的资料和教师学习提升的经费充足。

（3）资源保障

根据课程建设的需要，学校在硬件和软件资源上持续投入，确保特色课程体系落地实施。

在硬件建设和改造方面，为了更好地展示视听材料，全校各教室完成了一体机更换，并建立了语文、数学、英语、政治、历史、地理等国家课程学科特色教室，旨在帮助师生开展学科特色活动，方便教师进行国家课程校本化研究和实施。此外还建立用于校本特色课程实施的特色教室。如：建立创客实验室，帮助学生发展创客特长和兴趣；建立学科实验室，提升学生实验操作能力；建立特色礼仪教室，帮助学生开展礼仪课程的学习，培养学生礼仪素养；还有音乐学科教室、心理学科教室等，为学校课程建设提供了设施保障。

（4）制度保障

根据课程建设需要，学校从课程设立和评价、教师培养、教学考核等环节对相关制度进行修订，从而在制度方面提供保障。主要包括以下制度：《海亮实验中学课程开发和审核制度》，对课程开发方向给予指导，并通过严格的审核环节避免课程质量良莠不齐，从源头上保障课程的高质量和可落地；《海亮实验中学课程评价方案》，规定课程的评价方式，包括课程本身的质量评价及学生学习结果的评价，并将学生表现性评价机制与协商式评价机制相结合使用；《海亮实验中学选课走班制度》，加强学生选课走班管理，严明选课走班纪律，保障相关课程能够正常开设；《海亮实验中学教师培养方案》，规定了不同类型的教师培养方式，希望通过教师有效培养机制建立人才培养梯度，保障优秀教师持续输入；《海亮实验中学教师考核方案》是学校最重要的制度之一，以教学实绩为主要内容，结合行政评议、班级管理等方面综合评定教师学期表现并与个人的考核工资相挂钩，同时针对促进特色课程建设的需求，在该方案修订时增加了学校课程建设贡献分。

3. 海亮外语中学

"人"是学校得以正常运转的核心要素。在建设外语特色学校的过程中，海亮外语中学搭建起了以学校干部团队为核心的组织领导小组，同时以全体教师作为整体课程体系运转方案的具体执行力量，二者共同构成外语特色学校建设的人员保障。

（1）人力保障

学校成立以校长为组长的外语特色学校建设小组，以教学处为核心、学部为主线、年级为单位落实执行，学校各处室合力联动，形成有效组织保障。作为校长，组长王婷婷不仅拥有先进的教育理念，熟悉多种课程体系和评价方式，潜心关注前沿理论，积极参与国际研讨，还具备深厚的管理素养，长期全面负责学校的教学管理、课程设置、升学规划、教学质量评价与监控等工作，经验丰富，而且在管理模式、创新思维和人才培养选拔等方面苦心孤诣、独树一帜。副组长朴华顺担任学校副校长一职，分管学校德育和校园各类特色活动，多年来深耕一线，长期从事学生管理和德育工作，对于学生培养、德育课程建设和特色活动课程创设有着全面深刻的了解和细致入微的研究。教学分管校长王丝雨博士在国际教育领域有着长达十年的工作经验，对国际化升学方向及特色课程建设具备丰富的经验和深刻透彻的认知。组内各成员分工明确，各司其职，各履其能，在多方发力的同时又能凝神聚气、统筹兼顾，确保外语特色学校建设的校级地位得到有效保障，确保各项课程建设和活动开展得到有效落实，确保课程资源和社会资源用到实处。

学校拥有大批毕业于国内外名校且教学经验丰富的优秀教师。目前学校有行政班 61 个，共有中外教师 172 人，学生 1430 人。具有研究生以上学历的教师占比超过 20%，其中包括北京大学、南京大学、浙江大学等国内双一流高校的毕业生，以及毕业于日本九州大学、立命馆大学，美国哥伦比亚大学，澳大利亚墨尔本大学等国际名校的毕业生，此外还包括持有资格认证的资深外教，教学成绩突出且有一定名望的学科名优教师。学校以教研组为单位进行课程开发与改进，鼓励优秀教师打造创新性、前沿性、国际化、个性化的精品课程。海亮外语中学在国家核心课程和重点校本课程上均已搭建起相对成熟的教研和教学团队，同时在各个教研组都有相对成熟的资深教师作为学科带头人，定期组织教研活动，带领团队完成校本教材的编写工作，从而为学校整体教学水平的不断提升奠定了坚实的基础。

（2）经费保障

根据课程实施需要，学校设立了特色课程专项经费。比如，为了确保 IBDP 项目实现顺利落地，学校组织与 IBDP 项目相关的学科教师定期参与项目的官方培训，并承担全部培训费用和差旅费用。

（3）资源保障

为了保障外语特色教学有序推进和成果展现,学校已投入超过百万元建设硬件保障设施,包括建设外语语音教室、莎士比亚多语种戏剧排练厅、模拟联合国展示报告厅、外语文化传媒中心、特色语言类社团教室(包括韩语、日语和西班牙语社团教室)等。外语语音教室的建设旨在全面提升各语种方向学生的语言学习技能与素养;莎士比亚多语种戏剧排练厅为学生全面深入参与多语种戏剧节实践活动提供必要的场地条件;模拟联合国展示报告厅则为模拟联合国外语特色课程提供了有力的场地保障;外语文化传媒中心为学生提供了一个深度探索语言文明之魅力、努力践行文化传播与交流的场所;特色语言类社团教室服务于学生语言学科学习的实践与素养提升。目前,学校正在围绕着外语特色学校进行新一轮的环创建设,以营造良好的学术文化氛围,从整体上助力外语特色学校的创建。

与此同时,学校积极关注一线教师在实际教学过程中所提出的资源需求,并在进行充分调研和可行性论证的基础上予以完备的资源支持,以保障学校的课程建设能够持续稳定地推进、有条不紊地落实,并且能够不断取得新成就和新突破。

（4）制度保障

为确保外语课程的顺利开展和落地,学校制定了一系列制度措施来加强外语师资队伍建设。例如:开展新入职语言教师的专项培训,让新教师尽快适应学校的办学环境与办学理念;开展"青蓝工程"的传帮带培训,由资深教师现身说法、言传身教,使教师尽快理解并认同学校的外语教学特色;组织语言教研组优秀教师执教公开示范课、组织新教师进行成长阶段性汇报等校内教研活动,促进全体教师特别是外语类教师的快速成长,全面提升外语课程在学生层面铺设的质量。此外,学校还为教师提供多种途径和丰富机会进行外出研修和培训,以开阔视野,加快发展脚步,有效、扎实地提高学校外语课程的推进效度。值得一提的是,在学校的总体考核中,教学考核其实已经占据了"半壁江山",这充分表明学校关注教师的教学准备、课堂教学、课后反馈、教学成果以及创新成果等专业素养,以此来激励与督促一线教师充分完成自身的教学任务,从而确保学校既有的课程体系落地实施。

4. 海亮艺术中学

（1）人力保障

课程的建设和开发首先要确保人员到位，包括领导管理团队和课程实施团队。领导管理团队确保项目的顺利实施，为项目提供资源和技术支持；课程实施团队具体执行课程落地并在此过程中进行情况反馈和提出修正意见。

课程领导小组对课程建设和推广起着非常重要的作用，其成员的多样性和代表性使其能够为推进学校课程建设、提高教学质量和塑造学校品牌创造更大的动力。课程领导小组由学校管理人员、学科专家、教师代表以及相关职能部门的代表等组成。其职能主要是确定课程发展方向、守护课程建设以及保障课程有效推广等。

表1-3　海亮艺术中学特色课程建设领导小组成员及职责分工

| 职务 | 职责内容 |
| --- | --- |
| 校长 | 领导特色课程落地工程，把握课程建设整体方向。 |
| 副校长 | 负责学校整体课程建设、推进及落地，对课程实施进行监督、管理及服务。 |
| 专家顾问 | 对课程内容、课程实施、课程评价及其反馈进行把关审核。 |
| 教学处负责人 | 具体执行课程的建设、推进及落地。 |

课程实施团队由多个成员组成，在实际工作中，不同的成员参与课程建设的不同阶段，完成相应的任务。具体分工如下：

表1-4　海亮艺术中学课程建设与实施团队成员及职责分工

| 名称 | 职务 | 职责内容 |
| --- | --- | --- |
| 课程策划 | 项目总监 | 负责审查课程策划方案，分配工作，管理整个课程项目。 |
| | 课程顾问 | 负责针对学科特点和教育需求，提供可行的课程方案和改进建议。 |
| 课程开发 | 课程组长 | 根据策划方案和教学计划，进行教学材料的编写和整合，包括教学大纲、教学计划、教学PPT和练习题等。 |
| | 教师 | 参与课程开发并提供反馈意见，包括修改材料、补充内容、调整教学进度等。 |

（续表）

| 名称 | 职务 | 职责内容 |
|---|---|---|
| 课程实施 | 教师 | 根据教学大纲和计划,授课、讲解、批改作业和评估学生的学习情况等。（主要） |
| | 课程监督员 | 对课堂教学活动进行监督和评估,并给予反馈和建议。 |
| | 技术支持员 | 负责教学工具的维护和操作,如建立课堂数字化学习环境,管理学生作业等。 |
| 课程评估和反馈 | 课程评估员 | 进行课程质量评估和教师评估,提出问题和改进意见。 |
| | 课程顾问 | 基于课程的反馈和评估,提供后续课程改进意见和方案,协助解决问题和困难。 |

（2）经费保障

经费主要来源于集团用于学校建设和发展的财政支出以及海亮教育对高中分类办学的专项支持基金,海亮艺术中学用于特色办学建设的经费主要如下:

① 编制校本教材及相关课件:包括书籍、电子教材、视频等,为学生提供更加丰富和多元的教学资源。

② 购买艺术材料:不同的艺术专业需要不同的材料支持,比如画材、道具、乐器等,为学生提供良好的创作条件。

③ 场地建设和场馆维护:建设和维护专业教学所需的特定场所和设备,比如美术教学所需的画室,表演、音乐和舞蹈等教学所需的音乐厅和练习室。

④ 聘请艺术家和学科专家:聘请著名的艺术家和表演者来给学生讲解艺术设计和表演技巧等相关问题,使学生获得直接的、实践性的学习经验。聘请文化学科相关领域的专家为学生授课,扩大学生的视野和知识面。

⑤ 组织艺术考察和实践:组织学生进行艺术考察和实践,使学生能够亲身体验到实践中的艺术表现和创作技巧,为学生提供更深入的学习机会。

（3）资源保障

为保障特色办学正常运行,学校为学生提供必要的资源保障,主要包括教学资源保障、专业设施保障、专家资源保障、生活和安全保障等。

① 教学资源保障:学校提供专业教师和音乐、舞蹈、戏剧、美术等课程教学

资源,帮助学生了解艺术专业知识和实践技能,促进他们的学习和成长。

② 专业设施保障:学校提供专业的艺术设施,包括音乐厅、美术展厅、舞蹈排演室、戏剧排演室、艺术绘画室等,以帮助学生进行实践创作和表演。

③ 专家资源保障:学校聘请国内外优秀的艺术家和知名专家前来授课、指导,为学生提供更广阔的视野和专业指导。

④ 艺术平台资源保障:学校提供艺术作品展示和学生作品展示的场地和机会,如艺术展览、艺术品展销会、音乐剧、戏剧表演等,以吸引更多人欣赏和品鉴优秀的艺术作品。

⑤ 生活和安全资源保障:学校为学生提供宿舍、医疗、良好的学习和生活环境等基本保障,以保证学生身心健康和生活品质,全力助力学生在学校专注于艺术学习和成长。

（4）制度保障

在制度层面,学校思考并探索合理的团队考核方案,目前已经形成《海亮艺术中学文化教师考核方案》《海亮艺术中学专业教师考核方案》《向美教师评比方案》等多个鼓励教师精进教育教研的管理文件。在各个制度中,都坚持以考核为导向,以教学为根本,共同推进海亮艺术教育事业高位发展的原则。一方面,构建分层、垂直考核体系,体现优劳优得,能者多得,调动和发挥教师的积极性和创造性;另一方面,围绕学考、联考、校考和高考四大模块,制订新教师培养、学风竞赛和课堂规范等制度,构建可评价、可持续、长远发展的教学生态。

海亮艺术中学建立组织、审议、监管、激励和评价一整套体系。在组织体系上,以校长室为核心,以教学处、学生处、行政办三大部门为支点。在每一学期开学初,会同教研组、备课组、一线教师对上一学期的各项制度体系进行讨论和完善,确保对每一项制度的落实进行审议。学校全体教师均享有对各项制度审议和提案的权利,尤其是骨干教师及青年教师的提议,对制度建设的创新和实际效用发挥有非常大的帮助。在汇聚集体智慧后,由副校长对各项制度进行公示解读和宣贯,再由行政办牵头,以办公室为单位,进行签字认同。

在监管体系上,每个制度的制订要有学期计划,每一阶段要进行总结。每一项制度安排专门部门负责督导。监督和指导教师在制度实施、贯彻中的具体工作细节,做出科学的反馈。

在激励体系上,各项制度的反馈都有量化,最终以数据的形式纳入日常考核与期末考核之中。对在教育教学和管理服务工作中表现突出的先进集体和先进个人进行表彰。

在评价体系上,评价方式体现多样化,将多个方面的评价有机地结合起来。仅"向美教师"的评价就涵盖高考指标完成状况、学考指标完成状况、教学实绩、专业联考、班主任工作、教科研获奖等方面。在每个制度的落实和推进中,组织者和实施者都需要进行相应的评价,为每学期的阶段性综合评价提供依据,并作为每学期综合考评的主要依据。

# 第三节　分类办学定位的思路

## 一、分类办学的共同追求

分类办学是高中学校发展方式和育人模式的转型变革。海亮教育分类办学的定位思路是在坚持党和国家的教育方针,融合地方特色和集团化办学情况,并与各校实际相结合而提出的。党和国家的教育方针构筑了不同类型学校的共同基础,也为集团实行分类办学提供了总体思路,在这一总体思路和"人皆有才,人人成才,让每个生命都出彩"的办学理念指引下,区域内四所高中结合自身实际完成自我定位,目前已基本实现合理的分类布局。

回顾不同高中确定自身定位的过程,首先能够看到集团分阶段有重心地推进创建过程,全方位、多维度地丰富特色育人资源的供给,以建设特色课程体系为核心形成常态化的运行和评价机制。2021年集团发起了"无品牌不海亮,无特色不海亮"的号召,将"一校一品"提到教育发展的战略层面。在此基础上,集团与学校实现共生共荣的耦合,打造"规范＋特色"的高中,从而培育"全面＋个性"的学生。这将海亮的分类办学实践提升到了一个新的高度。其次需要看到每所高中都是独一无二的,其创设背景、发展历程、内外部资源等都是不同的,每所学校的历任校长也有自身的办学追求。四所学校在分类办学初现端倪之时,便在集团统一组织下,运用问卷、访谈等工具进行对学生、教师两个主体的大规模调研,倾听心声和想法,让全体师生成为学校未来建设的一分子。然后在办学期间,秉持"用优秀的人培养优秀的人"理念,广纳才俊,极大地提升了师资质量。最后,学校梳理办学历史与发展需求、教育哲学、具体举措等,以"上帝视角"观察学校的"前世今生",以更好地规划未来的方向和道路。

## 二、分类办学的个性彰显

### (一) 海亮高级中学

#### 1. 学校基本状况

海亮高级中学由原诸暨市天马实验学校高中部和原私立诸暨高级中学强强联合而成。在二十多年的办学历程中,学校秉持"雁阵精神"这一人才培养理念,不让一个学生掉队,让每一个学生都获得成功,坚持走精品化办学道路,不断提升教育教学品质,取得了突出的办学成绩。一直以来,学校的办学成绩稳居诸暨市前二,在数理学科深入学习和学科竞赛方面更是具有突出的优势。2017年,重组后的海亮高级中学迎来了快速发展的机遇,在教育管理集团"创新英才培养工程"的引领下,学校的数理学科取得了跨越式发展。随着教育改革步伐的深入迈进,新一轮的改革以整合课程、教学、评价、资源配置等更为综合的方式来推进普通高中学校的多样化发展,不同学校形成各自的发展优势,逐步从分层办学走向分类办学,实现错位发展的改革局面已逐渐打开。

为了更好地厘清学校的发展方向,学校对多个年龄段、多种职称、多门学科的任课教师和各年段学生、家长进行了调研,以进一步明确学校的发展规划。

教师普遍认为,数理科技选修课程在整个基础教育课程体系中占有比较重要的地位,对学生科学素养和个性发展具有较大作用。学校对数理科技选修课程实施所采取的保证措施力度较大,但另一方面,有一些教师认为,学校用于数理科技选修课程教学的基础设施(如学科教室、实验室、录播教室等),还不能满足当前教学要求。在全校层面,从班主任、任课教师到学生家长,大多对数理科技选修课程改革比较赞同。绝大多数师生、家长认为,海亮高级中学教师更重视学生对知识的学习、掌握与拓展,对兴趣的挖掘,对特长的培养,有良好的数理科技高中建设优势,同时,也认为数理科技选修课程教育并非单方面的学校行为,而是需要学校、家长、社会的共同努力。

#### 2. 教育哲学

为实现"登高望远,立志成人;脚踏实地,虚心求知;崇德修身,以德润才;乐观自信,快乐生活"的育人目标,海亮高级中学一直紧跟教育改革的步伐,坚持以"培养全面发展的人"为核心,坚持五育并举,提出"五育并举,铸就英才"的分类办学原则,从文化基础、自主发展、社会参与三个方面构建办学框架,突出德育实效,提升智育水平,强化体育锻炼,增强美育熏陶,加强劳动教育,走出了具有海亮高级中学特色的分类办学之路。同时,为了更好地对接数理科技高中的建设,学校以课程为依托,打造属于自己的数理特色。

海亮高级中学基于高考新政、新课改方向和自身办学定位,突出国家课程价值指导下的学校课程价值,以科技办学作为学校办学特色,构建起以国家课程为本,特色竞赛与强基校本课程为两翼,研究性学习和项目式学习并行的课程图谱,建立了科学知识、科学实践、科学思维三位一体的特色课程系统,将科技办学真正落到实处,培养学生爱科学、学科学、用科学、创科学的习惯和能力,发展学生的科技特长,提升学生的科技素养,为社会培养可堪大任的未来人才。

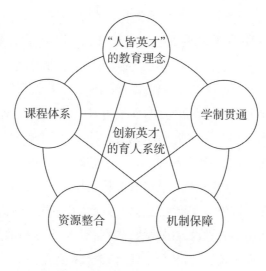

图 1-4　数理科技人才育人系统模式

3. 实施路径

具体到教育实践中,主要涉及以下三个部分:

(1) 国家课程校本化实施

海亮高级中学全面贯彻党的教育方针,坚守与深化国家课程,推动基础教育课程改革,培育社会主义核心价值观,将立德树人的根本任务落实在课程中。

学校各学科教研组依据国家课程方案、普通高中课程标准等,并结合自身学科特色和学生学情,编制该学科课程实施细则。课程实施细则包括课程方案、学期课程纲要、单元教学设计、同步学案和同步作业等系列文本,借助课程方案、课程纲要、学期及单元教案学案等,形成国家课程的校本化落地方案,高质量落实国家课程。

（2）校本课程特色化

海亮高级中学综合考虑学生发展需求和学校特色,构建起数理科技特色校本课程体系,促进学生个性和特长发展,涵盖了优化校本课程结构和引进学科优质资源两部分。前者具体指在已有校本课程基础上,梳理出三类校本课程,与国家课程形成联动和互补,并通过对优势数理科技资源的充分整合利用,将其辐射到全体学生,培养学生普遍的科学思维和意识,构筑未来投身科学研究的知识和能力基础;后者则是通过与高校、院所等科学研究机构合作的方式,将科研资源以课程和项目的形式引入,形成特色化、系统化、模块化的跨学科培养体系,满足国家对于拔尖创新人才的培养需要和学生个性化的发展需求。目前海亮高级中学"五大学科"的荣誉课程、数理学科的提升课程均已引入相关学科的优质资源。

（3）特色活动多元化

海亮高级中学特色活动课程建设以学生素养培育为主线,从知识的习得、礼仪的养成、品德的提升、情感的充实、价值观的树立等维度全方位塑造学生的品格。在活动内容上,学校着重突出数理特色,涵盖多学科的建设,既保障文理学科的共同发展,也推动数理学科的高位前进。

数理科技筑基英才培养,高远发展服务国家需求。海亮高级中学立足于国家育人目标的要求、人才培养的规律和学校实际的学情,探索出一条体系化的、具有数理科技特色的学校发展路径,致力于逐步成长为全国一流的数理科技高中,也为学生的高远发展打下坚实基础。

（二）海亮实验中学

1. 学校基本状况

（1）办学历史

海亮实验中学（原私立诸暨高级中学）创立于 2000 年,是海亮教育第一所普通高中。学校先后获得"全国特色民办示范学校""中国民办教育十大品牌学校""浙江省重点中学""浙江省数字校园示范学校"等荣誉称号。

自创校以来,海亮实验中学秉持培养人才的初心,以诸暨"木栀精神"为依托,脚踏实地,积极创新,提出了"实·活"的办学理念,并致力于将学校打造成一所"健教育"特色鲜明的现代化高中,同时以"健行、健脑、健体"三大课程群为支撑,培养学生"尚礼仪、善言行、会强身"的鲜明特质,至此,学校已经初步形成了一套完备的教育哲学和特色课程体系。

随着时代的发展,外部的教育环境发生了较大的变化,海亮实验中学的育人目标、办学理念及特色课程体系也在不断地丰富和发展,特别是在新课改背景下,从分层办学到分类办学成为大势所趋,学校的改革也在稳步推进。海亮实验中学以其悠久的办学历史,深厚的人文底蕴,定位人文高中的办学方向,并以博雅教育为特色,致力于打造一所地区知名的人文特色高中,在此基础上丰富了原有育人目标的内涵,凝练为"博雅健行",同时开发"博雅健行"四大课程群,形成学校特色课程体系。

(2)学校发展需求调研

在国家政策的大背景下,深入考量办学面临的现实情况,学校提出打造高质量人文高中的办学目标。随着新高考、新课程、新教材"三新"改革的深化,育人方式和育人理念发生着变化,学校的教育现状难以满足国家提出的要培养学生的核心素养的要求,也无法提升学生适应未来的关键品格和必备能力。同时学校特色课程体系建设缺少顶层设计,学科之间的联系较为松散,缺乏内在联系,国家课程的校本化不足,缺乏学校特色和真正的常规落实。

为推进人文特色高中分类办学实践,搭建起一套优质、完善和有效的人文特色课程体系,海亮实验中学启动了一场全校范围内的调研,调研形式包括问卷、访谈,内容包括教育哲学、特色课程体系、教师支持、保障措施等,通过调研了解师生及干部对学校特色课程创建的需求,进而优化学校的课程体系,助力育人成效的提升。

调研主要以问卷调查和访谈的形式进行,其中向高一高二学生和教师群体发放问卷 3080 份,内容包括对教育哲学和特色课程建设的了解度、师生对特色课程建设的支持度和学校保障提供等,其中有效问卷 3001 份;采用结构化访谈形式,访谈干部、学生和教师群体共计 200 人,了解对课程建设的认识和建议。

通过对问卷和访谈结果的分析,发现学校在特色课程体系建设过程中还存在一些问题有待改进：

① 学校课程建设宣传力度不足：学校课程建设需要全体师生参与，需要进一步通过会议、品牌宣传进行宣贯；

② 学校课程建设师资力量仍有待提升：师资是课程开发和实施的关键，需要吸引更多优秀师资参与，需要更多外部专家的支持；

③ 学校特色课程体系不够丰富：课程类型不足，特别是在校本特色课程的开发方面类型较为单一，无法吸引足够多的学生；

④ 学校课程质量有待提升：由于教师水平和开发经验限制，课程质量还需进一步提升才能满足学生的需求；

⑤ 课程评价机制需要进一步完善：需要更加科学、有特色、精准地评价课程实施效果。

⑥ 课程开发和实施保障需要进一步加强：需要完善教师开发课程的保障系统，确保开发的课程可以正常落地实施。

2. 教育哲学

在国家政策背景引领下，在海亮教育管理集团的统一规划下，海亮实验中学提出以"博雅"作为学校的办学内核，致力于将学校打造成一所具有地区影响力的人文特色高中，实现"博雅健行"的育人目标，培养具有博雅气质的海实学子。

（1）学校愿景

在集团"人皆有才，人人成才，让每个生命出彩"的办学理念指导下，突出学校人文内涵，成为一所孕育生命价值、师生共同发展的学校。

（2）学校使命

以提升学生的人文素养为宗旨，致力于培养学生的综合能力和完整品格，通过国家课程校本化实施、四大类特色校本课程群（"博雅健行"课程群）的实施及特色活动的开展，努力将学校打造成高质量、广辐射、地区领先、全省突出的人文高中。

（3）学校育人目标

以"博雅健行"为育人目标，培养博雅气质的高中生，具体内涵即：

博：博观天下，博览群书，知识广博；

雅：雅润心灵，温文尔雅，文明有礼；

健：健全体魄，身心健康，积极阳光；

行：行高志远，走出校园，主动探索。

人文类高中要培育什么样特质的学生即育人目标问题至关重要。我们的目标是培养一个完整的人，过完全的生活，追求人生的自由与幸福；既有人文之心肠与情怀，也具改进现实之本领与才能；既独善其身，更合群卓越。

通过学校人文特色课程的学习，学生博览群书，掌握丰富的知识，拥有博观天下的眼界，即做到"博"；同时，具有人文底蕴的学生一定是雅致的，即具有雅润的心灵，温文尔雅气质，且文明有礼；体育教育不可或缺，学校秉持身心健康第一位的理念，要求学生做到体魄健全，身心健康，积极阳光；而"行"要求学生行高志远，走出校园，主动探索世界，将理论与知识相结合，个人素养才会提升。

3. 实施路径

基于学校的办学理念和办学目标，开辟一条符合海亮实验中学特色课程体系建设的特色之路非常必要，学校积极探索以人文教育为核心打造博雅特色课程体系，培育人文特质的海实学子。

（1）国家课程校本化实施

在国家课程的实施方面，学校始终坚持以高中阶段国家课程开设基本要求为准绳，开足在高中阶段所规定的语文、数学、英语、物理、化学、生物、政治、历史、地理、信息技术、综合实践活动等国家课程门类，保障课时数量，要求每位学生必须修完国家课程规定的基本学分。同时为了发展学校人文特色，基于学校特色和学生学情，教师积极探索国家课程校本化实施，对国家课程教学内容进行重组和丰富，并融入人文要素，培养学生的思辨能力。此外积极创新教学模式，从教师讲台传授形式走向小组讨论甚至演讲、辩论模式；实行分层教学，基于不同学生基础，选择教学内容和方式。

通过教师探索，海亮实验中学致力于形成一种符合学校实情的国家课程校本化实施范式，力争每个学科都形成精品化教学案例并用于推广。

（2）校本课程特色化

在实施国家课程的基础上，基于学校人文特色建设校本课程，着重打造博课程群、雅课程群、健课程群、行课程群，通过特色课程的建设实现育人目标。博课程群注重学科知识的拓展，希望学生通过博览群书丰富知识体系，成为博观天下的学子；雅课程群侧重对学生气质品牌的培养，包括音乐、礼仪、艺术等特色课程,培养学生温文尔雅的气质;健课程群注重学生体质健康的提升,培养学生对体育运动的热爱;行课程群注重学科的实践,鼓励学生从课堂走向课外,运用所学知识解决实际生活中的问题,培育核心素养。

(3)特色活动多元化

特色活动是学校育人的重要方式,是课程体系中不可缺少的一部分。学校特色活动以文史为核心,打造文史知识竞赛、演讲辩论、诗歌朗诵等特色活动,旨在发展学生的人文素养,培养"博雅健行"的气质。比如通过文史知识竞赛,拓展学生的知识体系,通过演讲辩论锻炼学生的口才,通过诗歌朗诵培养学生的诗书气质。

(三)海亮外语中学

1.学校基本状况

(1)办学历史

1995年8月,诸暨市教育局直属的第一家全日制寄宿制民办学校——诸暨市海亮外国语学校成功创办。

2000年5月9日,海亮外国语学校高中部经绍兴市教委批准升格为"私立诸暨高级中学",而海亮外语中学办学最初的缘起正是私立诸暨高级中学的国际部。

海亮外语中学,是由名列世界500强企业的海亮集团下的重要板块海亮教育整合27年基础教育和20年国际教育的卓越办学经验,倾力打造的多语种、多体系、多出口、多元化的高端国际高中,是海亮国际教育体系旗舰国际学校之一。

学校设立致新部和致雅部两大学部,均采用小班化教学(28—30人/班)。"一人一课表、一生一规划",中外教师联合执教,根据学生升学方向和未来职业发展,坚持以普通高中课程为核心,同时设置英语、日语、韩语、西班牙语、法语等多语种课程体系和多样化的国际课程体系,提供丰富的俱乐部社团活动,帮助每一位学生打造与众不同的个性竞争力,实现留学英国、美国、澳大利亚、西班牙、新加坡、韩国、日本等世界名校的梦想。

(2)近年成绩

学校开展外语特色教学工作也取得了丰硕的成果。自2002年以来,已累计输送1500余名优秀学子赴海外名校就读,近千名学子获世界排名前100的大学的录取通知书,多名学生获得纽约大学、英国伦敦大学学院、墨尔本大学、韩国高丽大学、韩国延世大学、日本早稻田大学、日本上智大学、清华大学、复旦大学等世界顶尖名校的青睐。与此同时,多名学生在 ASDAN 国际数学竞赛、全国高中生日语作文竞赛、浙江电视台"中国蓝"模拟联合国专场、2022 希望之星暨希语盛典全国总决赛中获奖。

(3)发展需求

为了积极响应集团分类办学的号召,并进一步提升学校的办学实力和办学水准,海亮外语中学于 2021 年 5 月基于学校特色及定位提出创办"外语特色"高中。

2021 年 6 月,组织专家和优秀教师,组建特色课程体系和德育体系搭建研究团队;

2021 年 11 月,梳理学校的办学历史、办学资源与办学条件,制定工作方案,确定改革方向,重构学校教育哲学,明确各项分类办学课程的改革方案;

2022 年 3 月,以国家课程为核心,全面搭建外语特色课程体系。

为搭建起一套优质、完善和有效的外语特色课程体系,学校于 2022 年 4 月启动了一场全校范围内的调研,调研对象涵盖学生、一线教师与干部,调研形式有问卷调查、访谈等,调研内容包含学校的教育哲学、课程体系、评价体系、保障措施等。整个调研周期持续一个多月,样本量充足,结果有效性高,对外语特色学校建设具有较大启发作用。

调研主要采用问卷调查与访谈等形式。就问卷调查来说,本次调研主要采用自填问卷的形式,分针对老师与针对学生进行两轮调研。主要通过金数据平台进行问卷发放与回收,共计收回 150 份教师层面的问卷和 1053 份学生层面的调查问卷。对学生的访谈主要关注对社团课的看法,对一线教师的访谈主要关注对课程层面的看法,对干部的访谈主要关注对学校整体课程规划的看法。

结合对学校当前发展实际情况的判断与问卷调查结果,学校梳理出课程体系建设有待完善的问题:

① 学校课程体系有待进一步完善:学校仍需在国家普通高中课程方案的基础上进一步完善学校的课程体系,增强课程体系的科学性、可行性。

② 学校课程质量有待进一步提高:学校仍需持续不断地迭代已有课程的质量,并不断开发新的高质量的课程。

③ 教师的成长与发展机制有待进一步完善:学校仍需努力建立更好的教师成长与发展机制,通过培养更优秀的教师来提升教学质量。

④ 学生过程性评价机制有待进一步完善:学校仍需进一步完善过程性评价体系,以便更加科学、高效地对学生进行全过程评价。

⑤ 学生对课程的多元化需求有待进一步满足:学校仍需要不断提升整体课程类型的丰富度来满足学生多元化的课程需求。

2022 年 5 月,通过深度访谈、问卷调查和文献研究工作,形成研究报告,持续迭代和改进课程建设方案;

2022 年 7 月,全面开启精品课建设工作;

2022 年 9 月,学校将全新迭代的课程方案推进到实施阶段,并根据办学方案的实际运转持续迭代和完善,适度进行对应的经验总结。

2. 教育哲学

(1) 学校愿景

世界即学校、生活即学习、教育即未来。

(2) 学校使命

以立德树人为根本任务,以学以成人为育人主线,打造多语种、多体系、多出口、多元化的外语特色高中。

(3) 学校育人目标

培育具有家国情怀、理解世界规则、拥有未来视野的国际型社会精英和未来领袖。

其内涵包括:让学生成为具有家国情怀的、传承中华优秀传统文化的文化传播者,成为具有全球格局,能够求同存异的世界公民,成为博古通今、守正创新的未来引领者。

3. 实施路径

(1) 国家课程校本化实施

以教育部制定的《普通高中课程方案(2017 年版 2020 年修订)》为课程实施的指导。

海亮外语中学严格按照国家规定设置学校的学制、学时与课程类别安排。高中学制为三年,每学年 52 周,其中教学时间 40 周,社会实践 1 周,假期(包括寒暑假、节假日和农忙假)11 周。每周 35 课时,每课时按 45 分钟计。18 课时为1学分。

必修课程由国家统一设置,所有学生必须全部修习,满足学生打好共同基础的需要,促进学生全面发展。学校始终坚持高质量实施国家课程,按照要求开设语文、数学、外语、思想政治、历史、地理、物理、化学、生物学、技术(含信息技术和通用技术)、艺术(或音乐、美术)、体育与健康科目和综合实践活动、劳动等国家课程,积极推进国家课程校本化,并在实施过程中坚持思想性、时代性、基础性、选择性、关联性等基本原则,以培养具有理想信念和社会责任感、具有科学文化素养和终身学习能力、具有自主发展能力和沟通合作能力的青年。

除此之外,学校建立了学生发展指导制度,采用专职教师与兼职教师相结合的方式,组建专门的升学指导团队,加强对学生理想、心理、学业、生活、生涯规划等方面的指导。通过开展多种多样的指导活动,帮助学生正确地认识自我,更好地适应高中阶段的学习与生活,处理好兴趣特长、潜能倾向与社会需要的关系,选择适合的升学方向和发展方向,提高生涯规划能力和自主发展能力。尤其是对于选择国际化升学方向的学生,学校始终按照"一生一课表,一生一规划"的原则进行一对一升学指导,以实现最优的升学目标。

(2)校本课程特色化

按照国家的要求,选修课程须根据学生的多样化需求,当地社会、经济、文化发展的需要,学科课程标准的建议以及学校办学特色等开发设置。

基于学校国际化的办学方向,基于未来城市发展和人才需要,基于学生个性需求,基于校内外育人空间等方面因素,海亮外语中学积极开发校本课程,作为对国家标准课程的补充,学生自主选择修习。

具有外语特色的校本课程关注学生语言与知识、思维与品格的提升,同时兼具深度学习与学科实践。在校本选修课中,海亮外语中学突出语言类课程与文化类课程的重要地位,开设英语、法语、日语、韩语等多种语言课程与文化课程。与此同时,任课教师在授课的过程中,充分强调听说读写能力的全方位提升,并且鼓励学生的个性化与多样化发展,以此来最大限度达成学校的育人目标。

(3)特色活动多元化

整体特色活动安排以学校的"艺术节""体育节"和"戏剧节"三大节为核心,以学年为单位安排多元化的特色活动,既突出鲜明的外语特色,又强调对学生核心素养的培育,以此服务于学校育人目标的达成。在艺术节中,各项展示活动既强调对中华优秀传统文化的继承与发扬,同时强调国际视野,并且鼓励学生用双语对作品进行阐释。体育节鼓励学生积极借鉴中华传统文化和世界优秀文明成果,以此来进行融合性的文化展示,并且在多场景中融入多语种元素。戏剧节中包含多语种的戏剧展演,鼓励学生将情节和故事还原到具体的文化与历史背景中去进行展示,在实际运用中提升学生的语言综合能力和个人综合素养。

（四）海亮艺术中学

1. 学校基本状况

（1）办学历史

海亮艺术中学成立于 2016 年,是海亮教育区域化分类办学的成果之一,是浙江省第一所艺术类普通高中,也是一所仍处于发展中的学校。

海亮教育自 1995 年成立第一所学校以来,一直致力于满足学生的求学需求,在几十年的办学历程中发现仍有很多学生因不适应或学习能力不匹配而在高考中被淘汰,其中不乏追求艺术梦想的学生,鉴于此,海亮教育开始尝试在普通高中开设艺术班,受到了很多学生和家长的认可,也帮助一部分学生升入了理想的大学。于是,海亮教育在 2016 年正式成立以艺术为主要特色的海亮艺术中学,开设了以美术、音乐、传媒三大专业为主的特色课程。2017 年,海亮教育总校长叶翠微先生提出了"人皆有才,人人成才"的教育理念,对学生多样化发展需求进行了精练总结,同时也对海亮艺术中学高位发展提出了更高的要求。2020 年,时任海亮艺术中学校长的彭蕾女士领导学校管理团队优化学校办学理念表述,提出了"美美与共,向美而生"的学校文化并设计制定了与之配套的学校品牌建设体系,同时针对学校现状对管理体系、教学体系、评价体系等多个维度进行了改革,对师资队伍进行了深度优化,较大程度提升了学校的教学与管理水平。

（2）近年成绩

海亮艺术中学的办学目标是建成一所以美育为引领,以文化熏陶和艺术表达为重点,以知行合一的特色课程为途径,以提升学生综合素养为根本追求的高中。

学校秉持文化课与专业课并重的办学方略,着力培养学生的综合素质,以培养拥有幸福能力的向美高中生为育人目标。在这一目标的指导下,一批优秀学生进入中国顶尖的大学,如中央戏剧学院、中国美术学院、厦门大学、上海音乐学院等,为国家美术、音乐、传媒等事业输送了优秀的年轻力量。

(3) 发展需求

为进一步加快创设浙江省特色艺术普通高中的步伐,2022 年 4 月,学校组织了针对全校师生的调研。通过了解教师日常教学中的问题以及学生学习中出现的新需求,进一步优化升级学校的艺术特色课程,让学生的学习更有兴趣、更有特色、更有成效。

在教师层面,调研主要从对艺术课程的认可程度、感到困惑的问题、意见建议等角度进行。从调研结果看,总体上,教师对艺术课程的必要性和重要性有很好的认可,这为学校后续实行国家课程校本化和校本课程、特色活动的开展奠定了基础。在对困惑问题的调研中发现,老师们主要的痛点集中在艺术生课堂管理难度较大、专业基础较弱和国家课程校本化缺乏指导三个层面。这对学校的特色办学综合管理提出了较高要求,表明在学生管理、招生要求和课程培训等方面学校还需要做较多工作。在教师的意见和建议中,大多数人都认为艺术鉴赏类、实践类校本课程的开设很有必要,可以促使专业基础较弱的同学找到艺术学习的兴趣,发现艺术的魅力。许多教师提出,由于当今大环境对艺术教育的标签化、污名化仍比较严重,家庭教育层面能否认可艺术教育的必要性和重要性同样关键。因此家校合力在艺术生培养的过程中能发挥很突出的作用。这就要求学校在后续工作中要通过多渠道做好家校沟通,助力美育教学。

在学生层面,调研主要从艺术课程的教学方式、特色活动、意见建议等角度进行。调研结果表明,总体上,学校专业课程的开设能满足大多数学生的需求,但教学方式的变革是必不可少的,需要根据国家有关政策要求,进行更深入的调查研究,出台更加科学合理的教学方案。此外校本课程的丰富程度也需要引起重视,在师资配备、硬件配套等方面需要更高标准。绝大多数同学都认为学校的特色活动,无论是正式演出还是校园艺术周星小舞台、画展、摄影展等,非常有艺术高中的特色,同时,由于专业的限制,不同活动缺乏跨专业交流,因此从整个学校层面看,部分特色活动普及程度不够高。在学生的建议中,开设生涯规划类课程和提供高校参观交流机会占了多数。由于艺术专业学习的特殊性,大部分同学对未来高校专业及就业方向有较高的了解欲,并且希望能亲身体验高等教育的艺术课堂,以激发学习动力。

2. 教育哲学

海亮艺术中学在国家政策的引领下,在集团育人蓝图的指导下,明确把"向美"作为学校核心办学文化,提出了"美美与共,向美而生"的学校教育哲学核心理念。

（1）学校愿景

美美与共,向美而生。

内涵:美美与共蕴藏着《论语》中"君子和而不同"的理念。每个生命都是独特的,不同的生命竞相绽放,各美其美,海亮艺术中学包容有差异的美,美美与共。这正切合海亮教育核心价值观中的"特色""多彩""和谐"和"博爱"。向美而生含义有二:一是爱美求美,发现并守护自身的美好,因美好而存在;二是向美寻美,追寻诗意美好人生。"爱美"方能"立德",进而"善行",最终"致远";"向美"方能"守正",进而"求真",最终"博爱"。

（2）办学使命

以美育为引领,以文化熏陶和艺术表达为重点,以知行结合的特色课程及实践活动为途径,以培养学生幸福能力为根本追求。

（3）育人目标

向美高中生首先要能自主学习,具有终身学习的意识和能力,拥有精彩的生活追求;还应具有艺术知识、技能与方法的积累,具有发现、感知、欣赏、评价美的意识和基本能力,拥有多彩的审美眼光;最后是有强烈的社会责任感和国家复兴的使命感,尊重世界多元文化的多样性和差异性,拥有出彩的幸福人生。

3. 具体做法

海亮艺术中学以"美美与共,向美而生"的教育哲学为宗旨,在国家课程校本化、创新校本课程和举办特色活动方面取得了长足的进步,在探索中收获了丰富的改革经验。

（1）国家课程校本化实施

在国家课程校本化实施探索过程中,学校坚持国家课程方案和课程标准的基本原则,确保国家课程的实施规范化、科学化,同时积极探索各学科特质与美育教学的共性所在。根据学校艺术生个性发展和艺术考试需要,对国家教材进行合理的整合和汇编,在教材重点和难点上进行有效的区分、高效的实施。在实施国家课程时,合理合适地融入艺术素养,以艺术形式为载体,激发学科核心素养在教学实施中的体现。国家课程校本化在确保国家课程实施效果的前提下,根据最新艺考政策和艺术生生理心理特点,对国家课程教材进行合理的整合和汇编,在教材的重点和难点上进行有效的区分。同时在实施国家课程时,尽可能处处体现美育元素,推动学科特色和美育特色的融合,在国家课程中融入艺术氛围,以艺术形式为载体,激发学科核心素养在教学实施中的体现。

(2)校本课程特色化

海亮艺术中学在积极落实国家课程校本化的要求外,还大力探索校本课程研发和实践的新可能,尽可能拓宽艺术生的人文境界。

校本课程以美育为课程核心内容,设立既能体现和提高艺术专业能力,也能营造校园艺术氛围的校本课程,与国家课程形成互补与进阶关系,鼓励学生自主选择修习。坚持以德育和美育为引领,以艺术课程为核心特色,目前主要设立了艺术格物、艺术正心、艺术修身、艺术立德四大课程。在学习方式上,学校探索项目式学习,集各学科优势于一体,让学生沉浸式地体验艺术之生命、知识之灵魂。从具体的实施情况来看,校本课程包含了多种艺术形式的学习和实践,能够培养学生的审美能力、创造力以及实践能力,从而促进学生的全面发展。同时也能培养学生的艺术兴趣,丰富学生的学校生活,激发学生的创造潜能,使学生能够在艺术领域得到更多的发展。校本课程也赋予了学生艺术知识以及艺术技能,打通了艺考的升学渠道。此外,校本课程的实施要求学生在实践中展示自我,培养学生的自主、合作与创新精神,从而提高学生的综合素质和自信心。校本课程的实施还能够增强学校的艺术氛围,促进文化多样性和知识共享,让学校更具特色。

(3)特色活动多元化

特色高中的办学底层逻辑是在国家教育总方针的前提下,融入特色元素,强调办学优势,从而更好地完成立德树人的根本任务。海亮艺术中学坚持培养德智体美劳全面发展的社会主义建设者和接班人,在开齐开全国家课程的同时,在顶层设计、课程建设等各个层面融入美育元素,积极探索以美育为主要办学优势,以艺术为主要办学载体的特色高中办学之路。当然,举办特色活动离不开教育资源的配置,艺术特色高中需要匹配与之相适应的教育资源,这主要涉及校园环境打造、师资结构调整、课程体系建设、评价体系完善等方面。

# 第二章

# 特色课程的设计与开发

2009 年,时任教育部副部长陈小娅在"中美高中特色办学研讨会"上指出,高中是学生个性和才能显露与发展的关键阶段,特色办学才能适应学生的个性发展,才能为各种人才的成长开辟不同的道路。2010 年颁布的《国家中长期教育改革和发展规划纲要(2010—2020 年)》进一步强调,支持普通高中学校建立特色化课程体系,鼓励学校在国家课程方案指导下根据自身定位和本地实际,多角度入手,规划符合办学目标和培养目标的特色课程,发展学校办学特色。

在分类办学的实施过程中,课程是实践的主抓手,课程的设计与开发直接影响学校育人目标的实现。高中新课程改革赋予学校进行课程建设与特色发展的自主权,鼓励有较强综合实力和学科优势的学校进行整体或部分的创新探索,力争在课程改革推进的重点和难点问题以及综合改革中有新的突破。

本章通过对四所高中特色课程进行分析,归纳分类办学中不同类型学校的共性与差异。首先从各校课程体系的顶层设计出发,呈现不同类型学校的理念差异和对应的课程设计原则,这些差异最终直观地体现在各具特色、各有侧重的课程图谱中。而为了更深入地呈现其特色,本章还在分析过程中把高中特色课程归纳为三种类型,即国家课程、校本课程以及特色活动,分别梳理了各校在特色课程类型中的设计思路。如何实现国家课程的校本化,以及如何设计各具特色的校本课程和特色活动,成为不同类型的学校需要面对的共性问题。从不同办学类型的学校关于知识体系构建,以及教育教学方法上的思路差异,可以更清晰地看到教育的差异性。

总体而言,高中特色课程的设计与开发有其独到的理论依据和实践价值。在理论上,它验证了多元智能理论,切合人本主义教育思想,体现了建构主义的评价观;在实践上,它有助于改变我国高中同质化倾向,改革评价体系,有助于建立良性的三级课程体系,形成灵活多变的课程实施方案。

# 第一节　数理高中特色课程设计与开发

## 一、特色课程体系的顶层设计

（一）特色课程思考

1. 课程理念

海亮高级中学的特色课程以建设数理科技课程体系,奠基创新人才培养为理念。特色课程的重要性在于它既是实现育人目标的载体,也是推动学校特色发展的核心所在。只有用高质量的特色课程作支撑,分类办学改革才具备生命力,海亮高级中学紧紧围绕数理科技办学特色和"海纳群英、致远至高"的人才培养目标,立足校本课程,突破传统课程格局,建立完善丰富的特色课程体系,既要满足学生多元化、个性化的课程需求,同时也引入家长、高校、研究机构等多方资源,突破课程边界限制,让学校的特色课程体系向开放式、可优化方向发展。

图 2-1　数理科技人才教育资源整合图

2. 设计原则

在特色课程体系的顶层设计中,海亮高级中学构建起了一个以基础课程为本、特色竞赛与强基课程为双翼、研究与创客并行的课程图谱,建立科学思想、科学方法、科学知识和科学精神相统一的特色课程系统,将科技办学真正落到实处,培养学生爱科学、学科学、用科学的习惯和能力,发展学生的科技特长,提升学生的科技素养,为高校和社会培养可堪大任的未来人才。其设计原则主要为以下五点:

（1）数理为基

特色课程体系建设以数理学科为基础,体现学校鲜明的数理特色,契合打造数理科技高中的办学方向,致力于培养学生优秀的数理思维品质、突出的创新运用能力、坚韧的钻研探究精神。在特色课程设置上,夯实数学、物理、化学、生物学等基础课程,通过学科辐射,深化基础学科的课程影响力和扩展黏性,形成特色数理品牌课程群,建立数理科技教师团队,保障课程的实施和数理特色的体现。

（2）科学为翼

特色课程建设对接数理科技高中的特色,在数理学科的基础上,以科学性课程对基础课程进行深化和拓展。建设好信息、创客、编程、实验等科学性课程,给数理学科创设更多元发展空间和更广阔的应用空间,让课程对接学生的知识融合,对接学生的社会生活,对接学生的运用能力,采用多管齐下的方式,切实培养学生的数理学科素养。

（3）学生为本

特色课程建设应体现学生的主体性。课程以生为本,从学生的真正需要入手,瞄准学生的核心能力,切实发挥学生的主体作用,给予学生真正的引导,让学生学会自己发现问题和解决问题,从而提高核心能力。

（4）着眼全面

特色课程坚持五育并举,全面培养学生,铸就真正英才。课程应从文化基础、自主发展、社会参与三个方面构建框架,突出德育实效,提升智育水平,强化体育锻炼,增强美育熏陶,加强劳动教育,促进学生形成正确的世界观、人生观、价值观。

（5）关注完整

特色课程建设应体现完整性。从课程结构来看,课程应该具备完整的课程纲要、课程实施计划以及课程评价等;从育人效果来看,课程应有助于培养完整的人,即追求的不单单是智力效果而是人的全面发展,使受教育者不仅具备完整的知识储备,也有完备的社会适应能力和技巧。

### (二)课程图谱

海亮高级中学课程体系紧扣"立德树人"的总目标,以国家课程为主导,全面落实"德智体美劳"的平衡发展。同时,为了更好地对接国家课程的实施,体现学校数理科技高中的办学特色,学校结合办学实际,确立了"通识·实践·拓展"三元校本课程体系,致力于培养学生的科技创新能力,打造基础学科拔尖人才,培养有志于服务国家重大战略需求、综合素质优秀、基础学科能力突出的优秀学生,真正做到立德树人。课程体系图谱如下:

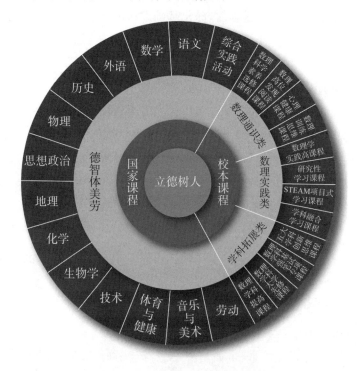

图 2-2　海亮高级中学课程图谱

这一课程体系设计是海亮高级中学以课程高远建构为纲的体现。课程与教学是育人系统落地的载体,因此在建设数理科技特色高中过程中,构建立足高远、多元开放的课程教学体系是数理英才培养的重中之重。海亮高级中学以"一体两翼多通道"的培养模式,全方位激发学科潜能,通过打造数理通识类、数理实践类、学科拓展类课程以及全面的校本特色课程,形成综合素质培养体系,助推学生综合素质提升,开辟学生成才的渠道。同时,海亮高级中学以数理学科高位发展为引领,五大学科荣誉课程全面发展,强基课程高效推进,通过项目式学习研究持续发酵,形成科技学术成果。改善和更新创新实验室硬件、引进创新学术导师,为科技学术成果的高质产出提供充分的营养和成长条件,实现学校教学高远实施。

同时,海亮高级中学也注重环境育人和第二课堂与第一课堂的协调联动。结合学校数理科技高中建设规划,通过进一步提升校园环境,为打造学校特色打下良好的环境基础。例如升级建设设施一流的数字化科技创新实验室,升级改造双师课堂、"五大学科"荣誉课程教室等硬件设施;同时,通过学术节、博士讲堂等校园活动,营造具有浓厚数理学术氛围的校园环境,形成熏陶、渐染的合力。学校还通过有计划、有目的、有方法、多形式、多途径的宣导,将师资、课程、教学、评价、资源配置等多元融合,合力营造"数理科技创新人才培养"的校园文化,使学生得以浸润在数理科技学习的氛围中。

## 二、国家课程的设计

目前,依托教育管理集团的技术支持和学校全体师生的共同努力,学校已经开展多项国家课程校本化的具体开发工作,完成了高中阶段 11 门学科的线上课程资源开发,通过电子课包制作,实现教学资源的互通和线上修改、升级;结合新教材,通过学科名师的引领,完成了语文、数学、英语、物理、化学、生物学、信息等学科全部教材的校本作业的编制,实现课包和校本作业的一体化;联合学科网、正确云等学科平台,实现所有学科的电子题库建设。

在国家课程校本化的过程中,海亮高级中学综合考虑学校教育的培养目标、数理学科的课程标准和学科特点、教师个人的能力倾向和兴趣特长,同时尊重学生的差异性,科学地设置数理基础课程,最大化地体现和发挥数理学科在高中阶段促进学生核心素养提升的作用。以"翻转吧,我的细胞"为例,教师采取翻转课堂的形式,对于细胞内各部分的学习与设计模型和建模打印结合,提升学生的好奇心和求知欲,并培养他们的团队合作意识和勇于创新的精神,提高了科学探究的核心素养。以下为该课程的课程纲要:

表 2-1 "翻转吧,我的细胞"课程纲要

| | |
|---|---|
| 教学目标 | 培养学生尊重事实和客观依据、崇尚严谨、务实的求知态度,在设计模型与建模打印、创造性思维方面,提高学生科学思维方面的核心素养。<br>在上网收集资料,小组合作讨论分析各结构功能过程中,逐步增强对细胞结构和功能的好奇心和求知欲,乐于并善于团队合作,勇于创新,提高科学探究方面的核心素养。 |
| 课程内容 | 绪论　翻转吧,我的细胞<br>第一章　核糖体<br>第二章　内质网<br>第三章　高尔基体<br>第四章　溶酶体<br>第五章　线粒体<br>第六章　叶绿体<br>第七章　液泡<br>第八章　中心体<br>第九章　细胞核<br>第十章　不同类型的细胞<br>除绪论外,每个章节分为以下 3 个学习要点:<br>1. 互联网＋自主学习。<br>2. 构建细胞器 3D 模型或细胞平面拖拽模型。<br>3. 投屏展示和讲解 3D 作品或细胞平面拖拽模型。<br>每节课有两道课后思考题,用以解决学生建模过程中遇到的问题和探讨学生在翻转课堂学习过程中对生命观念、科学思维、科学探究、社会责任方面的思考和收获。 |
| 教学方法 | 教学方法:翻转课堂、多媒体教学、实物演示与讲解、实训操作、移动终端互动、研究讨论等。<br>组织形式:选修课。<br>课时安排:每周两课时。 |
| 评估方式 | (一) 指导思想<br>通过评价,规范学习行为,促进学生自主学习,让学生积极参与其中,激发学生对生命现象和 3D 建模的探索兴趣。<br>(二) 评价方式<br>1. 学时学分:出勤,满分 100 分,占总分的 30%。<br>2. 课业学分:满分 100 分,占总分的 30%。学生课堂纪律情况、活动参与情况、团结协作情况。<br>3. 建模研究:满分 100 分,占总分的 40%。展示小组研究成果,并进行 3D 打印。<br>4. 期终评价检测。 |

（续表）

| 教学资源和条件要求 | 多媒体资源、生物实验室 |
|---|---|
| 教师和学生的角色和职责 | 1. 教师：提供教学支持和指导，组织教学和实验。<br>2. 学生：积极参与课堂和实验活动，认真完成作业和小组项目，接受反馈和改进。 |
| 课程的实施和管理 | 1. 每周 2 节课，共计 22 节。<br>2. 学生考核成绩和实验成绩将计入课程总评成绩。 |

## 三、校本课程的设计

海亮高级中学综合考虑学生发展需求和学校特色，构建起数理科技特色校本课程体系，促进学生个性和特长的发展。

表 2-2　校本课程构成与实施年级一览表

| 类别 | 课程名称 | 开设年级 | 备注 |
|---|---|---|---|
| 数理通识类 | 数理高位发展阅读课程 | 高一、高二、高三 | 自主选修 |
|  | 数理学科素养选修课程 | 高一、高二 | 自主选修 |
|  | 数理思维训练课程 | 高一 | 自主选修 |
| 数理实践类 | 数理学科实践课程 | 高一、高二、高三 | 限定选修 |
|  | 数理研究性学习课程 | 高一、高二 | 自主选修 |
|  | STEAM 项目式学习课程 | 高一、高二 | 自主选修 |
|  | 学科融合学习课程 | 高一、高二 | 自主选修 |
| 学科拓展类 | 数理学科提高课程 | 高二、高三 | 限定选修 |
|  | 数理学科强基专项课程 | 高二、高三 | 自主选修 |
|  | 数理学科大学先修课程 | 高二 | 自主选修 |
|  | "五大学科"荣誉课程 | 高一、高二 | 自主选修 |

海亮高级中学针对不同年级设定了对应的校本课程要求。在高一阶段，着重引导学生培养学习兴趣，发现自己的兴趣，为高二的文理选科以及更远的大学升学、未来择业作准备，同时加强团结协作意识和社会实践能力的培养。在

高二、高三阶段,着重引导学生加强对学科知识和应用能力的培养,从基于自身特点和兴趣的不同发展途径提高知识修养和能力水平,获取更为全面而深入的学科知识素养;同时加强对学科研究的专业基础课程、学科发展的前沿课程以及学习力培养课程的学习,加强对职业技能类课程的学习,增强实践能力和研究能力,形成专业兴趣和职业兴趣,为今后的专业发展和职业发展奠定基础。

同时,学校还建立了校本课程的审议制度:通过建立课程评审委员会,规范校本课程开发与实施流程,制定校本课程的课程纲要和实施细则,以确保校本课程体系的有序建设和运行。

## 四、特色活动的设计

海亮高级中学在特色活动的设计上结合学校"登高望远,立志成人;脚踏实地,虚心求知;崇德修身,以德润才;乐观自信,快乐生活"的育人目标,探索建立完善的特色活动体系。目前的特色活动体系设计具有多元化的形态特征,以"学术节""体育节""艺术节"三大学生活动节为抓手,同时配以演讲、辩论、创客实验、体育运动等校级社团活动,以多样的活动和有效的实施为落实途径,深度培养学生的理性思维,多维度提升学生的综合素养,以达到全面培养的目标。

为实现打造数理科技高中的建设目标,海亮高级中学重视利用第二课堂激发学生的学术热情,激励学生参与科研,提升学生的学术探究能力,提高学生的学科核心素养。下面以学术节中的"神剑上九重·二级'水火箭'创意航空比赛"为例,呈现特色活动对于数理科技高中建设的意义。

该活动的目的为:培养学生深入思考课本知识、学以致用的能力,以及培养学生自主设计、调试的动手能力,让学科教学落到实处。通过比赛,也能够培养学生的合作探究能力,切实提升学生的学科核心素养。对作品的要求如下:

(1)参赛学生自行设计、制作二级"水火箭",肉眼能看到两节"水火箭"的分离效果,视为发射成功,反之,视为失败。"水火箭"分离后做自由落体运动,箭头留空时间长者胜出。"水火箭"的制作和调试一定要注意安全,不可以在人群密集处试验,"水火箭"应带有降落装置,以避免落下的"水火箭"造成伤害;

(2)每件作品要按作品名称、制作人、班级、指导老师进行标注,同时制作人要说明其构造、作用及使用方法等相关知识；

（3）所有作品必须由学生亲手设计制作，在制作中可以利用别人的理念进行辅助创作。

从中可以看出，学校在特色活动设计中非常重视实验设计能力和动手能力的培养，因为这两项能力既是数理学科非常重要的必备能力，也有助于实现学生将课本知识落实到日常生活的基本要求。案例中的设计比赛立足于学生对高中物理知识的综合运用，让学生在模型设计、数据运算、参数调整、材料选择等各个方面充分调动所学知识。学生在不断优化自我设计的过程中，也不断深化对课本知识的认知。同时，团队合作的设计也给了学生更多交流知识、讨论探究的机会，让学习变得更具有乐趣。另外，这样的比赛，还为学生展现才华提供了很好的舞台，有助于提高学生的自信心，丰富学生的课外生活，体现学校"人皆有才、人人成才"的理念。总结起来，特色活动着眼于提高学生兴趣、激发学生创新思维、拓宽学生视野和提高学生数理学科素养等，从而实现特色课程与学生特长的融合，提高教育效果，培养创新英才。

# 第二节 人文高中特色课程设计与开发

## 一、特色课程体系的顶层设计

### （一）特色课程思考

1. 课程理念

海亮实验中学建设人文高中的课程理念是基于学校的教育哲学，按照国家课程设置要求，结合国家课程、校本课程，建设符合中学生身心发展规律的人文学科特色课程体系，围绕"一要教会学生如何做人，二要教会学生如何思维，三要教会学生掌握人文社会科学方面的知识与能力等"三个方面来展开。

培养学生高尚的价值追求和良好的行为习惯，使其最终有利于学生能力的发展、知识的增长、品性的陶冶、体质的增强、素质的提高，以确保学校教育目标的实现。

2. 设计原则

(1) 人文性

特色课程体系建设应体现其人文特色,契合打造人文高地的办学目标,致力于培养学生广博的知识储备、温文尔雅的精神气质、阳光向上的积极心态、勇于探索的意志品质。在特色课程的设置上以文学、历史、演讲等课程为核心,形成特色人文品牌课程群,建立博雅教师团队,打造最强人文师资团队,保障课程的实施和人文特色的体现。

(2) 社会性

特色课程的建设应体现社会性原则,通过课程培养,学生能够运用所学在社会中发挥作用。社会性的体现应从课程内容和教学方法上体现。在内容上,课程的设置应适当结合当下热点话题和现实案例,在教学方法上,不应采取教师一言堂的教学形式,应创新采用讨论式的课堂组织、论证式的教学模式,从而提高学生的社会能力。

(3) 主体性

特色课程建设应体现主体性原则,即课程应以生为本,发挥学生的主体作用,而教师作为导师角色,给予学生引导,引导学生去自己发现问题和解决问题,从而提高核心能力。

(4) 全面性

特色课程的建设应体现全面性,德、智、体、美、劳、五育并举,提高学生的核心素养,培养能够适应未来社会的人。课程设置应在五育方面均有体现,且形式要多样,努力丰富"博雅健行"四大类课程群。

(5) 系统性

特色课程建设应体现系统性,系统性应从课程结构本身的系统性和育人效果的一体化两方面理解。在课程结构上应该具备系统的课程纲要、课程实施计划以及课程评价等;从育人效果来看,学校应致力于培养完整的人,注重育人实效,强调教—学—评有机衔接。

学校梳理已有课程资源,结合人文高中分类办学背景进行删减和整合,充分做好前期调研,确定课程建设路径,重点以国家课程校本化、校本课程建设、特色活动三个方向为抓手打造特色课程体系。海亮实验中学努力做好师资队伍建设,以师资内培和外部引进相结合的形式,重点打造高素质的博雅师资团队,团队以老带新做好课程建设相关基础知识传授。海亮实验中学打通课程的整体性联系,打破学科间的壁垒,关注学科间的融通;做好基于学生兴趣和特长发展的校本课程开发,融知识性、思想性于一体,注重学科知识与德、智、体、美、劳的有机结合。

（二）课程图谱

海亮实验中学的课程建设是人文类特色办学的重点,学校以国家课程为基础,进行特色的校本化实施探索,打造"博雅健行"特色选修课程群,拓展学生的学科知识,培养学生的人文素养,让学生成为幸福的人、完整的人。在此基础上学校还将开展文史活动作为特色活动课程,通过组织活动发挥学生特长,培养其关键品格和必备能力,全面提升其综合素养。

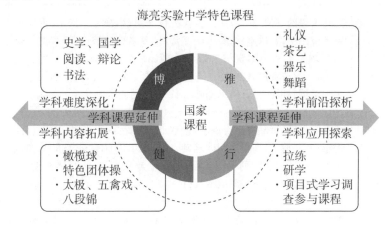

图2-3　海亮实验中学课程体系图谱

在国家课程中,必修课程由国家统一设置,所有学生必须全部修习,满足打好学生共同基础的需求,促进学生全面发展。

选择性必修课程由国家根据学生个性发展和升学考试需要设置。参加普通高等学校招生全国统一考试的学生,必须在本类课程规定范围内选择相关科目修习课程;其他学生结合兴趣爱好,也必须选择部分科目内容修习,以满足毕业学分的要求。在具体实施过程中,要基于学校情况和学生情况,从国家导向、内容选择、组织方式等方面进行校本化实施探索。

学校在严格落实国家课程的基础上,进行课程的校本化,并建设以阅读、文史赏析、语言课程为核心,以生涯、体育、礼仪、科创课程为特色的"博"课程群、"雅"课程群、"健"课程群、"行"课程群四大类选修课程群。学科延伸课程夯实学生的学业基础，让学生具有更扎实的学科素养；特色课程面向学生的人文素养，进一步打造学生的人文魅力。

表2-3　海亮实验中学校本课程

| 课程群类型 | 课程内容 |
| --- | --- |
| "博"课程群 | 生活中的国学知识；蔡东藩说历史；乡土历史——杭州；94央视版《三国演义》欣赏；殷商甲骨文字探趣；中华上下五千年之先秦—秦汉；中国现当代作家及作品欣赏；赏孝子图，品孝文化；钱锺书、杨绛文学作品赏析；中国现代文学经典名著选读；古典文学与传统文化；天文兴趣小组校本教材；中国文化概论；汉服文化；《红楼梦》人物赏析；中国传统文化；沈从文小说欣赏；跟着课本游历史文化名城；探索中国乡土文化；地理中的中华情 |
| "雅"课程群 | 感动世界的书信；礼仪；中国古代礼仪文明；影视艺术概论；现代社交礼仪；审美应用学；音乐鉴赏；音乐剧鉴赏；世界名著欣赏；英语演讲与辩论；化妆与服饰礼仪；花卉鉴赏与花文化；中国民歌鉴赏与演唱；电影鉴赏；建筑艺术及鉴赏；旅游资源欣赏；花卉与生活；钢琴名曲欣赏；世界插图艺术；古代山水画赏读；环境音乐；楷书基础与训练；中国艺术史 |
| "健"课程群 | 化学与保健；食品安全与卫生；篮球；网球；跆拳道；长跑；瑜伽；食品安全与健康；女子篮球；高中生网球基础入门；中学生日常安全；简易伤口处理；女子跳绳；校园足球；羽毛球比赛；中学生健身入门；给身体充电——穴位按摩；趣味健身；穴位按摩电子教材 |
| "行"课程群 | 游中学，学中研——高中生物研学游课程；博物馆中学历史；寻找人生的北极星；走过万水千山；最美摄影；带着英文去旅行；探寻文化古迹，提升人文素养；走出校园，进入社区；最美摄影 |

海亮实验中学围绕人文高中办学方向，积极打造一系列能够提升学生人文素养的特色活动，目前已经开展文学类、历史类、时政类、语言类等特色活动，并积极探索其他类型，通过不断丰富活动类型，培养学生的综合素养。

表2-4　海亮实验中学特色活动

| 活动类别 | 活动名称 |
| --- | --- |
| 文学类 | 诗歌朗诵活动、三行诗创作大赛、心语话红楼活动 |
| 历史类 | 历史知识竞赛、博雅历史剧、"三星堆"考古发掘 |

（续表）

| 活动类别 | 活动名称 |
|---|---|
| 时政类 | 博雅讲堂、时政知识竞赛、模拟法庭 |
| 语言类 | 英语趣味配音 |
| 礼仪类 | 中国传统礼仪、就餐礼仪 |
| 音乐、美术 | 剪纸活动、雕塑活动、十佳歌手比赛 |

## 二、国家课程的设计

国家课程承载着党的教育方针和教育思想，规定了教育目标和教育内容，是国家意志在教育领域的直接体现，在立德树人中发挥着关键作用。高中课程分为必修课程和选择性必修课程。国家课程校本化实施就是在坚持国家课程改革基本精神与课程标准的前提下，学校根据自身性质、特点和条件，将国家层面上的课程规划和设计转变为适合本校学生学习需求的创造性实践，包括教材的校本化处理、学校本位的课程整合、教学方法的综合运用和个性化加工及差异性的学生评价等多样化的行动策略。

海亮实验中学以"博雅健行"为育人目标，培养具博雅气质的高中生。学校针对国家必修课程和选择性必修课程进行了校本化实施，如在实施过程中使用单元整体教学设计，在大概念的统领下对不同章节内容进行整合，形成整体。在教学形式上，更多采用小组讨论或项目学习形式，教师的角色是作为引领人而不是单纯的知识传授者。下面以高中地理选择性必修一的地球科学课程为例，展示如何以大单元设计为出发点，对课程内容、课程目标、学习方式和评价方式进行校本化处理。

表 2-5 地球科学课程纲要

| 地球科学课程纲要 | |
|---|---|
| 一、项目简介 | 1. 课程标题：地球科学<br>2. 主讲教师：倪培刚<br>3. 教学材料：自编课件、大学教材<br>4. 课程类型：知识拓展类<br>5. 授课时间：每周 2 课时，共 40 课时<br>6. 授课对象：学有余力，对地球科学感兴趣的高一、高二学生 |

（续表）

| 地球科学课程纲要 | |
|---|---|
| 二、课程性质<br>与目标 | 1. 课程性质<br>地球科学是以地球系统(包括大气圈、水圈、岩石圈、生物圈和日地空间)的过程与变化及其相互作用为研究对象的一门知识拓展类选修课程。本课程旨在普及地球科学知识,激发中学生学习地球科学的兴趣,增强学习地球科学的能力。<br>2. 课程目标<br>(1) 初步学习并掌握地球科学几大分支学科的基础知识;<br>(2) 了解地球科学的前沿领域动态;<br>(3) 培养学生阅读科研论文的基本能力;<br>(4) 培养学生野外地质实习的基本技能;<br>(5) 培养学生提出问题、独立思考、收集资料、解决问题的能力。 |
| 三、课程内容 | 本课程主要包括六大分支学科,各分支学科的课时分配及主要授课内容如下: |

| 分支学科 | 课时数 | 授课内容 |
|---|---|---|
| 地质学 | 16 | 外动力作用;地质构造;固体地球与矿物学;沉积作用与沉积岩;岩浆作用与岩浆岩;变质作用与变质岩;地质年代学与生物演化;人与地球;野外地质考察基本技能。 |
| 固体地球物理学 | 8 | 圈层结构与动力学;地震学与地球内部物理学;地磁学与地球内部物理学;重力学与地球内部物理学。 |
| 大气科学 | 4 | 大气物理学;气象学。 |
| 海洋学 | 4 | 物理海洋学;气候变化。 |
| 环境科学 | 2 | 大气化学。 |
| 天文学 | 4 | 太阳系天体概览;超越太阳系。 |
| 习题讲解 | 2 | 历年真题讲解。 |

| 四、课程实施 | 1. 课时安排:本课程共 40 课时,每周 2 课时。<br>2. 教学方式:以课堂授课为主,有 4 课时野外地质实习。<br>3. 场地:除教室外,有 4 课时在野外教学。<br>4. 班级规模:30 人左右。 |
|---|---|

（续表）

| 地球科学课程纲要 | |
| --- | --- |
| 五、课程评价 | 基于学科核心素养的评价：<br>1. 培养人地协调观<br>2. 发展地理综合思维<br>3. 提升区域认知<br>4. 培养地理实践力 |

## 三、校本课程的设计

海亮实验中学坚持"博雅健行"的育人目标，致力将学校打造成一座人文高地。在新课改理念指导下，学校注重学生的个性化培养，设置了拓展学生口才、培养思维缜密度的演讲力课程，以及以培养学生良好的文明礼仪习惯为基本目标的礼仪课程。各类特色课程构成四大类课程群，着眼于全面提高青少年学生的思想道德素质、知识眼界、文明礼仪素养，通过校本课程的实践与研究，使学生的学习更加多元化，为学校的人文特色建设助力，为培养多方面发展的新时代人才出一份力。

表 2-6 "演讲力"课程单元纲要

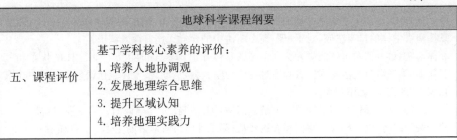

"演讲力"课程单元纲要——以"演讲结构知多少"为例
单元主题：演讲结构知多少

单元特色

单元目标：旨在通过理论授课、实践操作、情境化教学的形式，帮助学生了解演讲知识，熟悉演讲结构——开头、结尾，并掌握演讲主体所遵循的法则，让学生具备设计演讲稿开头和结尾的能力以及深化对演讲主体中事、理、情排列组合和三三法则的认识。在单元结束后，能够根据特定主题，补写相应的结构部分，并在小组合作的基础上呈现完整的演讲。

单元内容：通过共同讨论、视频展示等方法让学生了解演讲的开头和结尾，掌握写作和表达技巧；通过视频赏析、复述练习等手段帮助学生明确有层次和逻辑的演讲主体遵循三三法则，由事、理、情的自由排列组合组成，同时向学生介绍演讲中时间把控的重要性。

单元教学：教学充分考虑学生知识水平，以思维打磨和口才提升为目标，以学生学习为主，教师引导为辅，充分发挥学生的主体作用，将课堂交给学生，让学生充分施展自己的才能，展示自我。

单元评价：学生能够根据教师给出的两个具有启发性的话题，以小组为单位完成并展示完整的演讲。

（续表）

| |
|---|
| 单元基本要求:学生了解演讲基础知识,能够掌握演讲开头、结尾的写作和表达技巧;能够掌握演讲主体的排布法则,对事、理、情在演讲中的穿插运用有深入认识。<br>具体落实:第一课时讲解演讲开头和结尾的具体知识,第二课时讲解演讲主体的排布和三三法则,第三课时为活动课。教师通过理论教学、实践活动、情境体验让学生在参与中获取知识、理解知识、运用知识。<br>知识结构:本单元作为演讲知识的讲解入门课,理论讲授分为两课时。第一课时讲解演讲的开头和结尾,以及相应的写作和表达技巧;第二课时讲解演讲的主体——遵循三三法则,由事、理、情的自由排列组合组成。<br>核心素养:以培养"全面发展的人"为核心,分为文化基础、自主发展、社会参与三个方面,综合表现为人文底蕴、科学精神、学会学习、责任担当、实践创新五大素养。 |
| 单元学情<br>高一博雅班学生的人文知识和素材积累较为丰富,大部分可以做到言之有物,但是缺乏具体的演讲知识和演讲技巧。<br>在第一单元,已经基本调动了学生的学习兴趣后,学生的学习主动性较强,且有较好的学习习惯和学习能力,具备本单元学习的基础能力。<br>本单元理论内容较为容易,难点在于学生对知识点的实际操作和运用,因此需要教师尽最大努力,充分调动学生的学习兴趣,让学生积极参与课堂实践,从而充分吸收知识。<br>达成评价<br>有效表达:学生合作讨论时能清晰说明自己的观点;能够选择并组织内容进行有逻辑的表达。<br>逻辑思维:小组合作讨论并完成演讲稿开头结尾的补写;能够读懂材料内容;能够在集体讨论中遵守秩序、积极参与、仔细聆听、用心回应。<br>情感传递:情感觉知——能够在发言时观察台下同学。 |
| 单元实施<br>单元整体教学思路:以演讲结构的讲授为核心,拆分为开头结尾、主体结构两大模块,共 3课时。以活动驱动学生学习理论,充分发挥学生主体的作用,展现学生的思维和语言表达能力。<br>教学结构图:<br>开头结尾知多少(1 课时)<br>主体结构知多少(2 课时)<br>分课时目标服务于单元目标,二者在培养学生素养、评价标准、学情分析方面相统一,分课时根据单元目标和课时具体教学内容设计课时目标,以不同的评价任务和活动设计驱动课时目标的实现。通过课堂实践活动,反馈学生的理论掌握情况,分组完成小组练习和小组作业。作业面向全体学生,但又依据不同学生的具体兴趣选择练习话题,进行分层分类设计。<br>课型＋课时＋达成评价分配统筹<br>课程:开头结尾知多少 |

（续表）

课型安排：讲授课

课时设置：1 课时

课时目标：了解演讲开头和结尾方式；知道在演讲中怎样写好开头和结尾；知道演讲中时间把控的重要性。

达成评价：有效表达——能够选择并组织内容进行有逻辑的表达；逻辑思维——能够在集体讨论中遵守秩序、积极参与、仔细聆听、用心回应；情感觉知——能够在发言时观察台下同学。

任务活动：根据材料创作演讲开头\结尾并到讲台前展示。

课程：主体结构知多少

课型安排：讲授课，活动课

课时设置：2 课时

课时目标：了解事、理、情的排列组合和三三法则；知道如何运用事、理、情分析和撰写演讲稿；能够完成观点清晰、有层次的演讲。

达成评价：有效表达——能够选择并组织内容进行有逻辑的表达；逻辑思维——能够在集体讨论中遵守秩序、积极参与、仔细聆听、用心回应；情感觉知——能够在发言时观察台下同学。

任务活动：分组；公布练习话题。

课时作业：根据材料讨论、练习。

## 四、特色活动的设计

特色活动是指在普通教育课程之外，针对学校教学目标和学生需求，结合学校实际情况，通过自主设计、研发、实验、试用，形成能够突出体现学校办学特色和品牌的教育内容和方式的活动。可以说在校本设计中特色活动是提高学校教育质量和吸引学生的重要手段之一。高效且有意义的校园特色活动需要在特定领域或主题下实施。

首先，特色活动的设定需要立足于海亮实验中学"博雅健行"的育人目标和"人皆有才、人人成才"的办学理念。其次，特色活动需要强调以学生为中心，切合学生本身的兴趣爱好，增强活动中学生的互动感和参与感，让学生参与其中，激发学生的学习探索欲和创新能力。特色活动是特色课程的实践场所和载体，在帮助学生更好地理解和应用所学知识之外，还可以促进学生德育、美育等方面提升，从而促进学生素质的全面发展。

特色活动设计的第一步需要先确立一个明确的主题，比如文化活动、社会实践、科技创新等。在确定主题的过程中,既不可忽视学生的兴趣爱好,同时又需要满足学校教育目标和特色课程的相关要求。第二步需要设计活动内容和形式。特色活动应有针对性和实用性,需要考虑活动的具体内容和形式。比如,可以通过学生表演、讲座、师生互动演示、教学实验、知识竞赛等形式,让学生更加深入地了解和体验活动内容。第三步需要确定活动的时间和地点。特色活动需要根据学生兴趣爱好和课程内容进行时间安排,同时需要考虑学校和场地的资源情况、当下的氛围和节庆时间点。在通过活动体现仪式感的同时也要切实考虑到特色活动的存在意义在于给学业繁重的高中生一个放松的机会、解压的机会、展示的机会,不要与学习时间相冲突。第四步需要组织活动实施和评估。特色活动的实施需要统筹规划,组织师生参与,同时需要定期进行活动评估即做好复盘工作。不论活动大小,及时发现问题可以更有效地优化此后的活动,提高特色活动的时效性和教育效果。

下面以海亮实验中学在每年 4 月份开展的"最是书香能致远·诵读经典活动"朗诵策划方案作为示例:

表 2-7 "最是书香能致远·诵读经典活动"朗诵策划方案

| 最是书香能致远·诵读经典活动 | |
| --- | --- |
| 活动背景 | 在"移动阅读"日益普及的当下,"碎片化阅读"成为主流,高质量的深度阅读渐渐趋于弱势,这种状况已经为我们敲响警钟。爱读书的人,心灵有温度,乐于感知世事百态;爱读书的人,生活有情趣,不会因现实的琐碎而放弃思考。而"世界读书日"正是培养青少年阅读兴趣与语言表达能力的重要时机。我校旨在通过诵读经典活动,激发学生的阅读兴趣,提高阅读能力。儒雅经典,行之爱人。通过该活动亦可以让学生成为经典诵读的倡导者。 |
| 活动目的 | 1. 培养学生的文学素养、读书兴趣、阅读习惯。<br>2. 为学生提供展现自我的舞台,提高学生的朗诵和表达能力。<br>3. 帮助学生了解和熟悉世界文学作品和文化知识。<br>4. 通过诗歌朗诵体现"博雅健行"中"博""雅"的理念。 |
| 活动实施 | 第一步:校园宣传,通过海报宣传、班级宣传等形式营造诵读经典氛围,动员学生积极报名;<br>第二步:组织选手初选,通过初赛的形式选择入围的 20 名选手进入决赛;<br>第三步:现场开展诵读经典决赛,并角逐一等奖、二等奖、三等奖。 |
| 活动反思 | 通过活动组织,营造全民阅读氛围,提高人文修养。 |

诗歌是文学题材中的重要组成部分,它集音乐性、节奏感和想象力于一身,可以启迪学生的美感和审美意识。案例中的朗诵活动不仅可以拓展学生的听说、理解能力,还可以拓展学生的通识素养和见识,使其更深入地领悟人文精神的内涵。此次特色活动有利于鼓励学生在日常生活中多关注文学作品,提高学生的文学兴趣,增强学生的表达能力。在参加活动的过程中学生和语文老师加强了互动,有利于促进师生沟通交流,增强师生间的情感;同时这一活动有助于发现文学后起之秀,学校将为学生提供展现才华的舞台,提高学生的自信心和自我表达能力,最终达到丰富学生的课外生活,提高学生的生活质量的目的,体现"人皆有才、人人成才"的理念。

当然,特色活动需要不断创新和改进,需要随时关注教育需求和学生兴趣爱好的变化,不断创新和改进特色活动项目的内容和形式,尤其是"现代学校制度"强调要注重家庭、社区、学校三者的联合,因此特色活动也可以考虑引入社会资源和开展外部合作。比如邀请社会组织人员、专业人士、优秀企业人员等来校与学生互动,共同拓展特色活动项目的内容和范围,拓展学生的见识。

总之,特色活动以提高学生的兴趣、激发学生的创新思维、拓宽学生的视野和提高学生的人文素养、社交能力等为目的,实现特色课程与学生特长的融合,提高教育效果,培养优秀的学生。

# 第三节　外语高中特色课程设计与开发

## 一、特色课程体系的顶层设计

### (一)特色课程思考

1. 课程理念

海亮外语中学的课程体系搭建紧紧围绕着学校教育哲学这一核心,始终坚持外语特色学校的办学方向,围绕着"世界即学校、生活即学习、教育即未来"的办学愿景,以及"以立德树人为根本任务,以学以成人为育人主线,打造多语种、多体系、多出口、多元化的外语特色高中"的办学使命和"培育具有家国情怀、理解世界规则、拥有未来视野的国际型社会精英和未来领袖"的育人目标来搭建学校的课程体系。在义务教育的基础上,进一步提升学生综合素质,着力发展学生核心素养,使学生成为有理想、有本领、有担当的时代新人,让学生具有理想信念和社会责任感、具有科学文化素养和终身学习能力、具有自主发展能力和沟通合作能力。

2. 设计原则

在充分满足国家所要求的"思想性、时代性、基础性、选择性与关联性"等原则的基础上,具有鲜明的特色性,并在此基础上贯彻如下原则:

(1)探究性

增强探究式学习,在教学中创设研究情境,鼓励学生主动发现问题、研究问题和解决问题。

(2)交流性

鼓励学生通过协商和交流来学习知识和解决问题,在思维的碰撞中不断锤炼思想,以此为基础来提升思考的深度与广度。

(3)开放性

加深国际理解,在学习和生活中培养全球视野,关注全球化时代的重要议题,积极参与和推进人类命运共同体建设。

(4)多样性

培养跨文化素养,使学生充分认识到人类文明的多元性与多样性,鼓励学生从多元文化中汲取养分和动力,做到融会贯通。

3. 具体举措

在海亮外语中学长达20多年的国际化教育办学历史中,已经形成了相对完整的课程体系,整套课程体系的实际培养效果已经在一届届学生身上得到验证。在建设外语特色学校过程中,学校围绕着"外语特色"这一核心对已有的课程体系进行了全面梳理,并在此基础上挑选符合育人目标的重点课程进行质量提升,增强其在学校课程体系中的权重,并且鼓励教师在教学过程中将语言、知识、思维与文化等内容进行高效融合。

在建设外语特色学校的过程中,学校以课程体系搭建为核心进行了诸多大胆的尝试,内容包括:围绕学校育人目标和学生实际发展需要,充分挖掘内部课程资源、引入外部优质课程资源,以此来实现学校课程体系的完善和课程质量的不断提升。例如学校鼓励优秀教师就语言课程的教学进行新型课堂模式的探索,以实现学生语言能力的全方位提升,并在这一过程中渗透知识、思维与技能的训练;充分响应集团数字化转型的号召,以学生综合素质评价系统为载体,充分完善学校的过程化评价机制,突出语言、文化类课程在学生综合评价过程中的权重;在教学考核方案中,对为学校课程体系搭建做出突出贡献的个人予以考核上的激励等。

海亮外语中学还对师资进行了系统盘点,根据学校对学科实际需求与教师的实际能力,对不同教师所承担的不同职责进行了系统划分,尤其是强调对具有国际化视野、学科素养深厚以及有创新精神的重点教师进行专项培养,并给予充分展现自我的平台,鼓励其引领课程革新,发挥榜样示范作用。

(二) 课程图谱

海亮外语中学的课程体系以国家普通高中课程体系为核心,以"校本选修课程"和"特色活动"课程为两翼(图 2-4)。整体课程体系搭建的逻辑是:在积极完成国家课程教学目标的基础上,同步完成外语特色学校的独特育人目标,尤其突出对国际视野的培育和思想格局的全方位提升。

## 二、国家课程的设计

海亮外语中学的课程体系以国家课程作为核心,并在此基础上积极推进国家课程校本化,以教育部制订的普通高中课程标准(2017 年版 2020 年修订)为基础,全面贯彻党的教育方针,积极落实立德树人根本任务,着力提升课程思想性、科学性、时代性、系统性和指导性,努力培养德智体美劳全面发展的社会主义建设者和接班人。

与此同时,海亮外语中学还注重在学校的课程体系中落实学校"培育具有家国情怀、理解世界规则、拥有未来视野的国际型社会精英和未来领袖"的育人目标。其中,"具有家国情怀"强调对家国情怀的培养、对优秀传统文化的继承与发展、对国家和民族命运的担当。"理解世界规则"强调培养全球视野,求同存异,以开放包容的心态去面对差异与争端。"拥有未来视野"既包含对历史的继承,也包含面向未来的教育理念,鼓励学生做到守正创新。

海亮外语中学在国家课程校本化的过程中继续沿用大单元的整体设计,通过内容重组等形式进行国家课程校本化实施,尤其突出语言学习、思维碰撞、文化交流等核心要素,在学习方式上贯彻项目式学习、探究式学习等原则,而在教学评价的过程中突出强调表现性评价、形成性评价和过程性评价。

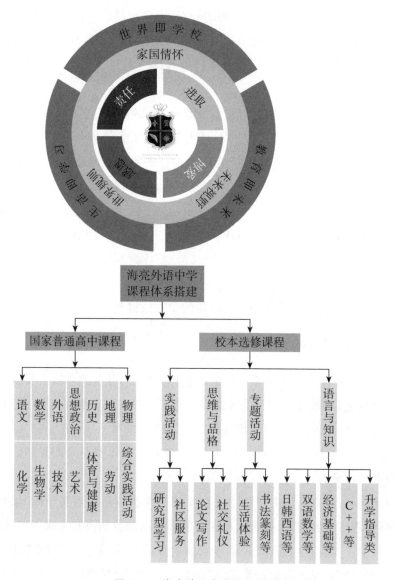

图2-4 海亮外语中学课程图谱

表 2 - 8　"创意写作"课程纲要

| 课程类型 | 国家课程 |
| --- | --- |
| 授课时间 | 每周 3 课时,共 21 课时 |
| 授课对象 | 高一、高二年级 |
| 课程目标 | (1) 认知领域:了解创意写作的核心概念、理论基础、基本特征。<br>(2) 技能领域:掌握创意写作的一般技巧与训练手段。<br>(3) 情感领域:突破"写作难"的情感障碍以及"八股写作"的思维定式。<br>(4) 元认知领域:客观观察自己的写作行为,由此体认写作与人生的关系。 |
| 课程大纲 | 第一单元　写作如何创意<br>(1) 师生间相互了解对方的基本情况;介绍本课程核心内容、本学期教学计划及预期目标;明确课程考核要求及成绩评定体系。<br>(2) 介绍创意写作的前世今生;比较创意写作与传统写作模式的异同;引导学生进行第一次创意写作练习,具体形式为围绕"青春"这一话题进行自由写作与集体写作。<br>(3) 讲评上节课的作业,对共性问题予以反馈,并解答学生可能有的各种疑惑;进行以"运动"为主题的头脑风暴活动,引导学生为下一次创意写作练习作准备。<br>第二单元　小说写作<br>(1) 着重讨论如何借助故事形态学的理论和成规来构建一个故事,进而挖掘、升华故事背后的深意,使这个故事最终能变成一个出色的故事。此过程中,借助有限的故事模型和叙事成规,培养学生的想象力,训练学生创造并讲述出无穷无尽的故事。<br>(2) 训练学生提升从现实生活中发现写作素材,进而进行创意转化的这一关键能力。具体来说,学生须了解一些基本概念和核心知识点,如故事的内涵、故事形态学、故事的基本模型等。<br>(3) 教会学生依据故事形态学和故事的基本模型,构建出一个故事,并进而升华成一个有思想深度、吸引读者的故事。<br>第三单元　非虚构写作之人物传记<br>(1) 着重讨论如何借鉴人物传记的一般写作结构与技巧。期望引导学生认识到"志属信史",对人物的记述也必须坚持实事求是的科学态度;只有做到"情真而不诡""事信而不诞",才能有益于人,传之久远。<br>(2) 训练学生洞察典型人物、典型事件的能力。编写人物传要在概括人物全貌的同时,选择重大的,有代表性的,最能反映人物特征的事件详细记述,把不能表现人物特征的事件摒弃或一笔带过。<br>(3) 写作练习的最终作品是一个中等规模的非虚构文字作品。在此基础上,学生可以尝试使用思维导图进行较大规模的故事策划,完成长篇叙事类文学作品的创作。 |

（续表）

| | |
|---|---|
| 课程大纲 | 第四单元　非虚构写作之回忆录<br>（1）引导学生发现身边人的传奇人生故事,并将故事内部的事件与逻辑作出系统的整理,然后以故事写作的方式表达出来,最终创作出一个非虚构的、叙事性的、中等规模的文字作品。<br>（2）着重讨论如何从日常生活中挖掘写作素材,如何从形形色色的路人中寻找到作品的主人公,如何将自己的所见所闻以文字的形式展现出来。<br>（3）在"回忆"写作的练习中,提倡使用描述性的语言来展开写作,即用生动、形象的语言将具体事物或者抽象事物的情态准确地展现出来。这个写作练习通过具体的思维激发方式,引导学生向内在的个体经验寻找写作的灵感与素材,并将所获得的资源落笔为文字作品。<br>第五单元　历史故事重构<br>（1）重构写作或规定开头和结局,或规定故事的主体框架和部分矛盾冲突,或规定部分人物和人物性格,或者规定环境和历史细节,等等,这既为写作提供了很多便利的参考,也有可能成为写作的束缚和障碍。<br>（2）在"历史故事重构"的写作练习中,我们要充分调动对史料的加工能力,尤其是对时间线的梳理和对人物性格以及人物关系的勾画。史料可能描述较简略,甚至还有矛盾的地方,要求我们能够有所取舍,划分主次,找到线索,建立逻辑,编制情节,扩展细节。<br>（3）充分理解并掌握不同类型的历史叙事,从对史料要求较高的通俗讲史到对史料要求低甚至架空历史背景的虚构叙事,都要有所涉猎,并且知道它们之间的区别与写法上的不同。<br>第六单元　专项技巧训练<br>（1）写作过程训练,侧重对话描写、人称转换这两个方面的内容。<br>（2）修改过程训练,引导学生掌握修改己作的一般技巧和方法。<br>（3）作品成稿后,如何投稿、如何申请专项资助、如何出售作品版权。<br>第七单元　学以致用的创意写作<br>（1）朋友圈、抖音、小红书等自媒体的文案如何做到有创意。<br>（2）在申请学校、求职的过程中,简历、个人陈述等文书如何纳入创意的成分。<br>（3）讨论日记、周记等与自己对话的文字,是否有必要做到有创意,又该如何达成。 |
| 课程评价 | 最终分数由三部分构成:课堂表现(出勤情况、参与讨论的积极程度)占比20%,平时成绩(每单元的写作练习)占比40%,期末成绩(随堂考试)占比40%。 |

### 三、校本课程的设计

海亮外语中学在国家课程基础上开设了系统的校本课程。校本课程既充分考虑了学校外语特色办学方向的目标,也充分考虑到了学生升学的实际需要,同时结合学校的办学历史与资源条件,以及学校所处特定地理位置的空间与条件。

海亮外语中学学生主要以国际化升学方向为主。与国内高考升学相比,国际化的升学方向对学生的学术表现、语言成绩、背景能力提出了更全面的要求。例如,英美方向的升学会对学生的 GPA 提出要求,要求学生提供雅思或者托福成绩,并且要求学生具备一定展现其综合素养的背景能力。如果学生希望申请到顶尖大学,还需要在剑桥考试、AP 考试或者 IB 考试中取得优异的成绩。

因此,仅仅依靠国家课程,并不能够确保国际化升学方向的学生实现优质升学。为了服务于优质升学的目标,海亮外语中学一方面全面开设英语、日语、韩语、西班牙语等校本语言课程,同时开设针对剑桥考试、AP 考试和 IB 考试的相关备考课程,并且以研学游、暑期夏令营等形式帮助学生提升背景能力,同时配以专业的升学指导课程帮助学生完成升学。

表 2-9 "学术研究与写作"课程大纲

| 课程简介 | 本课程旨在帮助学生掌握基本的学术研究方法和学术写作要求,初步掌握独立完成一项研究的能力。 |
| --- | --- |
| 授课时间 | 每大周两次 |
| 第一讲 | 主题:大纲解读与学术研究的意义<br>参考文献:《稀缺:我们是如何陷入贫穷与忙碌的》<br>课后作业:就目前来说,你最想解决的问题是什么? 为什么这个问题是重要的? |
| 第二讲 | 主题:如何阅读学术著作?<br>参考文献:《乡土中国》<br>课后作业:选择自己曾经读过的一本书,按要求完成读书笔记。 |
| 第三讲 | 主题:什么是好的研究?(一):共识的背后<br>参考文献:《旧制度与大革命》<br>课后作业:请简述一个"常识"被打破的经历。 |

（续表）

| | |
|---|---|
| 第四讲 | 主题:什么是好的研究?(二):发现关联<br>参考文献:《新教伦理与资本主义精神》<br>课后作业:你曾经发现过的最有趣的关联是什么? 请简要叙述。 |
| 第五讲 | 主题:什么是好的研究?(三):透过现象看本质<br>参考文献:《日常生活中的自我呈现》<br>课后作业:请简述一个"透过现象看本质"的经历。 |
| 第六讲 | 主题:什么是好的研究?(四):从历史中获得启示<br>参考文献:《中国历代政治得失》<br>课后作业:请简述一个从历史中获得启示的经历。 |
| 第七讲 | 主题:如何完成一项研究?(一):叙述<br>参考文献:《金翼:一个中国家族的史记》<br>课后作业:叙述一个自己获得启发的经历。 |
| 第八讲 | 主题:如何完成一项研究?(二):观察<br>参考文献:《江村经济》<br>课后作业:选择一个生活场景进行观察,并完成记录和分析。 |
| 第九讲 | 主题:如何完成一项研究?(三):推导<br>参考文献:《利维坦》<br>课后作业:讲一个你曾经想过的"理论",并写出推导过程。 |
| 第十讲 | 主题:如何完成一项研究?(四):数据<br>参考文献:《明清社会史论》<br>课后作业:选择一个自己感兴趣的问题,提出自己的观点,并用数据完成论证。 |
| 第十一讲 | 主题:学术写作(一):问题的提出<br>参考文献:《无声的革命:北京大学、苏州大学学生社会来源的研究》<br>课后作业:提出目前自己最想研究的问题,并分别说明解决这个问题有什么意义。 |
| 第十二讲 | 主题:学术写作(二):前人成果的总结<br>参考文献:《大国政治的悲剧》<br>课后作业:根据确定的研究问题,梳理出5份自己需要阅读的文献。 |

（续表）

| 第十三讲 | 主题:学术写作(三):描述与讲述<br>参考文献:《中县干部》<br>课后作业:根据自己的选题,完成论证框架的搭建。 |
|---|---|
| 第十四讲 | 主题:学术写作(四):论证<br>参考文献:《第一哲学沉思》<br>课后作业:选择自己论文中的一个段落,完成论证。 |
| 第十五讲 | 主题:分享与讨论对于学术研究的意义<br>参考文献:《理想国》<br>课后作业:完成小论文的初稿。 |
| 第十六讲 | 主题:现实主义视角与问题的解决<br>参考文献:《君主论》<br>课后作业:根据反馈完成小论文终稿,并在期末考试前提交。 |

## 四、特色活动的设计

海亮外语中学德育课程体系建设以学生素养文化建设为主线,包含但不限于知识的习得、礼仪的养成、品德的提升、情感的充实、价值观的树立等。一个完善的学生素养建设体系能够由内而外地引领学生培养工作。海亮外语中学搭建以培养学生十大核心素养为核心的德育课程群,并渗透至学校德育教育的方方面面,有序有梯度地贯穿学生的三年高中学习生活,还以学生活动为重要实施媒介,开展多彩的社团活动和校级特色大型活动,培养学生自主创新能力,提升学生的探究反思能力。学校致力于建立的德育活动体系,以学生十大核心素养为培养目标,以"体育节""外语节"和"艺术节"三大学生活动节为抓手,同时配以模拟联合国等大型校级社团活动,以多样的活动和有效的实施为落实途径,以达到德育教育的最高目标。

表 2-10 "模拟联合国"课程大纲

| 模拟联合国课程 2022 年课程大纲 | |
|---|---|
| 课时安排 | 每大周 4 课时,授课 8 个大周,共 32 课时 |

（续表）

| 模拟联合国课程 2022 年课程大纲 | |
|---|---|
| 授课对象 | 对模拟联合国感兴趣的高一、高二学生 |
| 教学目标 | 帮助零基础的学生获得对模拟联合国的基础认知,让学生对国际热点问题和国际关系理论形成初步的了解,并且在教学过程中不断提升在英语写作、沟通方面的技能,培养参与模拟联合国活动的能力。 |
| 考核方式 | 出勤占比 20%;课堂表现占比 30%;大会筹备表现占比 20%;校内会现场表现占比 30%。 |
| 教学内容 | 第一大周<br>Day3:什么是模拟联合国(一)<br>教学重难点:了解关于联合国的基本常识和模拟联合国活动<br>Day9:什么是模拟联合国(二)<br>教学重难点:掌握关于模拟联合国的基本流程<br>第二大周<br>Day3:模联基础素养(一):演讲技巧<br>教学重难点:如何完成一次成功的演讲<br>Day9:模联基础素养(二):辩论技巧<br>教学重难点:如何完成一场辩论<br>第三大周<br>Day3:模联基础素养(三):英语学习技巧<br>教学重难点:如何提升英语学习能力<br>Day9:模联基础素养(四):Office 使用<br>教学重难点:Word 与 PPT 使用技巧<br>第四大周<br>Day3:国际关系理论基础(一):现实主义传统<br>教学重难点:了解现实主义传统分析国际局势的基本思路<br>Day9:国际关系理论基础(二):自由主义传统<br>教学重难点:了解自由主义传统分析国际局势的基本思路<br>第五大周<br>Day3:热点国际问题研究(一):巴以冲突<br>教学重难点:了解巴以冲突的历史根源与现状<br>Day9:热点国际问题研究(二):乌克兰危机<br>教学重难点:了解乌克兰危机的根源与现状<br>第六大周<br>Day3:大会筹备专题(一)<br>教学重难点:校内会筹备流程说明 |

（续表）

| | 模拟联合国课程 2022 年课程大纲 |
|---|---|
| 教学内容 | Day9：大会筹备专题（二）<br>教学重难点：校内会筹备前期准备<br>第七大周<br>Day3：立场文件撰写实战（一）<br>教学重难点：如何撰写一篇优秀的立场文件<br>Day9：立场文件撰写实战（二）<br>教学重难点：立场文件分享<br>第八大周<br>Day3：会前规则讲述<br>教学重难点：复习模拟联合国大会流程<br>Day9：模拟联合国校内会<br>教学重难点：全程参与一场模拟联合国校内会 |
| 延伸阅读 | 1.《文明的冲突与世界秩序的重建》，塞缪尔·亨廷顿，新华出版社<br>2.《国际关系学入门》，刑悦，北京大学出版社<br>3.《国际关系学理论与方法》，罗伯特·杰克逊，中国人民大学出版社<br>4.《大国的兴衰》，保罗·肯尼迪，求实出版社<br>5.《人、国家与战争：一种理论分析》，肯尼斯·N.华尔兹，上海译文出版社<br>6.《中华人民共和国对外关系史概论(1949—2000)》，牛军，北京大学出版社<br>7.《大外交》，亨利·基辛格，人民出版社<br>8.《争论中的国际关系理论》，詹姆斯·多尔蒂等，世界知识出版社 |

# 第四节　艺术高中特色课程设计与开发

## 一、特色课程体系的顶层设计

### （一）特色课程思考

1. 课程理念

艺术高中特色课程设计的理念是建立在办学理念之上的，围绕着"美美与共，向美而生"的办学愿景，严格遵循国家课程方案和各学科课程标准，结合艺术生、学校及地域发展实际，设计和实施具有鲜明特点的、相对稳定的优质课程。学校注重美育类课程的开发,也注重将美育元素融入文化课程中。融入美育元素可以提升学生的艺术素养、审美能力和创造力,丰富学生的人文素养,激发学生的文化兴趣和热情。此外,美育也是培养学生全面发展的一种重要方法,有利于促进学生在多个方面的发展和成长。在知识经济和文化多元化的时代背景下,融入美育理念的课程建设有助于适应教育发展的需要,提高教育质量,培养具有国际竞争力的人才。

2. 设计原则

(1) 全面性原则

确保国家课程开足开全,不擅自消减规定课程。艺术高中的学生虽然走艺考之路,但对国家课程的学习必不可少。

(2) 主体性原则

在设计开发艺考高中校本课程时以国家课程政策导向为基础,考虑了学生的实际需求,让学生成为课程受益的主体。

(3) 艺术性原则

在艺术高中的校本课程及特色活动中,艺术性的原则被高度重视。通过校本课程的学习,拉近学生和艺术的距离,实现从发现美到创造美的蜕变。

(4) 适应性原则

艺术高中特色课程的设计同时考虑了学校和地方的实际,让课程和学校教学管理工作、地域发展实际相适应。这包括艺术课程的实施不削弱德育工作以及与浙江绍兴诸暨地域特色文化相结合等理念。

(5) 社会性原则

在开发特色课程时,增强学生的社会责任感,提高学生的社会参与度。通过项目化学习等方式,使艺术高中的学生能更多地和社会产生联系,充分利用社会资源,培养社会实践能力。

(二) 课程图谱

海亮艺术中学课程建设紧紧围绕美育元素,探索美育课程及美育元素融入国家课程的建设之路。学校将特色课程主体分为两大类,一类聚焦国家课程校本化,该类课程主要体现对国家课程的补充性功能及专业性功能。一类聚焦校本课程,该类课程主要体现艺术课程的通识性功能和专业性功能。学校致力于建设一整套以美育为引领的特色课程体系,通过学科实践、项目学习等方式努力践行学校办学使命。

　　学校以新课标为导向，以国家教材为基准，同时研发适合艺术中学学生发展的文化校本课程；在满足学生正常学考、选考、高考的知识需求的同时，立足优秀传统文化，关注学生体质健康、心理素质、礼仪修养、道德法制、沟通创新等多方面能力培养，改革传统课堂，建立海亮艺术中学"五美"课堂评价体系（语言美、仪态美、内容美、艺术美、氛围美），发起学科素养美工程，着力研究艺术特色融入国家课程课题，重点打造融合课堂。

　　海亮艺术中学的课程图谱以"美美与共，向美而生"的办学愿景为核心，以"精彩的生活追求、多彩的审美眼光、出彩的幸福人生"的办学理念为导向，通过国家课程校本化，将美育内核融入国家课程的教学实践中，辅之以体现美育精神的校本课程，再加上充满美育元素的特色活动，实现学生在自主发展、文化基础和社会参与三个维度的全面发展。

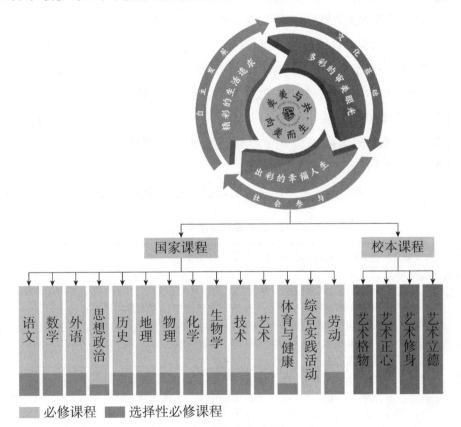

图 2-5　海亮艺术中学课程图谱

## 二、国家课程的设计

首先，海亮艺术中学坚持贯彻教育部制定的普通高中课程标准（2017 年版 2020 年修订），在推进国家课程校本化的建设过程中，以国家课程为核心，在教学、评估、考试命题等环节均贯彻落实国家课程标准的要求，坚持以新课标为引领，以新教材为载体，努力立德树人。

其次，海亮艺术中学的育人愿景是：各美其美，美美与共。在文化学科中融入艺术素养的概念旨在引发学生的兴趣和注意，增强学习效果。绘画、音乐、舞蹈是最常用的艺术形式，可以有机渗透于各学科教学。例如：在数学教学中，可以通过绘制图形来解释和表达概念；在地理教学中，可以通过绘制地图和地形图，帮助学生更好地理解地理知识；在外国语言、语文、历史等学科教学中，可以通过音乐和舞蹈的表达方式来让学生感受文化背景和历史背景，也可运用戏剧、表演故事等方式，帮助学生更加深入地理解相关知识。

最后，在教学设计的创新方面，海亮艺术中学在推进国家课程校本化时坚持以学科核心素养为指向，坚持深化大单元设计理念，通过融入美育元素，实现国家课程的校本化实施。在这一过程中，沿用大单元的整体设计，通过内容重组等形式来实施，尤其突出语言学习、思维碰撞、文化交流等核心要素。在学习方式上贯彻项目式学习、探究式学习等原则，在教学评价过程中突出强调表现性评价、形成性评价和过程性评价。

下面以艺术素养融入生物学科为例，通过课程纲要进行呈现。

表 2-11　特色课程体系大单元设计

| 单元主题 | 细胞的多种结构共同执行各项生命活动 |
| --- | --- |
| 单元特色 | 本单元分为"细胞膜控制细胞与周围环境的联系""细胞质是多项生命活动的场所""细胞核是细胞生命活动的控制中心""细胞在结构和功能上是一个统一的整体"，引导学生用系统的观点来认识细胞，探讨组成细胞的各个组分如何既相对独立又紧密联系，细胞的生命活动是如何通过各组分的协调配合完成的。<br>本校是以艺术生为主的普通高中，以"美美与共，向美而生"作为办学理念，旨在培养拥有幸福能力的向美高中生。本课程以艺术与生物学科有机结合为特色，将生物学科倡导的科学性与艺术学科追求的艺术性整合至同一课 |

（续表）

| | |
|---|---|
| 单元特色 | 堂中,同时达到科学与艺术双管齐下、共同培养的目的,从而实现"跨学科融合"。此方式可以让学生在艺术环境中学生物,让学生在发现美和创造美中学生物,让学生边发挥自己的艺术特长边学生物。<br><br>目标特色:本课程的开展有利于让学生体会到跨学科融合课程对综合素养提升的重要意义,即:既能提升自身的艺术专业水平,又能提升对生物学的学习兴趣和素养水平。<br><br>教学特色:在教学实践中,学生用不同颜色的笔绘制出富有层次的思维导图,既深度理解了琐碎的生物知识,加深了知识之间的联系,又生成一幅具有理性之美的作品。此外,让学生利用材料构建膜的流动镶嵌模型、真核细胞的立体结构模型等,还可以在学校科技文化艺术节上进行现场展示,或拍成照片在学校微信公众号、视频号等平台展示。这些模型可以让学生感受到大自然中生物的精妙绝伦。在学习生物课程过程中,让学生亲手制作生物模型,不仅将生物的客观规律外显于生物模型的直观之美,又把美育内化为学生获得认可的幸福之美。让学生通过歌曲改编或情境演绎的艺术方式感受自然之美、生物之美,提高学生的生物学学科核心素养。<br><br>评价特色:从细胞膜结构与细胞核功能等的科学发现史出发,重点考查学生对经典科学实验的观察、提问及对实验结果的交流与讨论的能力,并从中判断学生是否已经掌握结果与功能相适应的实例。 |
| 单元内容 | 课标要求:<br>建构并使用细胞模型,阐明细胞各部分结构通过分工与合作,形成相互协调的有机整体,实现细胞水平的各项生命活动(生命观念、科学思维、科学探究)。<br>观察多种多样的细胞,说明这些细胞具有多种形态和功能,但同时又具有相似的基本结构(生命观念,科学探究)。<br>核心素养侧重三个方面:<br>生命观念。本单元以细胞的基本结构为线索展开,让学生系统性地认识到细胞各组分的结构与功能,并渗透结构与功能相适应的生命观。<br>科学思维。本单元的知识点贯穿了科学思维的训练过程,如细胞膜的成分、流动镶嵌模型的建立、真核细胞结构模型的构建等,培养学生发散性的科学思维方法。<br>科学探究。通过提供细胞膜的流动镶嵌模型、细胞核的功能等的科学发现史,来培养学生的科学探究能力,同时介绍多种科学方法,如同位素标记法、差速离心法等。<br>本单元以图片和视频作为情境导入,来激发艺术生的学习兴趣,教学过程中采用多种艺术化形式展现知识点,采用教材阅读、模型制作、模式图绘制、思维导图整理、体验建构模型、歌曲改编、情境演绎等方法,加强艺术生对抽象概念的概括和理解,同时在教学过程中利用自身艺术特长,展现生物学科的艺术美,提升学生的综合运用能力。 |

（续表）

| | |
|---|---|
| 单元学情 | 学生在第一章学习中已经理解了生命活动离不开细胞,认知了细胞内的化合物,有了一定的细胞的物质组成的理论基础。有了前面的知识储备,再进行本单元的学习,知识的迁移大体上循序渐进。但由于细胞器种类较多,结构与功能复杂,识图难,教师更需要引导学生主动学习,加强记忆。同时,教师也应注重培养学生通过艺术技能来简化复杂知识点的能力,如引入手绘细胞器结构、构建细胞模型、演绎细胞器情景剧等方式,既能激发学生对生物课程的学习动力,也能提升学生的创造力、想象力。 |
| 单元目标 | (1) 通过制作真核细胞三维结构模型、流动镶嵌模型、细胞膜模型,领悟模型与建模的思想,并从结构与功能的视角,阐明细胞内具有多个独立的结构,这些结构共同担负着物质运输、合成与分解、能量转换等生命活动,初步形成结构与功能观、生命的系统观。<br>(2) 通过分析科学发现史上的经典实验资料,体验科学家探索细胞结构的历程。运用演绎与推理、归纳与概括等科学思维,阐释"细胞作为基本的生命系统,在细胞核的调控下各部分结构之间相互联系、协调一致,共同执行细胞的各项生命活动"这一生命现象。<br>(3) 通过观察电子显微镜下拍摄的细胞照片以及对照细胞结构模式图,认识结构与功能的适应性。通过学习差速离心法、同位素标记法等科学方法,关注技术进步对生命科学发展的重要作用。通过对叶绿体和细胞质流动现象的观察和实践,养成敢于质疑,勇于探索、实践的科学精神和态度。 |
| 评价方式 | 协商式评价:从细胞膜结构与细胞核功能等的科学发现史出发,重点考查学生对经典科学实验的观察、提问及对实验结果的交流与讨论的能力,并从中判断学生是否已经掌握结果与功能相适应的实例。<br>实践式评价:在小组为单位制作生物膜流动镶嵌模型与真核细胞结构模型等活动中,对模型的科学性和美观性开展教师点评、小组自评及互评,并评判学生的动手能力及运用模型表达生物学概念和原理的能力。<br>过程式评价:通过观察课堂中师生互动情况,小组活动中学生的参与度、积极性等,评判学生的自主学习能力、合作交流能力、语言表达能力及问题探究能力。<br>结果式评价:通过教师点评、学生自评及互评,推选出优秀作品进行展示,评判学生的综合实践能力。 |
| 课程组织 | 内容一:细胞膜控制细胞与周围环境的联系(2课时)<br>内容二:细胞质是多项生命活动的场所(2课时)<br>内容三:细胞核是细胞生命活动的控制中心(1课时)<br>内容四:细胞在结构和功能上是一个统一的整体(1课时) |

### 三、校本课程的设计

除了推进国家课程校本化之外,海亮艺术中学还积极开设许多优秀的校本课程。设计这些校本课程旨在呼应艺术高中的办学特色,同时为艺术生的升学与未来职业规划做充分准备。

表2-12 海亮艺术中学校本特色课程

| | 通识 | 专题 |
|---|---|---|
| 校本特色课程 | 艺术立德类 | 主要聚焦德育,通过系列课程提升学生的道德素养,落实立德树人根本任务,主要包括"向美启航""向美续航""向美远航"三大课程群,分别对应高一、高二、高三的德育目标。 |
| | 艺术正心类 | 主要包括"三百"美育课程系列、健心诗社、经典作品鉴赏三个方面。"三百"美育计划是每个学生在三年中根据专业学习的要求须读一百篇美文、听一百首歌曲、赏一百幅名画。诗歌疗愈课程,用艺术的力量帮助学生健全内心,快乐生活。经典作品鉴赏课程结合对中外经典名画、名曲、影视、文学作品以及与之相关的艺术技巧的学习、了解和掌握,提升学生认识美、发现美的能力,增强想象力和创造力,同时在人文知识、文化底蕴等方面也能得以加强。 |
| | 艺术格物类 | 根据浙江省联考标准制定了针对性课程体系,独创三大艺术校本课程,全面培养,精准分科。美术专业开设素描、速写、色彩三大美术专业课程;音乐专业开设声乐(美声、民歌、通俗)、器乐(钢琴、古筝、竹笛、琵琶、二胡、小提琴)、乐理(理论、视唱与听音)等课程;传媒专业开设表演、舞蹈、播音主持、广电编导、音乐剧等课程。 |
| | 艺术修身类 | 通过结合国家对中学生课外实践课程的要求与艺术生个性发展的实际,注重培养学生的艺术实践,主要包括"五个必须四个一"("五个必须"是三年内必须会一样乐器,必须看十本及以上艺术类经典书籍,必须有三次以上专业汇报,必须有一件毕业作品,必须有过至少一次艺术类社会实践活动;"四个一"是每学期优选一次音乐会、一部话剧、一部文化纪录片和一部电影)。 |

艺术中学的学生在文化课之外,还有专业课的学习。而有些学生和家长时常割裂文化课与专业课之间的联系,这将导致学生进入大学后欠缺把知识融会贯通的本领。但艺术生要想在专业领域取得长远的发展,需要继续精进专业水

平和文化水平,培育自己的美商,提升审美鉴赏与表达的能力。海亮艺术中学的校本课程正是基于"美美与共,向美而生"的办学理念进行设计,旨在通过艺术立德、艺术正心、艺术格物、艺术修身四大课程体系,培养学生美的意识、美的能力、美的人格。在课程设计上,充分考虑审美性、具象性和创新性,为学生提供巨大的美育空间。

在课程的实施过程中,海亮艺术中学的校本课程立足于满足学生的个性化需求,尽可能地采用一对一教学或者小组教学(区别于传统的班级授课模式),针对个性问题提出个性化的解决方案。在教学手段上,采取开放、灵活、轻松的方式激发学生对美的理解和思考。在评价方式上,不局限于笔试等总结性评价,更多采用表现性评价、协商式评价等来了解学生对课程内容的掌握情况以及提升学生对艺术的趋向和对美的感知力。校本课程是海亮艺术中学课程体系的一个重要组成部分,为学生提供了更多的个性化选择和更大的发展空间。

下面以校本课程"视唱与听音"为例,通过课程纲要进行详细呈现。

表 2-13 "视唱与听音"特色课程设计

| 单元主题 | 视唱与听音 |
|---|---|
| 单元特色 | 视唱与听音作为音乐基础课中的一个重要部分,是音乐专业学生的必修课程,学校运用视唱与听音教学提升学生的基础音乐素养,以此提升音乐审美、鉴赏能力,从而理解音乐与艺术之美,并结合音乐创作思维,体会音乐在生活学习中的广泛应用。通过视唱与听音的学习,不但可以训练、提高音乐感觉,还可以锻炼音乐记忆以及培养绝对音高感,是音乐技能训练中不可或缺的重要课程之一。 |
| 单元内容 | "视唱与听音"分为二十一课,主要内容为各种谱号的识谱,各类基础节奏型的学习、视唱,按照节奏、音程度数、变化音、调号四个关键因素为主线分阶段进行叙述教学,以特定的实际视唱谱例(谱例纯自编)高度结合各章节教学内容,以进行音乐审美熏陶,能使学生及时掌握所学内容并得到练习和巩固,提高对于音乐审美的感知。 |
| 单元目标 | 通过视唱与听音的学习,学生能够更快更好地认识五线谱及简谱。初步了解音乐各要素在音乐表现中的作用,更好地将其运用在声乐和器乐的学习之中。在能够达到高中生技能发展水平要求以及学业水平测试要求的前提下,为培养学生对音乐的感知、表演、创造等能力打下坚实的基础,进一步发展学生的音乐审美能力,从而达到"美美与共,向美而生"的目标。 |

（续表）

| 单元主题 | 视唱与听音 |
| --- | --- |
| 单元目标 | （1）了解视唱与听音概念、含义、学习方法，提高专业审美能力；<br>（2）为学生的专业特长发展以及升学提供基础技能课程支持；<br>（3）学会结合视唱与听音专业知识，解决声乐器乐学习中的常见问题；<br>（4）掌握即兴识谱，练耳听记，以及两升两降以内的视唱；<br>（5）提高学生的音乐基础素养、音乐审美能力，丰富音乐常识，开阔眼界，结合美育，提升创造能力。 |
| 评价方式 | （1）协商式评价<br>本课程遵循生本课堂理念，以学生为课堂主体，通过协商式评价（即教师与学生协商学习效果的方式），了解与课程预设目标的差距，着眼于学什么评什么以及评学得怎么样，以此提高学生的自信心、学习效率以及审美能力，最终达到美育的目标。<br>（2）过程性评价<br>评价学生的课堂表现，对其学习态度、综合素养、进步情况、自身发展方向划定、专业培养规划策略等方面的发展做出客观的评价，发挥评价的正面鼓励与激励作用，从而使学生广泛地接受艺术审美趋向的感知。<br>（3）诊断性评价<br>诊断性评价在专业教学中必不可少，可对专业教师的教学成果和学生的学习效果进行检验，有助于提高教学效率，提高学生专业水平。对每一位学生进行多教师会诊，从而给出有建设性的诊断结果，对学生的优势和劣势进行分析，如视唱与听音中判断学生音准、识谱、节奏等方面的具体问题，具有针对性，提出关于学生的诊断性审美评价，多位教师结合实际情况从多角度审视，然后进一步处理问题。 |
| 课程实施 | 由于视唱与听音学科所具有的特点，与其他学科比，其具有教学方式和要求的差异性。教师应以教材为基础，结合学生实际情况、发展方向、目标定位进行细化教学，针对个性问题提出个性化的解决方案，满足学生的个性化需求。<br>（1）课时安排：本课程共80课时，共5学期，每学期16课时；<br>（2）教学方式：本课程采用课堂讲授和学生练习相结合的方式，理论结合实际，因材施教。遵循大班课与小组课、一对一多种形式相结合的原则，针对学生实际情况提出个性化教学方案、发展目标，制定教学计划，开展美育，激发学生对美的理解和思考，提升学生对艺术的趋向和对美的感知力。 |

### 四、特色活动的设计

海亮艺术中学以"向美而生，美美与共"为办学宗旨，立足校情，坚持以美育为引领培养学生，教导学生拥有精彩的生活追求、多彩的审美眼光、出彩的幸福人生。学校逐步形成了特色仪式类、艺术实践类、学科融合类三大美育特色活动课程，旨在培养学生健康的审美观念，陶冶学生高尚的艺术情操，促进学生全面发展。

表 2-14　海亮艺术中学特色活动体系

| 项目 | 活动 |
| --- | --- |
| 特色仪式类 | 开学典礼 |
| | 成人典礼 |
| | 毕业典礼 |
| | 升旗仪式 |
| | 国难日仪式 |
| | 感恩日仪式 |
| | 传统节日仪式 |
| | 考前鼓励仪式 |
| | 日常礼仪 |
| 艺术实践类 | 艺术实践作品展 |
| | 美术写生 |
| | 学期汇报表演 |
| | 艺术节 |
| | 艺周星评选 |
| 学科融合类 | 跨学科项目式活动 |

（一）特色仪式活动

礼仪教育是培养学生道德素养的起点，仪式之礼，则是深化礼仪教育的节点和手段。仪式是指典礼的秩序形式，仪式之礼，就是要通过礼仪的形式结合艺术的表达，增强人对典礼的理解和体悟，让人在礼的指引下，感受我们民族这份一脉相承的爱敬之心，做到按规行礼、心存敬畏，最终达到以礼正心、以礼立德。

学校开展礼仪教育,引导学生学习仪式之礼,是为了强化学生对家庭、学校、民族、国家的归属感和认同感,让他们更有信仰。以开学之礼迎接新的生活,以成人之礼铭记责任意识,以毕业之礼编织感恩情谊,以升旗之礼熏陶家国情怀,以国难之礼铭记历史教训,以传统之礼培养民族自豪,以日常之礼规范言语行为。学生将个体融入集体,再把集体的力量传递给每一个体,他们为同一个目标拼搏奋斗,为同一份收获鼓掌欢呼,将自己的爱敬之心播撒在每一个成长的瞬间,用一份隆重的记录,使内隐的教育要求外显化,并产生持久的影响力。

仪式活动的教育便是从一些普通的事件中挖掘出仪式的价值,将这一个个细节变成师生共同经历的情感体验,让普通的事件成为不普通的经历,激发师生心底的参与感、自豪感和成就感,激发师生对学校文化价值观的认同,使学校成为师生共同的精神家园。学校希望给学生打开一扇礼仪教育的窗,引导学生洞察、遵循天地和人心本然的状态,找到自己的民族之魂,扎根下去,实现民族复兴的中国梦。

(二) 艺术实践活动

艺术实践课程旨在通过一系列平台,让学生或绘画或演奏音乐或汇报表演,展现自身的"美"。海亮艺术中学通过艺术作品展、美术写生、艺术节、学期汇报表演、"艺周星"等活动,为孩子们展现自身的艺术修养提供多样的平台,使他们能够"耳内和声而口出美言",给学生提供体验成功的机会,增强他们的自信心,为他们找到一条成长和成才之路,为其终身发展奠基。同时,学生在艺术的熏陶中会成为具有一定审美品位的人,走入社会后会成为懂得感恩、身心健康,能够独立生存而又有益于社会的合格公民。

(三) 学科融合活动

学科融合活动的主要载体是项目式学习,它是促使校本课程落地的创新且有效形式。项目式学习以学生的兴趣和需求为基础,主张把有目的的活动作为教育过程的核心和有效学习的依据,让学生用已有的知识或已经习得的技能主动去建构新的知识。海亮艺术中学探索项目式学习聚焦于跨学科融合,尤其是艺术素养与文化学科之间的融合和联系。

下面以表演剧《血脉》为例,探索学科融合的有效教学途径。

表2-15　海亮艺术中学《血脉》表演剧设计

| | |
|---|---|
| 驱动问题 | 作为艺术中学,传承红色基因,落实党史学习教育,应该更具创新精神,应该善于发现生活中的正面典型,讲好中国故事,传播好中国声音。基于此,学校完成三项重要任务:第一,以本校李老师的红色家庭为原型,进行作品《血脉》的剧本创作。第二,完成作品《血脉》的排练、演出与节目录制。第三,对作品主创进行访谈,了解身边的先进人物先进事迹,培养学生的崇高品格。 |
| 学习目标 | 通过谈话交流、参观革命纪念馆、查阅历史资料等途径,感悟抗美援朝、1998年抗洪、新冠疫情援鄂等历史时期共产党人的坚定信念和奉献精神,涵养家国情怀。<br>根据上级文件要求,发掘鲜活事例,创新党史学习教育形式,进行《血脉》的剧本创作。<br>根据戏剧基本特征,深刻理解《血脉》的思想主题,找准个人角色定位,出色完成演出任务。<br>对小品《血脉》主创人员进行采访,完成节目访谈,增强公共参与意识。 |
| 学科融合活动安排 | 从语文教材层面来看,高中语文教材中有"记录家乡的人和物"这一活动。学习活动主要涉及访谈和"志"的撰写。访谈涉及前期准备、问题拟定、倾听交流、访谈整理,"志"涉及体例和写作方法。在落实单元教学时,要善于利用身边的典型人物,传承红色基因,了解红色家庭英雄人物事迹和崇高精神品格,激发学生的良知和悲悯情怀,帮助他们深刻理解社会和人生;要初步认识现代戏剧的基本特征;欣赏剧作家设计冲突、安排情节、塑造人物的艺术手法,体会戏剧语言的动作性和个性化。<br>从传媒专业教学层面来看,整个舞台剧以多种表演形式呈现,既有生活化的人物交流,也有戏剧化的情感传递。学生需要深刻感受到几个年代的历史,体会到厚重的家国情怀。演员通过生活化的台词,展现三代同堂的军人家庭的生活细节,体现出军人在国家危难时刻挺身而出的牺牲和奉献精神。作为海亮艺术中学学习传媒的学生,需要达到演员的基本要求,真切地传递出中国共产党党员的精神,让更多观众受到感染,为自己的专业打下坚实的基础。<br>从历史教材层面来看,家国情怀是学习和探究历史应具有的人文追求。要增强学生对国家富强、人民幸福的情感,以及对国家的高度认同感、归属感、责任感和使命感。作品通过祖孙三代的选择,更好地诠释了对国家的高度认同感、归属感、责任感和使命感。作为华夏子孙,我们要对国家有责任、有担当,要在危难时刻挺身而出,以国家利益为重,以中华民族的利益为己任。此作品有利于学生形成以爱国主义为核心的民族精神,增强责任感,增强爱国意识。<br>从政治教材角度来看,节目以戏剧的形式叙述祖孙三代在不同的时代做出的相同抉择,通过情绪饱满的台词和精湛的演技呈现出来,使演出者和观看者在多种感官的参与下领略中国共产党带领中国人民站起来、富起来到强起来这一历程,认识到中国共产党的领导是历史的必然、是人民的选择,以此落实政治学科中"政治认同"这一核心素养。节目中青年们"疫"无反顾的选择极具感染示范效应,能有效激发学生的主人翁意识,使其认识到"青年兴则国兴、青年强则国强",从而树立起积极 |

（续表）

| 学科融合活动安排 | 参与社会主义建设的意识。而项目采用戏剧的形式本身就能提高参与者的社会实践能力，因此，此项目能有效落实政治学科中"公共参与"这一核心素养。<br>另外，融合历史、政治、语文、信息技术、传媒多学科教学目标，通过资料学习、节目表演、人物访谈等活动，把党史学习教育转变成生动有趣的实践，让学生切实感受到中国军人的伟岸，重温党的光荣传统和优良作风，砥砺品格，增强责任担当意识，树立远大理想，坚定为中华民族伟大复兴、百姓幸福安定而奋斗的决心。 |
| --- | --- |
| 效果与反思 | 项目式学习最大的特点是立足现实问题、跨学科教学、具有挑战性、学习成果多样、评价更加灵活具体、容易激发学生兴趣。项目式学习不是教学实践中的"点心"，而是"主食"，更适合当下的新课改形势，即以学生为中心，真实学习。<br>通过本项目的实施，学校不仅出色地完成了上级教育主管部门下达的任务，而且在党史学习教育、学科教学方面做出了积极的探索，取得了良好的效果。<br>解决了现实难题，圆满完成项目任务，校园剧《血脉》获县级中学组校园剧一等奖第一名。<br>项目统筹者找到了各学科的交叉点，把艺术创作、人物访谈、家国情怀、公共参与整合起来，使课标的要求真正落地。<br>编导专业、影视表演、播音主持方向的学生，在真实的综合实践活动中，增强了专业知识的运用能力，夯实了专业素养，有利于激发学习兴趣，坚定职业方向。<br>创新了党史学习教育形式，通过校园剧形式，让全体师生受到了精神洗礼，涵养了家国情怀，弘扬了社会主义核心价值观，激发了担当精神和无私奉献精神。<br>立足教材和课标，编制评价量表，丰富了教学评价方式，实现了学、教、评的统一。 |

# 第三章

# 特色课程的实施与改进

四所高中在特色课程实施过程中,均强调基于自身办学定位、丰富特色内涵、提升教学质量、创新教育模式。首先,各高中都十分重视特色课程的设计、实施与评估,以确保分类办学思想能够贯穿于学校教育的始终,覆盖学生的课程学习、校内外生活等方方面面。其次,各高中都激励师生共同构建校园的物质环境和文化生态,最大限度地开发、利用各种教育资源,实现高质量的教育发展。最后,在实施过程中,各学校还成立了课程实施专家团队,在对课程进行整体规划和顶层设计的基础上,进一步明确课程实施原则,重构学校课程体系,提升课程实施质量。

本章以集团下属四所特色高中的数理特色课程建设、人文特色课程建设、外语特色课程建设和艺术特色课程建设为案例,进行研究探索,归纳四所特色高中在特色课程建设实践过程中的宝贵经验,并关注在实践中遇到的问题。

# 第一节　数理高中特色课程的实施与改进

自分类办学的教育改革之风兴起以来,海亮高级中学便积极走在学校转型和课程改革的前沿。结合办学实际,学校将数学、物理、化学、生物、信息五大基础学科作为学校发展的拳头学科,通过引进学科名师,加强与国内、省内数理名校的交流,对接高校教学资源,逐渐形成了海亮高级中学鲜明的数理学科特色。

为了进一步应对新教材的实施、浙江省选考赋分制度改革、浙江省进入全国卷的改变和高校人才选拔机制的进一步优化等新的变化,海亮高级中学在特色课程建设上也作出了很多改变。例如,更加关注三年一盘棋的课程整体性,跟踪学生课程的过程性,更好地踩准五大联赛、首考、高考、强基的节点,将原来的课程由学期逐渐细化到月份,由学科逐渐细化到不同学科的内部方向,给予课程更强的针对性和更灵活的指导性等。

在特色课程建设过程中,学校集合覆盖数理全学科的充足的金牌教练队伍和省内一流的名师团队,打造了特色鲜明的课程体系,涵盖数理通识类、数理实践类和学科拓展类三个层次,贯穿学生学习的各个阶段,给予学生充分的选择和良好的提升,为过去几年取得优异办学成绩立下了汗马功劳。

### 一、国家课程的实施与改进

在推进国家课程校本化的过程中，教研组严格落实课程实施细则，准确把握课程目标、课程内容和学业质量要求。教学设计要求以各学科核心素养的培养为导向，合理设计教学目标、教学情境、教学内容；同时考虑核心素养发展的连续性和阶段性，统筹设计各学科单元教学的整体性、系统性和逻辑性。教师通过转变教学方式和学习方式，做好大单元设计、深度学习、学科实践等特色教学活动，引导学生发现和提出问题、分析和解决问题，养成独立思考、自主学习和合作交流的习惯。课程实施过程中，教师以学业质量标准规范教学，不超纲，不盲目赶进度，严格执行课程实施细则，确保课程实施得专业、规范和有序。

下文将以高中物理"受迫振动·共振"课程教学为例，围绕物理学科校本课程建设探索国家课程校本化实施路径，着眼于课堂教学模式改革，试图从实践角度呈现学校在推进国家课程校本化过程中进行的思考和开展的实践。

"受迫振动·共振"是人教版《物理》（2019）教材选择性必修第一册第二章第六节的内容，是一节典型的规律探究课。新课标提出学生应通过观察演示实验和各种实例，建立受迫振动模型，能分析概括出受迫振动的特点，从而了解共振，了解共振技术在现代生活、生产等方面的应用，知道为了保证建筑和设备的安全需要防止共振产生的危害。

在这门课程的校本化实施过程中，学校立足原始物理问题，开发"新学导"课堂。"新学导"课堂是围绕"问题导向，方法导向，思维导向，见解导向，评价导向"，这"五个导向"的课堂教学，即"导问、导法、导思、导述、导评"，指导学生在问题中引导科学方法、科学思维，在交流见解中阐述和评价物理，促进学生学习能力提升，通过"新学导"课堂的一系列流程（图 3 - 1），让学生达到解释或解决原始问题的目的，在更好地促进学生物理学科核心素养的发展的同时，实现"从生活走向物理，从物理走向社会"。

在教学设计过程中，教师立足本章的"运动和相互作用观"，在"简谐运动"背景下，利用"驱动力、回复力及运动特征"以解决"受迫振动和共振的问题"。基于"新学导"课堂的主张，教师在教学设计中形成"原始问题（导问）→抽象模型（导法）→规律探寻（导思）→规律应用（导述）→进阶评测（导评）"的主线。结合物理的认知过程设计教学流程如图 3 - 2 所示。

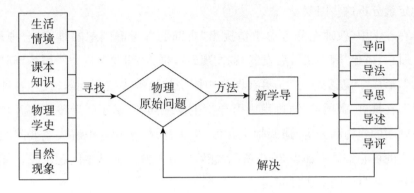

图 3-1　"新学导"课堂流程

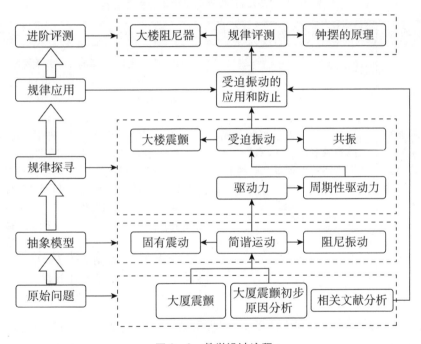

图 3-2　教学设计流程

由"原"导问,源于原始物理问题,立足于真实学情。在本节教学中选取"大楼震颤"作为原始物理问题来展开课堂。从科学态度与责任来看,学生对"大楼震颤""大楼为什么震颤?""风有这么大的威力?"等问题充满好奇心与求知欲,希望"基于证据和逻辑发表自己的见解,实事求是,不迷信权威";从知识结构来看,学生学习了振动的相关知识,具备了分析和解决问题的能力;从课堂教学实践来看,学生能认识这种震颤不同于固有振动,可能源于外力的作用,但不能主动地定量分析这些因素。

在教学中,教师充分考虑学情提出"主问题",考虑问题的难度,合理设计"微项目",搭建"脚手架",启发"问题发现力",培养"问题建构力",锻炼"问题解决力",形成"问题反思力"。再在课堂中围绕如何解决主要问题,设计各种"微项目",在推进"微项目"的过程中引导学生发现问题,基于问题逐级展开教学,注重问题的建构和分析,强调师生共评、生生互评,在学导中解决主要问题,培养学生的核心素养。如表3-1所示,能够看到教师如何从主问题出发,一步步推进到素养目标的达成过程。

表3-1 "微项目"设计与学生核心素养培养

| 主问题 | "微项目"设计 | 教学环节(素材) | 陈述评价 | 素养目标 |
|---|---|---|---|---|
| 大楼震颤这种振动形式的产生原因和规律 | 怎样的风能产生这样的效果? | 大厦摇晃的情况报告(摘录)。通过互联网,搜索关于风的基本知识。 | 陈述:造成大厦震颤的风属于阵风(空气的流动速度时大时小时,使风变得忽而大,忽而小,吹在人的身上有一阵阵的感觉,这就是生活上认定的阵风)。地铁列车经过铁轨连接处,会产生周期性撞击力。评价:风力与列车的撞击力都具有周期性特征。 | (物理观念)知道通过分析受力来了解运动。(科学思维、科学探究)通过阅读文献和互联网搜索,让学生发现问题、提出猜测,获取证据并评估证据。 |

为了匹配"新学导"课堂的要求,课程采取了进阶式测评的方式。进阶式测评是教学评价的一种方式,重在开展"知识点梳理、方法线延伸、思维网扩展和观念体系构建"等行动。通过对原始物理问题的学习、探究,学生掌握了解决这类问题所需的知识和能力,在测评中也以这样的形式来展开。

从原始物理问题中直视物理现象,借助物理规律解释并解决原始物理问题。学生需要有善于发现的眼睛、善于思考的头脑、善于审辨的能力、善于合作的精神。教师最后为学生提供了一些与内容相关的更复杂的原始物理问题,以供学生进行拓展学习。

表 3-2　与课堂内容相关的更复杂的原始物理问题

| 问题 1：大厦阻尼器的原理及应用 |
| --- |
| 问题 2：摆钟的计时原理是利用了受迫振动吗？ |
| ······ |

从"受迫振动·共振"课程的校本化过程来看，课例以物理规律探究的方法和过程为立足点，以一条条有效问题链为落脚点，充分体现了学生的主体地位，突出展示了本节课对培养学生物理核心素养方面的独到作用。

从"物理观念"维度看，课例利用原始问题和抽象模型，以文献分析和实验为基础，帮助学生建立起"阻尼振动"和"受迫振动"等物理观念，深化了学生的物质观、运动观和相互作用观。

从"科学思维"维度看，课例充分体现了定性分析、定量计算、逻辑推理、总结归纳、批判质疑等科学思维方法，培养学生使用科学证据的意识、评估科学证据的能力，培养学生的抽象思维、形象思维和直觉思维。

从"科学探究"维度看，课例通过让学生设计实验，培养学生设计实验方案、获取证据的能力；再要求学生进行实验探究，培养学生实施实验方案、使用各种科技手段和方法收集信息和证据的能力；最后要求学生叙述实验结论，培养学生分析证据、处理信息、解释实验结果和变化趋势的能力。每个任务中的情境设置，教师充分挖掘实验素材，从不同物态、不同运动状态等方面引导学生实验，体现了证据的多样性、代表性和一般性。

从"科学态度与责任"维度看，本设计方案中，有来自生活的经验、探究实验和科学玩具实验，激发了学生对研究作用力和反作用力的好奇心和求知欲；很多实验要求师生、生生合作完成，培养了学生在学术活动中主动与他人合作，尊重他人的科学态度和责任；要求学生提出实验设计方案、发表对别人方案的见解，得出实验结果以及阐述实验结果的普遍意义等，意在培养学生基于证据和逻辑发表自己的见解，实事求是，敢于质疑，不迷信权威的科学态度和责任。所以本课例非常好地将对学生物理核心素养的培养落实到了各教学环节中。

而在具体课程实践中，学校也遇到了很多问题，如何真正在校本化实施过程中更好地对接国家课程，对接学生的发展需求，对接学校的办学方向，有待学校进一步从顶层设计、教研组建设、教师培养、改进学生综合评价体系等各方面进行改进,需要多方联动,更加细致、高效、稳定和持续性地推进课程的校本化工作。

在顶层设计方面,还需要在办学理念、育人目标的指引下,明确学校目前面临的机遇和挑战,进一步发掘学校的优势,抓住海亮教育"创新英才培养工程"和"乡村振兴工程"推进的契机,发挥教师团队的能量,准确把握本校学生的身心发展特点,进一步分析本校国家课程实施的现实情况,深入思考数理学科校本化课程扎根于国家课程的方向和力度,让数理课程一方面能够切实汲取国家课程的丰厚养分,另一方面能够充分体现学校办学个性特色,同时还要有效助力学生的学科素养提升。

在教师团队方面,应以教研组为单位参与到国家课程校本化实施的实践中,在激发教师个体的积极主动性的同时发挥教研组作为学科教研团队推进国家课程校本化实施的创造力。此外,要大力推进教师培养工作,在现有成绩的基础上,进一步发挥学校名师的带头作用和名师工作室的基地作用,进一步完善教师考评体系,激励教师团队积极参与课程建设工作。最后,为了配合国家课程的校本化实施,在课程评价时要结合表现性评价、形成性评价和过程性评价等科学的评价方式对学生进行综合素养评定,以此来推动国家课程的校本化实施,也让教师真正放手去开发和实施。

## 二、校本课程的实施与改进

基于学校的办学目标和发展愿景,为了满足学生成长的多元需求,海亮高级中学综合考虑学生发展需求和学校特色,构建起数理科技特色校本课程体系,促进学生个性和特长发展。

为了更好地开展校本课程的实施工作,学校大力夯筑师资团队,通过内培和外引,不断提升学校教师队伍的整体实力,目前已拥有五大学科国际级、国家级金牌教练14人,特级教师3人,正高级教师1人,市级以上学科带头人11人,曾获省级以上荣誉的教师接近一半,由清华、北大等名校优秀学子组成的金牌教练储备人才、博雅英才教育精英20人。实力强大、梯度合理的师资团队为校本课程的有效建构和实施提供了有力保障。

在长期探索实践中,基于全面顶层设计及优质师资引领,学校校本课程落地实施较为顺利,课程学科覆盖集中、数理特色鲜明,在分层化教学和项目式学习上走出了自己风格,基本实现了学校打造具有科技创新精神和敏锐学科视角的拔尖人才的教学目标。

下文将以海亮高级中学生物拓展课程"基因工程"的课程设计和实施为例,探讨特色校本课程在构建学生知识体系、提升学科素养中的重要价值,以及学校如何立足学生需要进行教学探索,促进课程目标的有效达成。

本课程聚焦课程标准中的大概念"基因工程赋予生物新的遗传特性",渗透重要概念"基因工程是一种重组 DNA 技术"和"蛋白质工程是基因工程的延伸"的学习。课程以布鲁姆的目标教学分类法为依据,结合建构主义学习理论,通过"情境—问题—活动—概念"的方式实施教学,有效地实现了目标、教学和评价三位一体,使教学从经验走向理性,再上升到本质,也促进学生深度学习。

在课程设计中发现由于基因工程的教学内容非常多,而且抽象、晦涩,再加上分子层面上的东西让学生捉摸不透,现实生活中也从未接触,学生的学习大多处于机械记忆水平,这容易导致学生对知识的理解不深刻,妨碍学生的深度学习。因此,在课程设计时首先全面分析教学内容,深入挖掘与教材内容相关联的生活世界的知识,其次需要在教学中引导学生实现基于问题的多维度、立体式的知识整合,将知识以整合态、情境化的方式纳入已有的认知结构中,运用思维导图、鱼骨图、概念图等有效建构的学习工具,引导学生深度建构;同时借助生活中的现实情境——新疆抗虫棉的培育,促进学生主动建构知识。情境认知理论认为,唯有将学习嵌入其所关联的社会和自然情境之中,促进知识向真实生活情境迁移,有意义的学习才有可能发生。这就要求教师创设源自学生生活实践的真实问题情境,这样就能贴近学生的最近发展区,让学生亲身感悟所学知识的内涵和本质,体验所学知识的价值,从而提升学习兴趣,增强学习积极性,在主动探究中走向深度学习。

具体而言,在基因工程整体教学中选择以抗虫棉花的培育为背景引入。一方面转基因抗虫棉在我国商业化种植的历史已有 20 多年,产生了巨大的社会效益和经济效益,以它为素材创设情境可以激发学生的学习兴趣;另一方面我国是世界上第二个独立成功培育拥有自主知识产权的转基因抗虫棉的国家,选取这一实例有利于增强学生的民族自豪感和自信心;再一方面,2021 年新疆棉花事件中西方势力肆意诋毁我国,引入这一情境,可将思政教学融入生物教学中,引导学生形成正确的价值观和道德观。

"学起于思，思起于疑，疑解于问"，好问题是走向深度学习的启动器和动力源，好问题能促进学生从低阶思维向高阶思维跨越，让学生能更持久地追求具体知识所蕴含的生物学科思想和方法，并乐此不疲地寻找问题解决的核心策略，从中获得成就感，这也能成为今后学生从事科学探究的不竭动力。学生要学会解决实际生活中的问题，不仅需要掌握相关的知识和方法，还需要灵活运用所学知识与方法创造性地解决问题，这恰恰是深度学习的本质特征之一。学习心理学相关理论发现，个体生来就有学习的本能，个体都有探求未知疑惑、解决认知失衡的本能。真实的、情境化的问题能够驱动学生的好奇心，发展学生的高阶思维能力，指引学生的思想之舟驶向知识海洋的深处，走向智慧世界的彼岸。

教学过程中涉及使用 PCR 方法（PCR 全称聚合酶链式反应，是 DNA 分析中常用的技术）获得目的基因。教师在课堂中利用美国国家生物技术信息中心 NCBI 网站以及 BLAST 功能，查询苏云金芽孢杆菌伴孢晶体的基因序列并学会设计引物，利用美国著名的 DNA 研究实验室——冷泉港实验室网站的小程序帮助学生掌握 PCR 反应过程，建构知识，让 PCR 的抽象原理变得具体，基因引物的设计以及注意事项更加易于理解，以此提高学生的实验设计能力，引导学生深度探究，实现深度学习。

国际教育评价理念经历过两次重大转向，即从"对学习的评价"转向"为了学习的评价"，再从"为了学习的评价"进一步转向"评价即学习"。"评价即学习"的理念认为，评价不再只是针对学习的结果，更要体现学习的过程，评价本身也是一种学习，评价本身就是发展学生元认知的过程，应更加关注高层次能力的评价；课堂教学中应注重发挥学生作为评价主体的作用，组织学生进行自我评价与监控，教师的作用主要是担任评价的设计者和辅助者。

在本课程的教学中，不仅重视学生的自评，更加重视学生间的互评，同时与教师评价紧密结合起来。评价还分为过程性评价与终结性评价。同时发挥真实教学情境中的评价因素的作用，注重过程性评价，完善终结性评价，将教学评价持续和适时地嵌合在教学进程中，促进评价与教学的深度融合，实现"教—学—评"的一致性，促进学生的深度学习。在学习完抗虫棉花的培育后，教师立刻提出：如何培育抗冻番茄呢？通过创设新的情境，引发学生思考，检测了基因工程的基本操作流程的知识并进行应用，培养了学生获取信息、分析问题、解决问题的能力,实现了对学习的及时评价,以提升课堂教学效益,发展学科核心素养。

在"基因工程"整体教学中,通过创设多个富有意义的教学情境,将知识向学生个体经验转化,并转化为学生的综合实践能力,培养了学生的创新精神,实现了对知识的迁移与应用。教学的终极目标是促进人的成长,培养全面发展的人。在本课程教学中,运用深度学习理论,促进学生形成正确的价值观,培养生物学科的核心素养。

本课程教学亮点主要体现在以下四方面:

第一,教学方式实现了从"讲授概念"走向"建构概念"的转变。以深度学习理论为指导,以问题解决为主线,建立基因工程一般流程的概念模型,教学方式是"创设情境,提出问题—提供资料,作出假说—设计实验,获得证据—分析证据,建构概念"。该教学方式克服了以往教学过分注重重现基因工程操作流程的问题,实现了概念的意义建构,并在此过程中培养了学生的思维和想象力,可以帮助学生形成生命观念,发展生物学核心素养。PCR 实验和凝胶电泳实验的动手操作,让学生更好地理解基因克隆的本质,帮助学生理解抽象概念。对冷泉港实验室 DNA 相关视频的学习以及利用 NCBI 网站对 Bt 毒蛋白基因序列和氨基酸序列的比较分析,帮助学生更好地理解基因的本质,将基因工程晦涩、抽象的概念变得具体化、可视化、简单化,帮助学生更好地认识结构与功能观、物质与能量观。

第二,教学过程实现了从"重实验操作"走向"重信息分析"的转变。根据基因工程的操作流程以及 PCR 实验,教师更加注重对实验结果的分析和对实验现场生成问题的探讨。

第三,评价方式实现了从"目标缺失"走向"目标前置"的转变。教学目标是一节课的导航,它能让学生明确学习目标,以及核心素养的培育方向。基于这一点,教师首先要制订出正确的教学目标,当有了正确的教学目标后,才能制订出相应的教学活动和评价设计,才能达到"目标—教学—评价"的一致性。本课程采用逆向设计的方法,以期望学生掌握内容之后能做什么为起点,思考教师应该教什么以及怎么教才能发展学生的生物学核心素养。基于这样的思考,课堂非常注重评价,一方面注重理解核心问题的评价,主要由教师完成;另一方面注重教与学行为的评价,除学生自评之外,还引入了他评和师评。

第四,强化了合作探究。活动过程中,小组成员相互合作,通过共同设计实验培育转基因抗虫棉花,利用 PCR 技术定点突变改变基因序列、修改氨基酸序列,以提高 Bt 毒蛋白的抗虫性状,共同实验分析扩增后的 DNA 片段。在实验操作过程中,观察记录、图文转换所得数据,分析实验结果并得出相应结论。在实施实验方案阶段,通过发现新问题,尝试解决新问题,进一步改进、完善实验方案,从而再度提升了学生的科学探究能力。同时课堂上既有静态设计,更有动态生成,学生也能更好地领悟科学探究的过程和方法,提升提出问题、分析问题和解决问题等科学探究能力。

本课程教学存在的不足之处:第一,NCBI 网站和冷泉港实验室网站都是英文网站,对学生的英语要求较高,内部的视频也都是英文配音,学生在理解上有一定困难,需要老师上课前教授一些生物专业的英语词汇。第二,PCR 实验和凝胶电泳实验对实验室的设备配置要求较高,从网上订购的试剂盒成本也较高,开展本次实验花费巨大。第三,本课程教学内容非常多,课时略显紧张,特别是分析 Bt 蛋白基因序列和蛋白质序列、设计引物等环节比较耗时,应该安排在课后完成,课堂上进行展示和分析会有更好的效果。第四,需要更多地强调实验操作规范。凝胶电泳所用的电泳仪因为要通电,存在一定的危险性,缓冲液 TBE 也具有一定的生物毒性,在紫外灯下观察电泳结果,紫外线会损害皮肤和眼睛,因此课上需要更多地提醒学生做好防范措施,提高学生的防护和安全意识。

校本课程是基于学校实际情况对国家课程的个性化补充,其实施立足于国家课程,因此其与国家课程有着相同的教学目标,即培育高素质人才。作为数理科技高中,海亮高级中学主动将各相关学科新课程的先进理念渗透到校本课程设计中,注重培育学生的学科思维,打造学生的核心素养。

在今后的校本课程建设中,一些课程的实验还需要进一步优化设计,以进一步升级实验的操作性、探究性、趣味性和安全性等。另外,在课程的实施中,需要树立成果意识,给学生提供成果展示平台,如通过学校比赛、校园网平台、微信公众号等各类平台,给予学生更多的正向激励。另外,授课教师也需要有深入开展教研的意识,要及时整理教学实绩,归纳教育经验,以论文、课题等形式呈现,这既是个人能力提升的良好载体,也是学校发声的重要途径,以此将校本课程实施的价值发挥到最大化。此外,为减轻学生的学习压力,校本课程的评价方式可以更加多元,因此需优化教学评价方式,不以结果为导向,强化对过程性与参与度的考查,可选择小组或班级竞争等形式,设置教师、学生、社会等多元评价主体,目的是让学生获得更好的课程体验感。

### 三、特色活动的实施与改进

海亮高级中学学术节是学校特色活动中的重头戏,它由学术讲堂、学术课堂、学科擂台、师生论坛、技能展示五个板块组成,突出学术性、原创性、互动性。它以促进校本课程交流、鼓励课程创新和运用为宗旨,通过整合课程资源,面向全体师生举办丰富多彩的学术文化活动,以帮助学生拓宽学科视野,激发学科热情,活跃学科思维,使学术节成为促进学科发展、活跃校园文化、提升办学能力的重要载体。

在 2022 年 3 月 14 日,海亮高级中学启动了首届学术节。活动持续两个月,涵盖高中学段各个学科,内容丰富多彩。学校精心策划了包括"我问你答——英雄召集令"答题积分赛、专家系列讲座、校内优质课示范课展示、学术成果交流和推广等在内的多种活动,吸引众多学生积极参与,乐在其中。

2023 年,海亮高级中学学术节再次启动。相较于第一届学术节,各项活动全面升级。例如,在首届学术节中,学校组织全体师生在线聆听北京大学副校长张平文教授的"计算与数学的共进"线上课程,而在第二届学术节中,学校将教授请到了现场,与师生面对面交流。5 月 5 日,学校特邀请戴陆如教授为学子讲解"颜料的故事"。戴陆如教授长期从事生命科学成像新方法研究,他从自身经历讲起,通过娓娓动听的故事,讲述了关于颜料在画中的趣事。本次物理讲座活动是"海亮高级中学第二届学术节"系列活动之一,师生听专家讲析物理学精髓,与大师现场交流心得体会,走近生物物理大师,感受经典,提高学术修养。

特色活动在持续开展的过程中,也需要不断创新和改进,需要随时关注教育需求和学生兴趣爱好的变化,不断创新和改进特色活动项目的内容和形式。通过比赛实操,学校发现后续比赛也可以设立专门的设计展示环节,在不影响主体活动的情况下,让学生将自己的奇思妙想通过建模和设计表现出来,以充分发挥学生的想象力,更好地激发学生参与活动的热情。

# 第二节　人文高中特色课程的实施与改进

## 一、国家课程的实施与改进

### (一) 国家课程校本化实施总体情况

当前,国家课程校本化实施强调以"五育融合"为目标,坚持"五育"并举,尊重学生的个性选择,培育学生的综合素养,促进学生的全面发展。海亮实验中学突出人文内涵,做实人文育人,凸显人文高中形象,让"人皆有才,人人成才,让每个生命出彩"的办学理念日常化、具体化。

"五育"并举思想贯穿于学校教育的始终,覆盖学生的课程学习、校内外生活等方方面面,有助于激励师生去构建校园的物质环境和文化生态,最大限度地开发、利用各种教育资源,实现教育的高质量发展。国家课程的校本化实施,对原有课程内容进行整合、综合和拓展,指向学校课程方案和课程内容的落实,是新时代"五育融合"育人目标成功落地的重要环节,在实施过程中学校成立课程校本化实施专家团队,在对课程进行整体规划和顶层设计的基础上,进一步明确课程实施原则,重构学校课程体系,提升课程实施质量。

在国家课程校本化实施过程中,海亮实验中学的课程创新能力得到充分展现。教师的科研热情得到激发,科研能力得到提升,各级各类的课程研究逐渐铺展开来,形成了丰厚的课程资源库。此外,通过对国家课程校本化的开发与实施,学校在实践中积累了丰富的经验,逐步形成了解、感知和评估学生学习需求的能力以及尊重学生个性、助力学生个性成长的意识。最后,学校通过和兄弟学校在课程改革方面相互交流、参观、学习等,有效扩大了学校的影响力,有效发挥了学校教育品牌的示范辐射作用,促进了学校教育的品质化发展,学校课程实施的整体影响力得到提升。

### (二) 国家课程校本化实施案例

以高中历史选择性必修一"第五课 中国古代官员的选拔与管理"为例:该案例围绕历史学科探索国家课程校本化实施路径,着眼于课堂教学模式改革,力图从实践角度对国家课程校本化实施进行理性思考和实践。

1. 研读课程标准，明确教学目标

官员的选拔与管理是国家制度的重要组成部分，也是社会治理的必要前提。各国国家制度和国情不同，官员的选拔与管理方式各异。本单元对应《普通高中历史课程标准(2017年版2020修订)》(以下简称"课程标准")"1.2官员的选拔与管理"的内容，用3课(第5课、第6课、第7课)的篇幅落实课程标准要求，叙述了中国古代至近代以来的官员(干部、公务员)选拔与管理制度以及西方的文官制度。三课之间既有历史时序关系，如古代中国至近代中国、当代中国；也有空间的差异，如中国与西方；又存在着一定的内在关联，如中国科举制与西方近代文官制度的渊源关系，西方近代文官制度对近现代中国公务员制度的影响。官员选拔与管理是国家制度的核心内容之一，中国古代的选官制度和管理制度、西方近代的文官制度与近代以来中国公务员制度总体上都反映了生产力决定生产关系、经济基础决定上层建筑这一唯物史观的基本原理。

"第五课　中国古代官员的选拔与管理"以时间为逻辑，分别介绍了先秦至明清时期的官员选拔与管理制度，分析官僚制度对社会发展的影响。从隋唐科举制的形成及宋朝科举制的发展情况，认识其与近现代公务员制度的关系，坚定制度自信和文化自信。而元明清时期科举制体现的时代特点，体现了君主专制强化对选官制度的影响。

教学设计以落实核心素养为主要目标，通过"沉浸式情境""递进式层次""多样化材料"和"大单元主题"的手段，基于学生本位，以宋代出现的"榜下捉婿"现象为主线创设情境，创设生动的课堂，促进良好的师生互动；通过逻辑连贯的递进设问，帮助学生理解书本的知识点；通过对不同材料的解读，在提升核心素养的同时丰富课堂并培养学生能力和史学涵养。同时，抓住一条材料的主线，详细分析，实现历史阅读的教学转化，最终以课时为中心体现大单元概念，首尾呼应，落实单元教学目标。

2. 基于学生本位，变革教学模式

沉浸式学习是探索教学新途径的一种重要方式，它有助于进一步深化对教材的理解、提升学生的核心素养，有助于促进历史课程结构与教学流程的完善，有助于推动历史教师的专业发展。

在统编本高中历史课程的学习中，无论是学生的学习思维还是教师的授课思维都须发生转变，教师要多读史料、多在教学过程中运用史料、多分析实物资料,培养学生对资料的解读能力、历史思维能力及史学综合素养。更重要的是要转变学生的学习方式和知识接受方式,逐步形成学生自主探究的历史学习能力。通过沉浸式学习的方式,学生涵养历史学科核心素养,尤其是时空观念和历史解释能力。教师充分践行课程标准的要求,围绕核心素养的落实,精选、重组课程内容,引导学生形成正确的价值观念,充分发挥学生的主体作用,倡导学生主动参与、乐于探究、勤于动手,培养学生搜集和处理信息的能力、获取新知识的能力、分析和解决问题的能力以及交流与合作的能力。

在"中国古代官员的选拔与管理"一课的教学中,为给学生创造情境,教师选取了一段材料作为教学主线:

"本朝贵人家选婿,于科场年,择过省士人,不问阴阳吉凶及其家世,谓之榜下捉婿。"

由此建立起问题链:"本朝"可能是何朝?—"过省士人"是何人?—"榜下捉婿"缘何故?

【问题1】"本朝"可能是何朝?学生通过阅读材料,可以从"科场"二字,得出"本朝"是隋唐以后。由此,可以引导学生结合课本回顾隋唐科举确立发展的过程。

| 隋文帝 | 隋炀帝 | 唐太宗 | 武则天 | 唐玄宗 |
|---|---|---|---|---|
| 开始采用分科考试 | 始建进士科科举制形成 | 设明经、进士 | 武举、殿试 | 任用高官主持考试提高科举地位 |

【合作学习1】进一步引导学生思考:如果"榜下捉婿"这件事情不是发生在隋唐,如你想要做官,可以通过哪些方式进入官场?让学生通过阅读完成合作学习。对于接受能力较低的班级,可以用表格来梳理;对于接受能力较高的班级,可以由学生自行采取适合的方式梳理。

| 朝代 | 制度 | 标准 | 方式 | 选官权 |
|---|---|---|---|---|
| 先秦 | 世官制 | 血缘 | 世袭 | 贵族垄断 |
| | 军功爵制 | 才能、军功 | 举荐、授予 | |
| 秦 | 以法为教以吏为师 | 法家思想 | 学习律令而为官 | 君主 |
| 汉代 | 察举制 | 品德、才能 | 举荐 | 察举官 |

（续表）

| 朝代 | 制度 | 标准 | 方式 | 选官权 |
|---|---|---|---|---|
| 魏晋南北朝 | 九品中正制 | 前期：才学家世<br>后期：家世门第 | 评定授官 | 中正官、世家大族 |

【问题2】"过省士人"是何人？本部分通过补充材料，了解宋代科举考试的流程，并引导学生思考科举考试在发展过程中出现了哪些变化。

资格审查：各县对本地士子资格等进行审查，保送至州，知州等加以复核。　参加州级文化考试，择优录取。若考试合格，即由州、转运司或太学按解额解送礼部。　由尚书省礼部主持的全国举子考试，合格举人由贡院放榜，正式奏明朝廷。　经过省试，须再参加殿试，才算是真正登科。

材料一：

"有司昔者患不公，糊名誊书今故密。"

——[北宋]王安石《送陈谔》

材料二：

"读尽文书一百担，老来方得一青衫。媒人却问余年纪，四十年前三十三。"

——[南宋]周辉《清波杂志》卷七

"读书人，最不济。烂诗文，烂如泥。国家本为求才计，谁知道变作了欺人技。三句承题，两句破题，摇头摆尾，便道是圣门高第。可知道，三通四史，是何等文章？汉祖唐宗，是哪一朝皇帝？"

——[清]徐灵胎《刺时文》

在实际课堂教学中，学生通过阅读分析材料能准确梳理出科举制发展到明清时期，八股取士的方式禁锢了读书人的思想，不利于社会进步的问题。但同时有学生也提出了疑问：既然社会上已经有了讽刺的现象出现，为什么还要沿用这种方式呢？为了解决这个问题，教师补充更丰富的史料帮助学生进行解读。

【合作学习2】

材料三：

明清科举考试，皆以八股文为主要形式。实际上早在唐宋即已有其雏形。唐朝科举考试所采用的"帖经""墨义"就是明朝八股文的萌芽形态。到了南宋,程朱理学兴起,考试范围限制在朱熹集注的"四书"之内。八股取士基本上适应的是自然经济为主的农耕社会的人才需求,要求"代圣贤立言",并以宋代程朱理学为依归。八股文之弊,清代君臣上下并非不知不晓,但在当时也的确拿不出更合适、更简便的考试方法来。……此外,严格的形式要求,也便于标准的执行。

——摘编自赵伯陶《明清八股取士与文学及士人心态》

通过对材料的分析,学生表达了自己的理解:第一是因为科举在唐宋早有雏形;第二是科举有利于加强思想的控制,适应了社会经济发展的需要;第三是没有找到更好的选拔人才的方法,它有严格的形式要求,便于标准的执行。最终学生根据之前已完成的表格,归纳出了中国古代选官制度的趋势——从选官方式上来看,中央垂直选拔;从权力上来看,选官权收归中央,中央集权得到加强。在教学中发挥了学生的主体作用,通过递进式的问题让学生辩证评价科举制,树立唯物史观,培养了学生史料实证的核心素养。

【问题3】"榜下捉婿"缘何故?通过这个趣味情境创设问题,可以引出:榜下捉来的女婿,之所以放心,是因为国家有着严格的考核和监督制度。

【合作学习3】

通过小组合作,阅读书本后完成中国古代官员考核制度表,并结合材料分析考核制度的目的、方式、演变趋势。

| 朝代 | 考核制度及标准 | 考核机构 | 目的 | 发展趋势 |
|---|---|---|---|---|
| 秦汉 | 上计制<br>(土地人口,财政收入,社会治安) | 御史参与 | 选贤任能<br>劝善惩恶<br>激励上进<br>巩固统治 | 流程趋于严格　法规趋于完善　考核奖惩结合 |
| 隋唐 | 魏晋南北朝时期流于形式<br>隋:每年考核<br>唐:品德、才能 | 尚书省<br>吏部 | | |
| 宋 | 制定严格的考核标准 | | | |
| 明清 | 考满、考察;<br>考课(京察、大计):<br>查处贪酷和不作为 | 中央政府 | | |

材料四：

据《续资治通鉴长编》记载，宋真宗景德三年（1006 年）四月，皇帝派屯田员外郎谢涛等六人，巡视益州、利州、梓州、夔州、福建等路，考察官员能否，民间利害。对政绩突出的，举荐提拔。同月，皇帝又派度支郎中裴庄等六人，巡视江浙一带，奏明能吏二十人，慢官不作为、不称职者五人，多所升黜。

——杨治钊《宋朝官吏的绩效考核》

参考考核制度的学习模式，组织学生继续通过小组合作，自行设计中国古代监察制度发展演变的表格。教师可以提供相应的材料以便学生进一步思考和评价古代监察制度。

材料五：

乙巳，帝谓庞籍曰："谏官、御史，必用忠直淳厚、通世务、明治体者，以革浮薄之弊。"籍既承圣谕，自是中书奏诏举台官，必以帝语载敕中。

——［清］毕沅《续资治通鉴》卷五三《宋纪》，线装书局，2009 年

材料六：

靖康元年（1126）四月，钦宗重申："台谏者，天子耳目之臣，宰执不当荐举，当出亲擢，立为定制。"

——［清］徐松辑［明］《永乐大典》录《宋会要辑稿·职官》

材料七：

明代设立东厂和锦衣卫，两机关作为皇帝的特务机关，依照皇帝诏令可通过秘密逮捕、私自刑讯来惩处所有官僚。

——摘编自邰相瑀《中国古代监察制度概述》

学生根据提供的材料自主学习，运用唯物史观，辩证地看待中国古代官员的监察，从专制制度本身出发，认识了监察制度的弊端。许多学生能分析出诸如"监察体制的建立，在一定程度上有利于监督官员规范执政，防止官员贪污腐败。但专制制度的本质决定了监察体制的实际效能必然是有限的。监察官员并不代表社会履行职责，而可能只是帝王的耳目和工具。监察官员乃至监察机构贪赃枉法的情形司空见惯"之类高度概括性的结论。

在教学的最后环节，为落实大单元的教学理念，教师布置了课后作业——古代官员的选拔和管理机制对于我们现代社会甚至对世界有哪些借鉴意义？旨在借此培养学生逐步形成对国家、民族的历史使命感和社会责任感。

### 3. 凸显学科特性,落实核心素养

高中历史选择性必修一的教学旨在使学生从制度视角去认识人类社会政治生活发展的历史,认识相关国家制度和社会治理措施,了解制度或措施产生的具体时代背景,及其试图解决的社会问题,懂得辩证分析制度的利弊得失,注意其发展变化,由此训练学生的辩证思维,培育学生的唯物史观素养。通过学习古今贯通、中外关联的各专题内容,教师积极引导学生努力把握不同时期和地区的制度、措施之间的联系,运用特定的时间和空间术语描述、概括历史上的重要制度、措施,理解有关制度和措施的演变进程、彼此影响及其意义,强化学生的时空观念素养。教师需要从各种涉及国家制度与社会治理的史料出发,引导学生从历史发展的角度,理解某一制度创立的历史条件、发展演变,并对其作用和影响作出恰如其分的评价,使学生进一步养成论从史出的思考习惯,培养重证据唯事实的思维方式和能力,以解释历史与现实问题,进一步提升史料实证素养。教师还要引导学生理解人类历史上的国家制度和社会治理措施有一个逐步发展、取长补短、不断深化的过程,从宏观和微观的不同角度认识制度的延续、变迁和互相影响,理解制度形成和变化背后的复杂社会因素,进一步培养学生的历史解释素养,使学生更清楚地认识不同国家制度的特点和产生的原因,正确认识历史上政治文明的演进,通过与思想政治课相关内容的整合,增强学生对当今中国制度建设与发展的自信心和责任感,增强对中国特色社会主义的制度自信,进一步涵养学生的家国情怀。

选择性必修一是高二学生在经过一年《中外历史纲要》学习培养后接触的第一本选修教材。从知识层面上看,学生已经有了比较好的知识基础;从能力培养上看,学生也已经具备了基本的历史学科思维和历史核心素养。基于海亮实验中学班级配置情况,各班型的梯度分化也比较明显,在日常教学包括校本课程实施中,学校还结合学生实际需求和水平要求,有针对性地进行分层教学,教学设计也依据班型进行调整。"博雅班""北大班"增设自主学习环节,其余班型更多关注书本内容,减少拓展知识。以本课为例,在梳理各时期的选官制度和管理制度时,如果是"博雅班"学生,则完全让学生自主绘制表格和时间轴,也能得出多样化的结果。如果是更需掌握基础型知识的学生群体,表格填写就是最需要突出的重点部分。

### （三）国家课程校本化实施改进

国家课程校本化实施成为深化基础教育课程改革、推动学校课程建设的必然要求。海亮实验中学抓住分类办学的契机，率先对国家课程进行了校本化的探索和实践，但在实践中仍遇到了一些问题，如何有效地推进国家课程校本化实施仍然是学校课程建设的一个重难点。为了真正让国家课程校本化在海亮实验中学落地，发挥其育人目标，还需要从顶层设计、教研组建设、教师培养、改进学生综合评价体系等进行系统推进。

首先，在顶层设计方面要基于学校的发展历史、办学理念、育人目标、基本特点、机遇和挑战等，结合本校教师的基本结构、能力水平、团队文化以及发展潜力，准确把握本校学生的身心发展特点、课程需要、学习现状等，同时分析本校国家课程实施现状、本校所拥有的课程资源和已有的课程制度等，对国家课程的校本化实施进行更加具体的有针对性的顶层设计。其次，要让教师以教研组为单位参与到国家课程校本化实施的实践中，在激发教师个体的积极主动性的同时，发挥教研组作为学科教研团队推进国家课程校本化实施的创造力。此外，要注重教师培养。目前学校虽然在人文课程师资培养方面取得了一定成绩，但还不足以满足学校的高质量特色发展，所以做好教师培养至关重要。最后，为了配合国家课程的校本化实施，在课程评价时要摒弃传统的"以分数论英雄"，而是结合表现性评价、形成性评价和过程性评价等科学的评价方式对学生进行综合素养评定，以此来推动国家课程的校本化实施，也让教师真正放手去开发和实施。

## 二、校本课程的实施与改进

### （一）校本课程实施总体情况

校本课程是在学校教育教学实际情况下为满足学生多样需求所开展的特色课程，其适应学校办学愿景和育人目标需要，提高了学校的教育质量，为鲜明办学特色的形成提供重要支撑。海亮实验中学创立于 2000 年，作为一所"人文高地"学校，学校文科团队优势突出，特级教师、全国优质课一等奖获得者、省教坛新秀皆备。海亮实验中学的特色校本课程设置是以人文素养为核心开展的，形成"博雅健行"四大课程群。

在长期探索实践中，基于全面顶层设计及优质师资引领，学校校本课程落地实施较为扎实。总体来说，课程覆盖学科集中，素养培育全面，课程设置注重项目式、情境化以及分层教学，课堂实施以学生为主体、形式多样且深度沉浸，在提升人文素养的基本要求下有意识地全面提升学子各项素养，基本实现了学校培养全面发展的高素质人才的教学目标。

### （二）"演讲力"课程的设计与实施

校本课程作为一种由学校开发的特色课程，其优势在于能够更好地满足学生的个性化需求和学科学习的特殊需求，能够更好地促进学生的综合素质提高。而在特色校本课程的开发中，需要关注学生的需求和意见，发挥学生的主体作用，这不仅能够激发学生的学习热情和学习积极性，还能够更好地满足学生的个性化需求，培养学生的自主学习能力、创新能力和团队合作能力。同时，这也是实现校本课程特色化和差异化发展的重要途径之一。因此，学生主体在校本课程开发中的地位和作用不可忽视。

正是基于此，海亮实验中学"演讲力"课程在设计和实施过程中将学生置于中心地位，根据学生的不同需求和特点进行教学，采用不同的教学策略，例如个性化教学、项目式学习等，实现了特色校本课程的创新，更好地激发学生的兴趣和潜能，为学生提供丰富多彩的课程体验和机会，帮助学生更好地掌握演讲技巧，提高口语表达能力，同时也有助于培养学生的自信心和责任感。

下面将以海亮实验中学"演讲力"课程的设计和实施为例，探讨学生主体作用在特色校本课程开发中的重要价值，以及如何立足学生需要进行教学探索、促进课程目标的有效实现。

#### 1. 立足学情，平衡宏观目标与微观需要

在课程设计中，"演讲力"课程注重实用性和适应性，力求将课程目标和学生需要相结合。"演讲力"课程的宏观目标是培养学生的演讲技能和沟通能力，让学生掌握在公众场合下自信地阐述自身观点的语言表达能力和逻辑思维能力，提高学生的自信心和责任感，同时也注重培养学生的团队合作能力和创新思维能力。实现这一目标需要从多个方面入手。在具体的课程设计过程中，主要表现为给谁讲、讲什么和怎么讲。

首先，"给谁讲"是核心问题，只有了解了授课对象的基本情况，才能设计出贴合学生需要的"演讲力"课程。本课的开课对象为高一学生，他们刚从初中升入高中，在过往的学习中以应试教育学习为主，大多数人缺乏系统性的演讲训

练。一些学生虽然拥有一定的知识储备，但是缺乏自信和技巧，或者在课堂上不愿意发言，或者在表达自己想法时口语化严重、缺乏条理，即学生"不敢讲、不会讲"的情况较为普遍。同时，因为高中学习任务较重，学生对校本课程能够投入的时间更有限，而"演讲力"课程要求学生多思考、多表达，这很可能让精力有限的学生对其"望而生畏"，甚至在枯燥的理论讲解中对演讲失去兴趣，质疑学习的必要性。

基于学情，"演讲力"课程设计的重点之一就是消除学生对演讲的恐惧感，激发学生的学习兴趣，更重要的是缩短学生与演讲的距离，让学生能切实感受到演讲对日常学习生活很有帮助。这就将宏观的课程目标转化为不同层级的具体目标：(1)学生能够敢于表达，对公开表达自己观点产生兴趣；(2)学生能够认识到生活和学习都离不开表达/演讲，需要学习如何有效表达；(3)学生能够掌握分析演讲优缺点的通用方法。这样的分层目标也为课程"讲什么""怎么讲"指明了方向。

在课程规划方面，作为高一入门课程，针对"讲什么"的问题，"演讲力"课程共分为八课时，介绍演讲的基本知识和技巧，包括演讲的结构、语言运用、如何正确运用声音、肢体语言等。此外，课程还注重对学生的个性化发展和兴趣爱好进行挖掘，在讲解理论的同时，穿插话题讨论、情境再现、表达实践等多个活动，帮助学生更好地参与课堂学习，让学生在"演讲力"课程中能够真正发挥自己的特长和优势，提高自身素质，为未来的学习和生活打下坚实的基础。

2. 角色转换，多手段应用学生主体教学

在完成课程设计后，"演讲力"课程面对的最大挑战就是如何让学生敢讲、能讲，既要调动学生的表达欲，也要让学生切实掌握演讲技巧。这对课程实施提出了较高要求。

素质化校本课程进课堂，"破冰"很关键。从第一课开始，教师就在向学生传达一个观念：演讲无处不在，演讲很简单。大到公开演讲，小到一次交谈，都有演讲的身影。因此，不必畏惧演讲。

降低课堂门槛的同时，教师也在转变自身角色。教师不再是单纯的知识传授者，还是学生学习的陪伴者、学习情境的创设者、课堂游戏的主持者、学生演讲的倾听者等。与之相对应，学生也不再单纯地担任聆听者角色，他们可以成为"社团候选人""船长""主持人""演讲家"等，感受不同角色的思考方式、行为习惯、表达方式等,从而激发自身兴趣,提高课堂参与度。

其次,通过多种手段发挥学生主体作用也是课程重点。教师努力运用了多种学习方式活跃课堂气氛,引起学生的表达欲,发挥学生主体作用。

(1) 项目式学习

演讲是一门囊括多门学科、多种技巧的学问。因此,授课教师要想化繁为简,带领学生由浅入深地学习演讲,项目式学习必不可少。采用项目式学习,即将演讲拆分为概览、演讲结构、声音、身体语言等不同项目,对不同项目又有针对性的练习。每堂课既有理论讲授,又给学生预留充足的练习、展示时间。让学生由易到难,学习不同项目的演讲技巧,逐渐提高自身的演讲能力。

(2) 游戏化教学

通过引入课堂小游戏——续写游戏、数字游戏、模仿游戏(模仿任课教师平时的动作和语态)、推销游戏(推销商品,让同学们对推销产品出价竞拍)、同桌游戏(用三个关键词描述你的同桌)……诸如此类的游戏,不仅活跃了课堂气氛,更重要的是让学生不由自主地"说话"——从词到句,再到段落,从只言片语到渐入佳境。

(3) 情境化教学

教师善于创设情境,用自身的语言魅力和肢体表情,让学生沉浸在所创设的情境中,代入自身,表达自我。这种情境可以是"你正在演讲,忽然忘词了怎么办",可以是"假如你是校长,你要如何向全校师生发表新年贺词",还可以是"穿越时空,想象你在 1919 年'五四运动'的现场,作为学生代表的你在大街上要如何演讲"……诸如此类的情境,给了学生广阔的施展空间。当情境创设完毕,"师傅领进门"后,要鼓励学生,相信学生,因为他们会沉浸在情境中,给你带来意想不到的惊喜。

当然,要发挥学生主体作用并不只有游戏和情境,还可以是观看有趣的视频并发表评价,针对贴近学生的话题大家一起发表观点等。选择的视频或者话题,既要符合高中生年龄和兴趣,还要具备一定的思辨性。时政热点、人生经历、友情爱情……这些话题大多可以搬进"演讲力"的课堂,只有当学生有话可说时,学生才能想说、敢说。

(4) 分层教学

即便同是高一学生,班级内学生的学情仍有分层。可能一些学生的人文知识较为丰富,一些学生的知识储备相对薄弱。对此,教学则根据难度对课堂话题进行分层,以照顾到不同学情的学生,从而让更多学生参与到课堂活动中来。分层后的课堂话题包括初级话题和高级话题。初级话题难度较低,适合人文知识相对薄弱的学生。初级话题的选取更偏向生活化,以确保他们有话可讲,例如"你的业余爱好是什么,最喜欢的书或者电影是什么?""网购的利与弊"等。

高级话题难度较高,适合人文知识储备较丰富的学生。这类话题大多比较严肃,需要学生具备高级的思考能力、分析能力、批判性思维能力等。话题旨在引导学生在关注周围社会生活的同时,关注国家、世界甚至宇宙。话题主要涉及以下几方面内容:一是具有普遍价值的演讲议题,如贫穷、战争、全球变暖、裁军、核武器、污染、交通、教育、疾病等;二是具有中国特色的议题,如中小企业发展、"一带一路"倡议、东中西部均衡发展、治理污染、减轻学业负担、人口政策、扶贫、创新驱动等;三是具有地方特色的议题,如浙江特色小镇建设、浙江发展均衡问题、弘扬绍兴特色地方文化等;四是有关海亮实验中学特色发展的议题,如海亮实验中学的培养目标、食堂的管理,校园文化建设,图书馆管理,节日文化等;五是围绕社会发展中出现的现象进行演讲,如网购、新能源汽车、高铁等;六是有关科技发展与人类社会发展的关系等话题,如仿生机器人、空间技术、海洋技术、生物克隆技术等。

在"演讲力"的课堂上,教师要想办法拉近与学生的距离,甚至"忘记"自己教师的身份,要做学生的"同龄人""身边人",用合适的语言,在对话中感染学生。只有教师沉浸于此中,学生才能投入其中。

3. 营造舞台,人皆有才且人人能出彩

评估"演讲力"课程的效果需要从多个方面进行考虑,包括学生的演讲技能、参与度和兴趣、自信心以及演讲比赛的成果等方面。而对这些方面的衡量,除了学生自评、同学评价、教师评价外,还需要演讲舞台。

演讲舞台既包括每一节课课堂活动中的小舞台,也包括校内演讲比赛、辩论赛、模拟联合国这样的大舞台。借助一个又一个舞台,不仅能让学生展示自我,也可以有效评价"演讲力"课程效果。

演讲舞台可以让学生在公开环境中积极参与,锻炼自己的演讲能力。这种形式不仅能够激发学生的积极性,也能够增强学生的自信心,提高学生的演讲技能。

在演讲舞台中，评价标准通常是演讲内容、演讲技巧、语言表达、演讲效果等方面。这些标准恰恰是"演讲力"课程所强调的内容。因此，借助演讲舞台可以比较充分地检验学生在"演讲力"课程中的学习成果，同时也有助于学生交流学习心得、彼此借鉴经验。

之所以更强调舞台，而非比赛，是因为作为高一入门课程，该课程旨在给予学生更多鼓励，帮助学生树立自信，而不是让学生过早地在对抗和竞争中消磨对演讲的热情。比赛只有一个冠军，但是舞台上人人都可以出彩。秉承这样的理念，"演讲力"课程才能真正提高学生素养，对课程效果做出恰当评估。

4. 引导反思，促进应用与迁移

"演讲力"课程作为海亮实验中学的特色校本课程，其受欢迎的原因在于注重学生体验和学习效果。在课程设计和实施中，"演讲力"课程始终以学生为立足点，尊重学生的个性和兴趣爱好，满足学生需求，让学生能够在学习中感受到乐趣和成就感。同时，课程注重实践和应用，能够让学生将所学知识和技能应用到实际生活中，真正提高学生的表达和沟通能力。

课程实施中，教师充分发挥学生主体作用，让学生充分发挥想象力和创造力，满足学生个性化需求，提高其学习积极性和参与度。在课堂教学中，教师转变角色，积极引导学生思考和讨论，让学生在自主学习的基础上不断探究和深化知识。

综上所述，"演讲力"校本课程的成功得益于其以学生为中心的设计和实施，让学生在体验中学习，在实践中提高，真正实现了素质教育的育人目标。这种课程模式成为素质教育背景下人文高中办学模式的一种探索。

校本课程在国家课程完全实施的基础上设计和落地，因此其与国家课程有着相同的教学目标，即培育高素养人才。而作为人文高中，学校则重视特色校本课程建设，积极发展校本课程对人文素养的培育作用，实现育人目标。

海亮实验中学在校本课程实施方面仍有一些需要改进的地方，首先，可进一步强化对过程性与参与度的考查，可选择小组或班级竞争等形式，以每课或每周为单位制定详细的评价体系，设置教师、学生、社会等多元评价主体，授予每门校本课程学习效果最优的个人或班级校级荣誉，以此提高学生的积极性与荣誉感，提高校本课程实施质量。其次，应提高校本课程的活动性与实践性，树立成果意识，给学生提供成果展示平台。此外，基于海亮实验中学校情，可以在学校官网上设置相关平台,对设计、制作、讨论、表演等学习成果做集中展示,这既是对学子学习效果的认可,也是对学校品牌的宣传。

## 第三节 外语高中特色课程的实施与改进

### 一、国家课程的实施与改进

#### (一) 实施总体情况

海亮外语中学基于已经搭建起的外语特色课程体系,积极推进课程的实施工作。学校的课程体系主要是按照三类课程进行推进。

首先,按照最新的课程标准和要求[《普通高中课程标准(2017 年版 2020 年修订)》]进行国家标准课程的授课,达成相应的教学目标,并且在这一过程中积极推进国家课程的校本化实施,完成相应的育人目标。

其次,根据外语中学特有的国际化升学需求,结合学校的办学经验和教学资源,开设语言、文化、知识、思维类的校本选修课程,并配套以相应的升学指导课程、研学类课程,全方位提升学生的背景能力,达成学校总体的育人目标。

最后,在国家课程和校本课程之外,学校会以学年为单位,实施各项活动类课程,以艺术、体育和戏剧三大节为抓手,并配套以各类学部、年级、教研组活动和社团、俱乐部特色活动,全方位提升学生的外语能力和综合素养。

相较于外语中学之前的课程体系,在本次课程实践中重点做了三方面调整:一是对"外语特色"的概念进行了更为清晰的界定,在实施过程中除了强调对学生语言能力的培养外,还突出强调思维、知识、品格的贯彻;二是对课程类型进行了更加细致、科学的分类,明确各类课程在学校课程体系建设与整体发展中的定位,并在实施过程中予以贯彻;三是将校内的各项特色活动明确纳入学校课程体系中,对各项活动所期待达成的育人目标做了明确化,并且在实施过程中加以贯彻。

#### (二) 国家课程校本化的实施与改进

海亮外语中学以国家标准课程作为学校课程体系的核心,并积极推动国家课程的校本化。2020 年全新修订的普通高中课程标准强调落实立德树人根本任务的需求，直面高中课改的问题与挑战，坚持继承与发展，同时强调反映时代的要求。普通高中课程标准中所提出的课程要求是海亮外语中学搭建与实施课程体系的基础。

以语文学科为例，海亮外语中学在深刻领会《普通高中语文课程标准（2017年版 2020年修订）》（以下简称"课程标准"）的内容的基础上，尝试以大单元设计为抓手，推进国家课程校本化。

以高中写作教学为例。《普通高中语文课程标准（2017年版 2020年修订）》明确提出了"以核心素养为本，推进语文课程深层次的改革"的基本要求。新时期的语文教学不仅需要关注知识技能的外显功能，同时更要重视课程的隐性价值，以及语文课程在社会信息化过程中新的内涵变化。具体而言，语文学科核心素养集中体现在语言建构与运用、思维发展与提升、审美鉴赏与创造、文化传承与理解等四个维度。与之相应，统编高中语文教材落实新课标精神，秉持守正创新的特色，以"人文主题"和"学习任务群"两条线索来贯彻教材编写，从单元任务到活动设计——指向语文核心素养的课程目标。另一方面，由此反观高中语文课程教学实践，广大教师面临着的一大挑战是，如何在有限的课时内完成知识与技能的结构化、系统化、全面化传授，如何打破传统意义上碎片化、零散化、单一化的教学困境，从而真正有助于培育核心素养。

针对课程标准与教学实践之间的张力，以及核心素养提升与知识技能传授之间的两难，崔允漷教授在 2019 年指出，教师必须提升教学设计的站位，从关注单一的知识点、课时转变为大单元设计，从而真正实现教学设计和素养目标的有效对接。所谓大单元，并非指现有教材中的单元设置，即按照不同内容主题编排课文，而是指向一种学习单位，一个单元就是一个学习事件，一个完整的学习故事。所以成其"大"者，就在于其出发点不是一个知识点、技能点或一篇课文，而是起着统率与引领作用的"大"的观念、项目、任务、问题。这与课程标准所依托的"学习任务群"其实有着深厚的内在勾连。

"语文学习任务群"以任务为导向，以学习项目为载体，整合学习情境、学习内容、学习方法和学习资源，引导学生在运用语言的过程中提升语文素养。课程标准按照必修、选择性必修、选修三类课程分别安排了 7—9 个学习任务群，不同任务群所涵盖的具体学习内容有所区别，体现不同的学习要求。前期文献调查发现，现有研究多集中在对于不同学习任务群的主旨阐发以及其与教材各单元课文教学的内在联系,而依托学习任务群的写作教学尚较少为人所注目。在此以"当代文化参与"任务群的创新课写作教学实践为例,说明大单元设计下的写作教学如何贯彻知学用一体化,最终指向核心素养的提升。

学习任务群教学具有明确的目标导向,因此基于大单元设计的写作任务群教学实施的前提是制定清晰明确的单元目标。传统意义上,教师往往习惯于一课一案,可以非常熟练地制定单篇课文或者单节课次的教学目标,但是如何制定大单元的目标则大异于是,是一个值得研究和探讨的新问题。那么,如何叙写大单元的目标呢?普通高中语文课程标准是教育教学实践的制度依归,依标施教是基本要求。因此,确立大单元目标的前提和基础是仔细研读课程标准。

课程标准第四部分"课程内容"对于"当代文化参与"这一学习任务群给出了比较明确的学习目标与内容以及可供借鉴的教学提示。需要注意的是,这一任务群的学习,贯穿必修、选择性必修和选修三个阶段。因此,在叙写该单元目标时,教师应当把其置于语文课程的整体框架中思考,形成语文学科核心素养→语文课程目标→"当代文化参与"任务群学习目标和内容→单元课时教学内容的目标叙写路径,具体如下:

语文学科核心素养

语文学科核心素养是学生在积极的语言实践活动中积累与构建起来,并在真实的语言运用情境中表现出来的语言能力及其品质;是学生在语文学习中获得的语言知识与语言能力,思维方法与思维品质,情感、态度与价值观的综合体现。

语文课程目标

学生通过阅读与鉴赏、表达与交流、梳理与探究等语文学习活动,在语言建构与运用、思维发展与提升、审美鉴赏与创造、文化传承与理解几个方面都获得进一步的发展;坚定文化自信,自觉弘扬社会主义核心价值观,树立积极向上的人生理想,为全面发展和终身发展奠定基础。

"当代文化参与"任务群学习目标和内容

(1)聚焦特定文化现象,自主梳理材料,确定调查问题,编制调查提纲,访问调查对象,记录调查内容,完成调查报告,就如何传播社会主义核心价值观、弘扬中华文化精神、反映中国人审美追求等专题展开交流研讨。

(2)关注当代文化生活,开展社区文化调查,搜集整理材料,对社区的文化生活方式、风俗习惯、思想观念、生活演变等进行分析讨论,增强弘扬社会主义核心价值观的自觉性。通过各种传媒,关注当代文化生活热点,聚焦并提炼问题,展开专题研讨,解释文化现象,积极参与社会主义先进文化建设,提高对各种文化现象的认识能力和阐释自己见解的能力。

(3)建设各类语文学习共同体(如文学社团、新闻社、读书会等),在阅读、表达中探析有关文化现象,拓宽视野,培养多方面语文能力;通过社会调查、观看演出、参与文化公益活动等,丰富语文学习的方式,积极参与当代文化生活。

通过这样的梳理和思考,我们不难发现,"当代文化参与"这一学习任务群体现了"语言建构与运用""文化传承与理解"等多个方面的学科核心素养,但是由于这一任务群的外延极其广泛,几乎贯穿了高中三年三大类型课程的学习,因此在实际的写作教学中难免沦为空泛,让教师无从着手,关键就在于缺少一些有力的"脚手架",譬如关键写作任务的设计。在此基础上,通过进一步研读统编高中语文教材,将其中所涉及的(主题)单元写作任务择取梳理,列表如下:

表3-3  高中语文教材设计(主题)单元写作任务梳理

| 册第 | 单元内容 | 微型写作任务 | 大作文写作任务 |
|---|---|---|---|
| 上册 | 第一单元  诗歌、小说 | 诗歌鉴赏札记<br>学写诗歌、小说赏析点评 | 学写新诗(主题:发挥想象,抒发青春岁月) |
| | 第二单元  人物通讯、评论等 | 进行通讯类书籍的推荐,重点阐述推荐理由。 | 写一个熟悉的劳动者<br>(注重选取典型事例与人物事件细节) |
| | 第三单元  古诗词 | 设计古诗词朗诵脚本 | 选择一首诗,就感触最深的一点学写文学评论 |
| | 第四单元  社会实践 | 学写建议书(内容:家乡文化建设) | 写一篇《家乡人物(风物)志》 |
| | | 学写调查报告的提纲 | 撰写调查报告 |
| | 第五单元  整本书阅读 | 学写内容摘要(归纳各篇主旨,画出各节的思维导图) | 写一篇书评 |

（续表）

| 册第 | 单元内容 | 微型写作任务 | 大作文写作任务 |
|---|---|---|---|
| 上册 | 第六单元　论述文 | 学写读书心得体会（指向名言警句） | 学写议论文（如何做到论述有针对性；以《"劝学"新说》为题写作） |
| | 第七单元　古今散文 | 学写观察日记 | 选择一个节气，写观察散文 |
| | | 拟写拍摄脚本（从《故都的秋》《赤壁赋》中选取两个片段） | 写一篇不少于800字的散文（以《我仿佛第一次走过》为题） |
| | 第八单元　词语积累与词语解释 | 写语言札记<br>写学习笔记 | |
| 下册 | 第一单元　古代散文 | 史传人物或事件评点 | 写议论文（如何深入论证：对社会人生、历史的思考） |
| | 第二单元　中外剧本 | 读传统名剧谈认识 | 学写心得体会（指向读剧本或观剧、参演体验心得，选其一） |
| | 第三单元　实用文 | 写一段话阐释概念间的关系 | 写事理性说明文（以《常识中的"理"》为题作文，说明你发现的某一事理） |
| | 第四单元　实践活动 | 学写招聘启事 | 学写推广方案（学校举行戏剧节，为班级节目写一个媒介宣传推广方案） |
| | 第五单元　演讲词 | | 学写一篇演讲稿（联系当下生活，以《我的使命》为题作文） |
| | 第六单元　中外小说 | 学写自我介绍（记述自己的一段特殊经历） | 学写叙述文（发挥想象创作一个虚构的故事） |
| | 第七单元　整本书阅读 | 学写故事梗概 | 学写文学评论（以《红楼梦中的——》为题写短文）<br>学写综述 |

（续表）

| 册第 | 单元内容 | 微型写作任务 | 大作文写作任务 |
|---|---|---|---|
| 下册 | 第八单元　古代散文 | 列发言提纲 | 学写议论文。论证的方法,针对阅读存在的问题,以《底线》为题写论述文。 |
| | | | 就围绕当前人们所选择的不同阅读方式的讨论写一篇文章,谈谈你的看法。 |

观察上表我们可以得出,各单元写作学习任务的安排与教材阅读内容紧密关联,体现了写作学习不是孤立无序的,而是在与单元任务群文本学习关联中实现听说读写整体推进。写作任务以情境为载体,在具体的情境中学习写作,写作学习任务的安排与具体的学习活动情境相结合,构成项目式的学习,充分体现"任务群学习"的导向,而每一个写作任务都是有具体的写作情境设置的。基于"当代文化参与"任务群这一大单元的学习目标,将教材现有写作任务重新归类组合,并从中提炼出了与之相配的高中语文写作教学任务,两两参互,叙写了如下的大单元目标:

目标1:选取某一特定的文化现象,可以是我国的,也可以是各国文化比较,可以是传统的,也可以是当下的,通过文献梳理、实地调查等手段,撰写一份调查报告,从而体会文化的多样性。

目标2:以自己的家乡或者所在社区为驻点,在充分了解地方史料及相关文献的基础上,深入社区走访调查,关注地方文化的传统与再造,就某一特定主题展开研讨,最终完成一篇《家乡风物志》的写作。

目标3:以各类语文学习共同体的方式,深入参与文化前沿,如以文学社为单位组织完成内刊、校刊的撰写、编辑、刊布工作;再如以戏剧社为载体,组织集中观影学习、经典剧目排演等活动,并在此基础上要求成员完成剧本、短评等各类相关文体的写作。

综上所述,通过解读课程标准和分析统编高中语文教材,以层层递进的方式逐步叙写了本单元的教学目标,并初步形成了大单元目标叙写的路径依归,而这正是基于大单元设计的写作任务群教学得以实施的重大前提。

以单元大项目统领,实现关键任务层级化。

如前所述,指向学科核心素养的教学呼唤大单元的教学设计,而后者又势必意味着大观念、大项目、大任务与大问题的引领。课程标准指出,语文学习任务群以任务为导向,以学习项目为载体,整合学习情境、学习内容、学习方法和学习资源,引导学生在运用语言的过程中提升语文素养。这句表述中,出现了比较多的概念,其中"学习项目"是一个"中枢","任务群"的实施,"项目"的承接尤为关键。

因此,在大单元设计下的写作教学,大作文的写作过程几乎都是以项目的形式来完成的,这些项目包括:小组讨论,修改,同学间交换品评、修改,实践活动后的感受与体会,个体的研读、认识、感悟,成果结集与展示等。项目化写作使得写作不仅仅是一次写作练习的过程,而是一次在活动体验中获得感受的过程,"课文学习—活动(体验)—获得感受(感悟)—完成写作—修改完善",使写作任务在写作过程中形成情境化,成果化,让学生在写作中获得主动,获得写作经验。这样的写作过程中学生是处在主动地位的,其目的在于让写作者在完成任务中学习写作知识,在写作中运用写作知识。这改变了以往的"教师出题目—学生完成作文—教师批改—教师讲评"的教学模式,使写作教学从"知识立意"转型为"知识与能力并存发展",让学生从被动写作转变到主动写作的状态上来。

大单元要承载大任务,这些大任务就是学生核心的学习任务,将促进其核心素养的发展。一个合适的核心任务,既能够呼应目标,又能够"预约"结果,并且它以目标为导向,需要设置一个真实的情境,在任务情境中完成目标。在确立好核心任务后需要引导学生去完成,这需要将核心任务细化、分解为任务链,分解的目的是让学生能够有计划地、思路清晰地、一步步地完成任务,这就类似建构主义学习理论中的支架式学习,符合学生的心理发展,一步一步完成对知识的建构,达到教师的教学目标。

这样的写作教学重视写作过程的落实,在很大的程度上避免了写作教学的重结果、轻过程的功利化问题,比较好地体现了写作情境化、结构化的理念。统编教材在写作教学内容的落实上努力地体现着这一理念。我们在实施新教材的写作教学中,要准确地理解教材中的写作学习任务,正确地认识教材中所安排的写作学习任务背后的育人理念。只有这样才能使写作教与学的任务真正得以落实,才能真正做到避免写作教学的功利思想,使写作为人的发展服务。

凸显学科实践,注重情境创设下的问题探究。

学科核心素养是指学生学完某学科之后逐步形成的关键能力、必备品格与价值观念,因此,对学科核心素养的评价必须超越以前惯用的双向细目表,不局限于知识点的识记、理解、简单应用,而应该从"在何种情境下能运用什么知识完成什么任务"来评价学生学科核心素养的达成程度。也就是说,学生学科核心素养的表现程度需要通过在真实情境中运用所学的知识并能完成某种任务来衡量,指向素养的评价必须要有恰当的情境,离开真实情境或任务是无法很好地评价核心素养的。

在以学习任务为核心展开的实践活动中,真实情境应该是它的本质特征,或者说,真实情境是活动展开的主要依凭。没有真实的情境,就会脱离学生的所思所想,活动势必会虚假;活动虚假,学生就会失去学习的兴趣,就无法达到应思应想的境界。因此,教材设计一定要紧扣真实情境,设计出能激发学生学习动机,提高他们学习兴趣,并有利于深度阅读和深度写作的有效的言语实践活动。课程标准同样指出,教师应根据学生的发展需求,围绕学习任务群创设能够引导学生广泛、深度参与的学习情境。

例如,在开展议论文写作教学的过程中,曾涉及这样一个议题——"沉迷抖音是否会让年轻人变笨",与之相关的社会文化情境、生活情境、教学情境如下:

表3-4 与"沉迷抖音是否会让年轻人变笨"相关的情境梳理

| 社会文化情境 | 在时下大热的访谈类节目《十三邀》中,著名导演赖声川先生在回答主持人许知远的疑问时,曾明确表示"沉迷抖音会让年轻人变笨",霎时间一石激起千层浪,引起了众多网友的关注和热议。 |
|---|---|
| 生活情境 | 在智能手机日益普及、功能日新月异的今天,以在校学生为代表的年轻人已成为抖音用户的关键群体和重要组成部分。本校学子同样也不例外,但不少学生表示频繁刷抖音也会引起家人长辈的不解,偶尔也听到过"沉迷抖音会让年轻人变笨"类似的表述和批评,虽然不以为意,但是有时候自己也拿捏不准。 |
| 教学情境 | 假设你作为青年学子代表,和赖声川导演面对面交流,你会如何表示对于这一现象的看法? |

无论是作为传播媒介,还是作为社交平台,抖音都是当今社会人们无法忽

视的一种文化热点现象。随着抖音用户的快速蔓延与拓展,关于抖音的褒贬自然也就成了众矢之的。因此,这样的一个大情境,完全符合"当代文化参与"的大单元目标设计。据此课程制定了相应的写作教学任务。

表 3 - 5　写作教学任务

| | |
|---|---|
| 前期预调查 | 要求每位学生就"沉迷抖音是否会让年轻人变笨"这一问题随机采访两到三位陌生人,并将他们的看法记录下来综合分析。 |
| 文献综述 | 借助网络搜索引擎以及各类文献库,搜索、梳理不同领域的学者对于这一现象的看法及其依据,可以重点关注沉迷抖音为何有可能导致技术成瘾、引发娱乐至死、营造信息茧房、造成社交障碍等几个方面的论断。 |
| 田野调查 | 基于前期文献综述,以及抖音年度数据报告,设计面向在校学生的调查问卷,了解不同群体对抖音的迷恋程度,并通过实际的田野调查(或者数字民族志)完成对部分学生的质性访谈,形成抖音(是否)沉迷的典型个案。 |
| 写作产出 | 综合预调查、文献综述、田野调查的研究所得,完成一份调查报告,并在校园学术节的活动上和全体学生交流。 |

需要特别注意的是,在创设真实情境以及设计教学任务的时候,以下三个问题不容忽视:其一,提出写作前的准备,如前期预调查、查阅文献等,设置这些任务的目的是让学生对自己要写什么有个充分的了解,为完成写作在知识储备和情感准备上作好充分铺垫,提供支架;其二,注重学生作为学习主体自己的感受;其三,突出训练过程化,将阅读、思考、田野调查、交流探讨、写作等训练形式融为一体。

综上所述,新课标背景下大单元设计与学习任务群结合的写作教学是培育学科核心素养的有效途径。从叙写大单元的目标,到大项目、大任务的统领,再到教学实践中具体情境的创设,层层递进,激发问题意识,引导学生体验发现问题、探索问题、解决问题的过程,有助于实现知识与能力,过程与方法,情感、态度与价值观的整合,从而推动学科核心素养的整体提升。

通过对国家标准语文课程的校本化实施,海亮外语中学的学生在语言建构与运用、思维发展与提升、审美鉴赏与创造、文化传承与理解等语文核心素养层面有了显著提升。学生积累了较为丰富的语言材料和语言活动经验,能够将具体的语言文字作品放置于特定的交际情境和历史文化情境中理解、分析和评价,同时能将语言活动的经验逐渐转化为具体的学习方法和策略,形象思维能力得到增强,逻辑思维得到发展,思维品质得到提升,对祖国语言文字的美感体验得到增进,鉴赏、表达和创造美的能力得到增强,逐渐具备了传承优秀中华传统文化的意识,并且也具备了理解多元文化、参与当代文化的能力。

就课程改进来说,在未来的语文写作教学中,海亮外语中学语文组将更多地引导学生在真实的语言运用情境中,通过自主的语言实践活动,积累语言经验,把握祖国语言文字的特点和运用规律,加深对祖国语言文字的理解与热爱,培养运用祖国语言文字的能力,同时注重对学生思辨能力和思维品质的培养。

在未来,海亮外语中学将继续以国家课程标准为依据,在推进国家课程的高效实施中坚持正确的政治方向,努力借鉴吸收先进的教育思想和理念,关注信息化环境下的教学改革,关注学生的个性化、多样化的学习和发展需求,遵循教育教学规律和学生身心发展规律,持续推进国家课程的持续优化实施。

## 二、校本课程的实施与改进

海亮外语中学的特色课程体系一方面服务于学生的整体育人目标,另一方面则是服务于学生的优质升学。由于国际化升学方向对学生核心素养所提出的要求与国内高考路径有明显差异,因此,海亮外语中学在全面实施国家课程的基础上,通过搭建校本课程体系来全面服务于学生的升学。

海亮外语中学的校本课程体系既包含直接服务于升学以及和国外生活相关的语言和文化类课程,也包含了一部分与学生升学考试相关的特色课程,还配套有升学指导课程、研学类课程等。

海亮外语中学在全面实施国家课程的过程中,充分吸收借鉴优秀的文化成果,取其精华,去其糟粕。以 IBDP 课程理念为例,其核心教育哲学是终身学习,目标是培养探究真知、知识渊博、积极进取、富有爱心的终身学习者;其核心理念包括:勤于思考(Thinkers)、全面发展(Balanced)、有原则(Principled)、敢于尝试(Rick-takers)、有关爱心(Caring)、思想开放(Open-minded)、富有知识(Knowledgeable)、有探究精神(Inquirers)、有交流精神(Communicators)、有反思精神(Reflective)。在上述的教育哲学与理念中,对探究精神的鼓励、对全面发展的诉求,符合国家新课标的育人目标,也是海亮外语中学始终坚持追求的目标。

为了充分调动起学生进行探究性学习的热情,同时达成锤炼学生思想的目的,海亮外语中学为高一年级学生开设了"拓展性论文"写作校本课程。该课程要求学生选择一门课,最终按照课程要求完成一篇论文,字数为 3000—4000字,主题由学生自己确定。拓展论文写作需要学生独立完成大量的调查研究,在与指导老师多次沟通的基础上完成论文,教师则根据论文的完成质量进行考核。

为了帮助学生达成这一任务要求,学校安排学术能力较强的教师为高一年级学生讲授学术研究方法与论文写作等相关知识。从整体设计上,课程着重突出基础方法和理论,重视对学生思维素养的培养;在教学素材选择上,课程强调对全球性问题的关注,注重提升学生的国际视野;在教学过程中,强调探究性学习,鼓励学生针对特定问题进行文献阅读、小组讨论和成果输出。

整个课程充分体现了学校对学生思维深度和研究能力培养的重视程度,既着眼于最基本的知识的传授,也关注最终结果的产出,同时希望能为学生在未来的学习工作中进行深度研究打下坚实的基础。

以下内容为海亮外语中学开设的"拓展性论文"写作课程中"如何选题"这一板块的课程设计:

（1）课程特色与内容设置

找到一个优质的选题,是学生顺利完成拓展论文的前提和基础,是学生思维能力成长的重要标志,这也是外语特色学校建设中"思维与品格"板块教学内容的重要组成部分。在本课教学中教师首先通过犹太人大屠杀的案例来呈现研究的意义,启发学生寻找问题的兴趣,同步依次阐明研究问题的质量判断标准、类型划分以及来源,并且在课堂上组织学生以小组为单位进行提问训练,从而实现思维训练的目的。本校的育人目标是培育具有家国情怀、理解世界规则、拥有未来视野的国际型社会精英和未来领袖,而研究能力（尤其是发现问题和解决问题的能力）是学生实现跨越的核心能力之一,应该加强训练,论文写作课程的教授则是一个非常好的契机。

（2）理论/理念支持

本课程采用议题式教学与情境教学的形式。在借助犹太人大屠杀的案例引入之后,将分成三个议题展开:优质问题的标准、优质问题的类型与优质问题的来源。为了保证课堂效率,对这三个议题基本内容的讲授主要以教师讲授、教师提问与教师引导学生思考为主,并结合与学生生活实际相关的场景进行讨论。学生自主讨论的环节主要集中在最后的提问实战环节,学生分组针对特定素材进行提问,在实战中检验提问成果的掌握程度。

(3)学习者分析

本班学生在经过半学期拓展性论文写作课程学习之后,已经对于学术研究有了基本的概念,也大概了解到了研究的意义,并且在课堂上也接触到了一些经典的研究案例,但是对于学术研究的基本流程与框架并不清晰,还需要在结合案例讲述的基础上进一步加深对于学术研究过程的理解,从而为未来独立完成学术研究做好相应的准备。

(4)学习目标确定

① 了解优质研究问题的标准、基本类型和来源,初步掌握判断研究问题质量的能力,能够对研究问题的类型进行定位,并了解研究问题的可能来源。

② 初步掌握根据素材提出优质问题的能力,能够在现实生活中养成初步的问题意识。

(5)学习重难点

面对现实生活中的素材,具备敏锐的问题意识,并且提出高质量的问题。

(6)学习评价设计

在课堂上其实具备两个检验学生学习成果的板块,第一是在每个板块知识点教学结束后进行的即时练习,包括对问题质量的判断标准以及问题类型的判断。在这里教师可以根据学生的回应程度以及部分抽查结果,了解学生对该板块的掌握情况。第二是在原理讲授结束后,学生们需要以小组为单位,针对给定的材料尝试提出研究问题,并且对研究问题进行分析与评估,教师根据学生给出的问题质量和思考深度,对学生的学习成果进行检验。

(7)学习活动设计

环节一:借助犹太人大屠杀的案例引入

① 从《辛德勒的名单》开始讲起,提问学生是否知道该电影,并启发学生思考该电影的主题。

② 教师切入到犹太人大屠杀问题之后,引出一个经典的研究问题:关于犹

太人大屠杀,有一个问题一直困扰着所有人:毒气室是由学有专长的工程师建造的,毒气是由学识渊博的医生配置的,很多婴儿死在了训练有素的护士手里,这些原本应该为社会做贡献的人,为什么会沦为屠夫与刽子手? 难道仅仅是因为希特勒吗? 并且要求学生思考。

③ 教师给出关于犹太人大屠杀的两种经典解释:

a. 鲍曼的解释:在德国庞大的官僚机器中,每个人都只是一个零件,作为零件,在高效率的运转中没有直接面对鲜活的生命,由此丧失了同情心和责任感。(来自《现代性与大屠杀》)

b. 阿伦特的解释:德国纳粹重新定义了道德,将"为了种族利益而杀害犹太人"定义为新的道德义务,人们在服从过程中放弃了自己独立的思考与判断。(来自《艾希曼在耶路撒冷》)

之后切入到为什么这个问题很重要,进而切入到一个好的研究选题有什么特别的意义,从而进入到本课程的主题。

活动意图说明:本环节从一个电影场景进行切入,进而引出人类历史上的一个重要的研究问题:犹太人大屠杀为什么会发生? 很多学生在这之前应该是不会思考这个问题的,当他们偶然意识到这个问题的重要性的时刻,会进入到思考当中,但是这个问题并不是本课的重点,教师直接给出解释,从而切入到一个好问题的研究价值上,进而切入到本课的主题上——如何建构一个优质的研究问题。

环节二:基础知识讲授

① 从学生每天所面临的日常问题开始切入:

a. 今天晚餐吃什么?

b. 为什么隔壁班天天偷玩一体机却没有被抓到?

c. 寒假有没有可能多放一个月?

d. 新冠疫情什么时候才能够结束?

e. 究竟谁能够获得卡塔尔世界杯足球冠军?

f. 特朗普为什么又宣布竞选总统了?

进而阐明并不是所有的问题都是好问题,引出关于好问题标准的问题。

② 逐条阐明好问题的标准,每个标准给出案例让学生进行类比或者比较。

标准1:是否是你和别人共同在乎的?

案例:

我家的猫为什么那么爱发呆?

为什么中午食堂阿姨给我打饭的时候手抖了一下?

如何提升自己的阅读速度?

2024 年美国总统大选谁会获得胜利?

标准 2:是否是可以争论的?

案例:

世界上一共有多少个国家?

三天不吃饭人会不会饿?

就当前的发展趋势来看,金融与计算机相比,未来哪个专业收入增长速度会更快?

在北京、上海和深圳三座城市中,哪一座城市的平均房价会在 2023 年实现最大涨幅?

标准 3:范围大小是否合适?

案例:今年全球多国通货膨胀的原因是什么?

美国劳工部公布的数据显示,10 月份美国消费者物价指数(CPI)同比增长 7.7%,近 7 个月来首次低于 8%,通货膨胀初步得到一定的缓解,造成这种偏差的原因可能是什么?

标准 4:在当下的时空中,该项研究是否有可行性?

案例:

如果某人穿越到荆轲刺秦王的现场,能否帮助荆轲取得成功?

"给我一个支点,我能撬起整个地球"是不是真的可以实现?

标准 5:是关于事实的还是关于观念的?

案例:

当前印度富人与穷人之间的差距是否过大?

当前印度居民的收入差距是否达到了国际通行的收入差距警戒线?

③ 教师讲授关于研究问题的质量的内容:

探索性问题(应该研究什么问题)

描述性问题(如何描述这个问题)

解释性问题(如何解释这个问题)

并进行举例分析：

外星人吃豆腐脑吗？（探索性）

外星人吃什么样的豆腐脑？（描述性）

外星人为什么爱吃辣的豆腐脑？（解释性）

④ 研究问题的来源：

兴趣、反常信息、文献材料、调查、数据、交流与讲座

活动意图说明：在本环节中，学生需要系统掌握优质问题的标准、基本类型与来源，并且在教师的引导下完成相应的练习。因为关于优质问题的相关理论本身是相对抽象的，所以在本环节中教师准备了大量的案例来帮助学生理解。与此同时，教师也准备了对应练习来检验学生对对应问题的掌握程度。

环节三：提出优质研究问题之实战篇

学生尝试根据素材提出一个有质量的问题，教师点评。

要求：以小组为单位，组内分工合作，每组负责一道练习，根据练习提供的材料提出一个问题，指出本组提出问题所属的类型，并按照优质问题的标准进行自查。

总结：

① 如何建构一个优质的研究问题

② 明确标准：重要性、可争论、范围合理、可行性、可衡量性

③ 明确类型：探索性、描述性和解释性

④ 明确来源：兴趣、反常信息、文献、数据、调查、活动

⑤ 申纪兰的故事：学术研究的意义

课后作业：

从过去一个月内新出现的事物中（含新闻、图片、视频等）选择一个素材，提出一个优质的研究问题，并指出研究问题的类型，按照优质问题的标准进行评判分析。

（8）课程诊断与改进

【课程诊断】

本课程选择了"学术研究如何选题"这一问题作为授课内容，课堂主题足够重要，将"了解优质研究问题的标准、类型与来源"和"初步掌握提出优质问题的能力"作为教学目标，从结果来看基本达成。整体课程设置从"犹太人大屠杀"

切入，向学生直观阐述优质研究问题的重要意义，接下来通过五组问题的对比清晰阐明了优质研究问题的标准，通过举例让学生理解了研究问题的基本类型，同步让学生了解到优质研究问题的来源，并在这一过程中讲练结合，教师有效跟进了学生的掌握情况。最后，授课教师通过小组合作的形式，引导学生根据既有的材料提出优质研究问题。从结果来看学生对本堂课授课内容掌握良好，达到预期的教学目标。教师在最后结合申纪兰的例子，对学术研究的意义进行了进一步的升华，本次课程整体上是成功的。

本课存在进一步优化的空间。学生的参与度有待进一步提高，从引入部分学生的回应程度可以看出，学生整体回应程度并不算高，整体课堂氛围还可以调动得更加活跃。虽然教学目标实现了整体有效达成，但教学过程可以给予学生更多参与表达的机会，比如在最后的提问环节，可以尝试由学生来进行点评和总结，进而让学生有更多思考和展示的空间，而不是由教师进行点评和总结。

【课程改进】

就引入部分来说，可以适度考虑更换成一个让学生更加感兴趣的案例，目前的大屠杀案例其实更适合大学的教学。就高中生来说，可能对于演艺、互联网平台、教育等相关的话题更感兴趣，替代方案可以考虑明星违法案件相关的议题，结合当前已有的研究引导学生去思考为什么会出现明星违法案件，从而启发学生对于学术研究的兴趣。

除此之外，在授课过程中，可以考虑适当增加一些图片与视频，并且将问题更换成与学生生活更加贴近的部分，目前的课程中涉及的房地产、通货膨胀、俄罗斯和乌克兰危机相关内容可能距离学生的生活相对远，而像贫富差距、教育公平、性别等话题则距离学生相对近。在这些方面，如果能够实现学术性、趣味性与政治正确之间的平衡，课堂的整体讨论氛围和学生参与度会更好。

就练习部分来说，可以适当增加练习的难度，比如在判断研究问题质量的部分，可以对顺序进行调换，并且将研究问题所存在的问题隐藏起来，从而让整体的习题与学生实际可能会出现的问题联系起来；在对研究类型判断的部分，可以适当引入部分判断题（或者研究场景），来加深学生的印象，比如提供一个关于特定省份彩礼问题的案例，让学生来尝试提出描述性问题和解释性问题。

在最后的大练习中，提供给学生的材料背景可以更加丰富，甚至可以考虑给每一组提供综合性的材料，比如第一组分析的主题就是人口问题，给他们提供图表、文字、数据相关的综合材料;第二组分析的主题就是改革开放 40 年的变迁,除了深圳之外,还可以提供与人们衣食住行相关的一些素材;第三组分析的主题可以是资源型国家的高福利困局,除了卡塔尔之外还可以提供类似于瑙鲁这种国家的案例,并且提供一些这种国家潜在的问题;第四组可以全面关注收入增长的问题,除了人均可支配收入的增加,还可以加入一些具体的变化。总之,在最后一个板块可以给学生更多发挥的空间。

最后,可以从课堂整体的设置上去给学生更多参与的机会,比如在引入、优质标准判断部分,直接点学生来做相对准确和直接的回答,在最后的大练习部分,给学生相互评价的机会,将教师点评仅仅作为补充,而在最后的总结部分,可以引导学生来完成课堂总结。除此之外,最后的总结案例可以调整为与学生生活联系更加紧密的案例,比如袁隆平的案例等,以此来让学生更好地接受和理解本堂课所学内容的意义。

## 第四节　艺术高中特色课程的实施与改进

### 一、国家课程的实施与改进

#### (一) 国家课程校本化实施总体情况

在国家课程校本化实施探索过程中,海亮艺术中学坚持以国家课程标准为依据,确保国家课程实施的规范化、科学化,同时积极探索各学科特质与美育教学的共性所在。根据学生个性发展和艺术考试需要,对国家教材进行合理的整合,在教材的重点和难点上进行有效的区分,并高效地实施。在实施国家课程时,合理体现艺术素养,以艺术形式为载体,激发学科核心素养在教学实施中的体现。通过微型课程、学习单位、相对独立的教育事件的设置,让学生经历完整的学习过程,在教学目标、教学内容、教学方式及评价方式等多条路径均充分考虑美育元素与学科核心素养的结合,实现建构性学习。同时,将素养目标、结构化知识、用任务组织知识学习的进阶、介入真实情境、嵌入式评价整合在一起,将当下的知识学习与未来在真实情境中的应用链接起来,帮助学生感受到知识学习的意义,提升学习力,实现深度学习。课程实施指向学科核心素养,如语文学科注重语文活动,思想政治学科注重辨析学习,历史学科注重史料实证,地理学科注重地理实践,信息技术学科注重设计学习、项目学习等。

（二）国家课程校本化实施案例

以高中语文必修上册第一单元群文阅读为例。

1. 凸显艺术生专长,丰富学习目标

统编高中语文必修上册第一单元属于"文学阅读与写作"学习任务群,进行单元教学设计时,首先要明确单元人文主题"青春的价值"的学习价值。人生价值是每个人在不同生命时期或多或少都会思考、也应该思考的问题。

教材对本单元学习目标有多个方面的要求:一是价值观念方面的学习目标,即单元导语中"学习本单元,可从'青春的价值'角度思考作品的意蕴,并结合自己的体验,敞开心扉,追寻理想,拥抱未来";二是关键能力方面的目标,如"要理解诗歌运用意象抒发感情的手法""学习从语言、形象、情感等不同角度欣赏作品,获得审美体验""尝试写作诗歌"等。设计本单元教学要将两方面的目标融合,围绕人文主题"青春的价值"设计单元学习核心任务。对于诗歌、小说,学生在小学初中都有一定的积累。鉴赏诗文的方法,如知人论世、意象、意境、格律、修辞等,学生也有接触。但是高中阶段在阅读面和深度上需要有突破,要能透过诗文群,理解作者的审美情趣和价值追求,能根据自己的个性特点,激发青春激情,体现时代担当。

如果只从语文角度、只在课堂内开展语文教学,不容易完全激发学生兴趣和促进全面素养的培养,应该跨学科进行学科融合,构建大概念教学。考虑到本校为艺术学校,学习目标的制定可以结合艺术生专长,在把握诗歌、小说文体基本特征,掌握诗歌、小说的常用鉴赏方法,感受不同作者在不同时代的正确价值追求的基础上,还要求学生能够掌握诗歌朗诵、剧本改编、表演、拍摄及后期的必备知识和基本方法,充分发挥艺术生的优势,更好地理解课本。诗词朗诵,台词与对白,配乐与演奏,宣传设计,拍摄与后期这些大概念知识,主要指向传媒、音乐、美术专业,有利于学生核心素养的全面养成。以项目活动贯穿,打破文化课和专业课的藩篱,把朗诵、话剧搬上舞台,还可以把表演视频用公众号推送传播。

2. 以目标为导向,设计学习任务

本单元的五首诗歌和两篇小说,虽然创作于不同历史时期,但都是对青春的吟唱。作者或感时忧国、抒发情怀，或感悟人生、思考未来。通过本单元的学习，学生可以体验到各具特色的文学表达，点燃澎湃的青春激情。

作为艺术学校，可以充分利用本校资源，打破课堂和生活的隔阂，用任务驱动，让学生在具体的项目化学习中掌握必备知识和学科素养，发展职业技能，点燃青春激情，形成个性化的学习成果。

实施跨学科的大概念教学有利于在国家课程校本化的实践中充分发挥艺术生的特长优势，在培养其基本文化素养的基础上，提升其审美感知、艺术表现、创意实践、文化理解的四方面核心素养，并将情感、态度、价值观内化。

本单元教学，教师设置了两个主任务：诗词朗诵会和青春微电影拍摄。诗词朗诵会任务包含诗词鉴赏、诗歌创作、诗集编选、插图创作、配背景音乐、诗歌朗诵、乐器演奏、主持人海选、串台词撰写、海报设计等。青春微电影拍摄任务则包括小说鉴赏、剧本立项、人物小传、剧本编写、演员海选、拍摄及后期制作等。

为了完成项目，学校跨学科整合教师资源，成立项目组。语文老师负责文学鉴赏、短评撰写、文学创作、诗集编选等方面的指导；音乐老师负责背景音乐选择、曲目训练及乐器表演等方面的指导；播音主持及台词老师负责主持人及演员海选、台词训练、前期拍摄和后期制作等方面的指导；美术老师负责文学作品插图、宣传海报设计等方面的指导。

文化课侧重诗歌、小说的鉴赏与创作，让学生掌握鉴赏和创作诗歌的基本方法，并能创作青春主题的诗歌和撰写文学短评。专业老师侧重专业知识的讲授和技能的训练。项目采用课上和课下两种方式进行，课上重知识和技能训练，课下重项目的推进、协调。

在项目推进过程中，强调评价标准的制定和完善，能让学生根据标准评价和改进学习，提高学习效率。学生作品形式要多样化、个性化，体现选择性，让学生根据自己的特长提交不同的学习成果，如创作的诗歌、剧本、串台词、插图、海报、视频等。

3. 立足学生实际，开展教学设计

本单元教学设计围绕核心任务组织四个学习环节，其中共有七个学习任务，引导学生建构结构化的学习经验。借助典范的学习资源与持续的学习评价，在阅读与鉴赏、表达与交流、梳理与探究等语文实践活动中发展更好的语言品质,提升精神境界。本设计只是一种设想,任务偏多,实际教学中需要删改,此外,教学实际中还要留给学生自主学习的时间。

这四个学习环节分别是:我是怎样的青年,回顾成长历程,认识自己;他们是怎样的青年,感受不同时代年轻人的价值追求;我可以成为怎样的青年,做编剧,青春担当;阅读诗文,理解"他们"与世界的关系,感受不一样的青春价值。

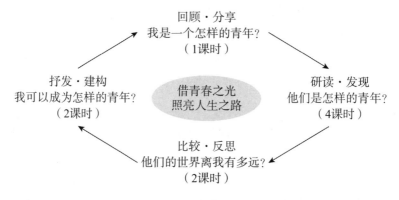

图3-3 四个学习环节之间的关联

4. 效果与反思

(1) 聚焦课标,深化学科核心素养培养

高中语文新课标将传统的三维目标升级为四维核心素养,旨在实现全面育人,新课标与新教材的编撰体现出国家意志,对培养学生的多方面能力提出了较高的要求。此课程遵循新课标、新教材的任务要求,用项目立项、写人物小传、改编剧本任务驱动,让学生对小说的艺术和思想价值、人物形象塑造和文体特征有了深度的思考。

a. 语言建构与运用

本课程方案立足小说的文本特征和艺术表现方法,让学生充分感知小说的三要素、小说的行文结构,理解字词句的深刻含义,从而提升语言学习和运用的能力。

b. 思维发展与提升

四个任务的设置让学生们循序渐进地经历了认识自己、感受角色、树立理想、理解世界的思考过程,从自我到世界,再从世界到自我,实现思维的发展,更加明确自我的价值。

　　c. 审美鉴赏与创造

　　该课程设计充分结合艺术生的特点,引导学生从诗歌朗诵、编剧的角度,发挥个人特长,提升审美鉴赏与创造能力。该课程在两篇小说的学习中加入了编剧任务,引导学生学习剧本立项、写人物小传和改编剧本的方法,让学生掌握编剧的基本知识,实现了从学教材到解决现实问题的转变,学习方式实现了新突破。

　　d. 文化传承与理解

　　通过对不同时代背景的诗歌、小说的学习,促进学生对于中华传统文化的认识,使学生更能够理解“青春”在不同时代背景下的特定含义,以此达到理解作者、理解传统文化、积极弘扬优秀传统文化的追求。

　　(2) 美美与共,落实培养艺术素养

　　艺术类学校,在落实语文学科核心素养规定的目标外,还要完成专业的学习任务。此课程设计旨在探索跨学科教学实践。翻拍青春片,涉及文学、影视方面的专业知识,对于艺术生而言也是挑战,学科核心素养和艺术素养两方面的知识缺一不可。尝试做编剧,考虑立项、写人物小传、改编剧本,能很好地融合不同学科的知识,实现大概念教学,有利于全面提升学生的素养。对学生的素养培养更有针对性。

　　a. 朗诵育情,熏陶艺术素养

　　引导学生进行语文单元的诗歌朗诵,有利于艺术生陶冶情操,充分感受诗歌艺术的魅力,培育良好的道德情操和表现能力。

　　b. 编剧育心,历练艺术修养

　　引导学生进行剧本立项、写作人物小传和改编剧本,有利于艺术生较早地接触艺术创作实践,磨炼心性,从而培养导演、编剧所应该具备的基础本领。

　　c. 表演育德,提升审美感受

　　引导学生进行话剧表演,有利于艺术生在表演实践中释放情绪、净化心灵,提升道德素养和审美感受,真正以实践育人。

　　(3) 守正创新,任务推进单元教学

　　教材是学习的材料,是开展学习的资源前提。本单元的大单元教学主题是“青春”,两篇小说按照群文教学的方式编排,统一在“青春”和“小说”主题之下。因此,开展教学要立足小说体裁和青春主题的共性,进行比较鉴赏,另外要品味出不同作家在不同时代的艺术追求和价值取向。同样内容的教学,需要根据校情、学情进行适当调整。

大单元教学需要对以下六个问题进行回答:单元名称和课时、单元目标、评价任务、学习过程、作业检测、学后反思。本课程设计旨在贴近大单元教学目标规范,规定了单元课时,确立了单元目标;在任务设计、学习过程方面也充分结合了艺术生的特长与培养方向;在作业检测和学后反思方面也体现出了美育要求。尤其是四个任务的设定(我是怎样的青年、他们是怎样的青年、我可以成为怎样的青年、理解"他们"与世界的关系)明确体现了大单元教学任务。指向语文学科核心素养的大单元设计是语文学科落实立德树人这一教育的根本任务、发展素质教育、深化课程改革的必然要求,同时也是学科核心素养落地的关键路径。

基于上述内容,总结、归纳经验如下:本国家课程校本化案例将语文学科核心素养和艺术生艺术素养相结合,从课程的实践来看,体现了语文学科本位,对于艺术学校来说,这是学科融合的进一步深度实践。有了不同学科参与,对认领不同任务的学生来说会有更大的收获,他们会在知识、技能方面实现新的突破,而且会在课堂生态上,引起更大的变革。

项目组通过总结反思认为,课程方案可以改进的内容如下:

a. 采用群文联读的方式。教材的编排是按照群文的方式呈现的,因此应改变单篇课文教学的方式,将两篇文章进行联读,聚焦于小说不同的思想价值和艺术特色。采用联读的方式,有利于提高学生鉴赏小说的能力,有利于知识体系的构建。

b. 采用项目式学习,打破传统的课堂模式。采用项目式学习,关注现实和教材,让学生从编剧角度思考、分析问题。以项目立项、写人物小传、改编剧本的任务驱动,容易激发学生的学习兴趣,对学生尤其是传媒专业学生的职业规划也是很有益的。该课程能够让学生用"具体—抽象—具体"的方式进行学习。此外,应关注学生的学习成果,尤其是人物小传和剧本改编。

c. 支架支持。为了帮助学生完成任务,提供了编剧常识资料。在提供的支架中,对人物分析简表做了内容调整,见下表:

表 3－6 人物分析简表

| 姓名 | | 身份 | | 年龄 | |
|---|---|---|---|---|---|
| 外在形象 | | | | | |
| 内在性格 | | | | | |
| 人物关系 | | | | | |
| 成长背景 | | | | | |
| 行动与挑战 | | | | | |
| 结局 | | | | | |

该分析表没有沿袭传统梳理方式，而是考虑跨媒介叙事共性因素，如行动与挑战，没有用意图、动机等抽象概念。这些要素是小说情节和影视情节发展的内在动力，是叙事学的关键要素。另外，通过对外在形象、内在性格、人物关系等要素的梳理，学生容易发现小说和剧本的不同。这样的梳理能够让学生深度把握不同体裁的艺术特征，发现不同体裁的表现优势。

d. 跨学科支持。为了提供人物小传、剧本编写样本，执教老师特意请教了传媒老师，在传媒老师的帮助下完成了示例。示例有利于学生模仿，加上编剧常识的支撑，任务完成得就比较轻松。

e. 改进评价方式。引入人物小传、剧本评价标准，让学生依据标准进行评价，发现优点和不足，改进学习。

## 二、校本课程的实施与改进

### （一）校本课程实施总体情况

海亮艺术中学对校本课程实行了系统的管理，对课程的立项、开发、实施、评价等过程采取闭环式管理的方式，并出台了与之相配套的制度方案以保障课程的顺利开展。教研组积极探索以美育为内核的校本课程的研发思路，包括校本教材的研发、教学大纲的制定、课程的安排与课时的设置等，不断创新教育教学模式，为校本课程体系化建设提供了原动力。教师在校本课程的实施过程中，充分考虑教学过程的审美性、学生的表现性以及教学内容的创新性，注重对学生感知能力、审美能力和共情能力的培养。此外，校本课程赋予了学生艺术知识以及艺术技能，为学生多途径升学提供了强大的课程支持。另外，校本课程的实施增强了学校的艺术氛围,促进了知识共享氛围的形成,体现出学校文化多样性的特色。

(二)校本课程实施案例

为了培养学生的专业素养,同时落实大单元教学任务,学校开发了一门校本课程"视唱与听音"。该课程的设计体现了对学生专业素养培育的重视,以自编谱例锻炼学生的创作能力。课程整体设计贴合专业课教学目标,同时设计了完善的评价体系来检验学生的学习情况。

从教学目标来看,校本课程"视唱与听音"中的"经过辅助变音"章节属于音乐艺术课程中的基础课程,教学中应培养学生的音乐专业基础素养与技能,使学生习得一定的音乐鉴赏能力、音乐感知能力。通过"视唱与听音"的学习,学生能够更快更好地认识五线谱及简谱,锻炼对音乐的感知、记忆、视唱、视奏等能力,达到联考和校考视唱水平的要求,顺利通过高考专业考试。

从学习内容来看,"视唱与听音"分为二十一课,主要安排组织各种谱号的识谱、各类基础节奏型的学习。节奏、音程度数、变化音、调号这四个关键因素是学生在学习"视唱与听音"时需要掌握的重点知识,每课每章节需要在教师的引导下采取自编谱例的方式,结合特定的实际视唱谱例,以求及时对所学内容加以练习和巩固。该课程在学习内容的设计方面体现了以学生为主体的教学过程。

从教学评价来看,该课程的评价体现了学生在评价中的主体性地位。首先,实施学生自评有助于提高学生的自信心和学习效率;其次,形成性评价综合了学生的平时成绩、考试成绩以及学习态度等,给出全面的评价;再次,诊断性评价能够让每位学生在多位教师的"会诊"下,分析自己在校本课程学习过程中的优势与劣势;另外,量表的设计也体现了科学性。

再以音乐理论课程"视唱与听音"中经过辅助变音章节为例:

1. 结合专业课堂,了解单元学情

校本课程"视唱与听音"中的"经过辅助变音"章节属于音乐艺术课程中的基础课程,教师在教学中应培养学生的音乐专业基础素养、基础技能,使学生习得一定的音乐鉴赏能力、音乐感知能力。其中,经过音、辅助音作为视唱与听音中变化音的一种表现形式,是大多音乐作品、音乐素材,乃至音乐创作中经常出现的一种特征性变化音,也是学生在演唱、演奏、赏析音乐作品以及谱例时经常会遇见的一种旋律进行方式。教学中需要将其作为一种单旋律创作手法来体现,让学生感受其装饰旋律表现半音化的韵律之美,体会旋律中婉转抒情的情感特点和多变的发展形式。通过该单元学习,让学生接触到半音化体系和多调性音乐,是学生学习从单一调性过渡到多调性旋律,从而更深层、更多元地、更专业地体会和感知音乐之美的关键所在。

如只从音乐理论角度展开相应教学,必定造成课堂形式单一、课堂内容生硬、学生学习兴趣不高等问题,考虑到学生专业所长及多向发展,跨学科和专业进行教学。在创编视唱和听辨谱例,供学生在课堂通过视唱亲身感受变音技巧的同时,还可以结合声乐器乐学习中的谱例用作讲解,以对著名音乐作品的赏析作为学习的途径,激发学生的学习兴趣和积极性,在提升学生音乐感知能力的同时让学生理解音乐中变化音的音律之美。

本单元学习首要明确以"经过辅助式变化音"的视唱听写辨认及赏析为主要技能学习内容,此外可以从多个角度以"体会经过辅助式变音的韵律之美"为人文主题,引发学生多角度思考,培养发散性思维,理解经过辅助式变音在音乐作品中抒发情感的方式,思考多种形式的变化音在作品旋律中体现的情感有何不同,并将不同的音乐情绪作对比,感受音乐共情性,深度赏析经过辅助变音的旋律性,最终以达成相关内容的音乐技能、音乐审美和音乐感知能力提升为主要目的,进行结合实际的教学。

在本单元的学习中首先通过理论讲解,原创谱例对照和音乐作品带入、赏析等多元化、创新式的教学方式,让学生掌握经过辅助变音的乐理概念、出现形式、表现方式,并对其产生一定的兴趣,形成基本的了解。其次,让学生尝试体会用何种方法可以完美体现经过辅助变音的音准,表达相应的韵律和音乐情绪,并与各类节奏和实际音乐作品相结合,进行演唱、演奏和创作的实践。同时还可以将相关内容的音乐创作布置为作业,以经过辅助变音为关键创作手法鼓励学生进行音乐创作,并将编创的旋律进一步编配为声乐器乐独奏重奏作品。将学生的创作搬上舞台,让学生切实感受不同形式变音带来的不同音乐情绪。以分小组的形式进行内容创作,老师从作曲创作思维角度对学生作品进行专业方向意见指导,以此运用灵活多变的形式调动学生的主观能动性,展现课堂多元性,激发学生学习热情,使其真正理解音乐的丰富性、多元性,理解音乐情绪表达的多样性,并且真正做到音乐各学科的相互融会,从而进一步从音乐创作技巧、音乐赏析水平、演唱演奏水平等层面提高学生的音乐审美和音乐感知能力。

2. 推进落实校本课程,叙写大单元目标

(1) 拓展理论知识,搭建框架基础

首先,在音乐理论知识层面,教学的目标在于通过经过辅助变音的学习,让学生能够对变化音在音乐中的体现形式有一个基本认知,在乐理概念上先形成基础的理解,形成基础的理论知识框架,其次结合各类节奏,各类上下行旋律进行,能够在视唱和听音中实践。结合学校办学课程特色,打破书本限制,借用音乐作品和专业舞台体现的形式开展理论学习,结合作品演奏和舞台表演的具现化形式来展示理论成果,让学生亲身体会和感受音乐理论的起源,辐射学生的理论学习,并让学生学会自我归纳、自我总结,提升以艺术思维主导的自主学习意识,强化学习成果,提升学习效率,同时极大地鼓舞学生学习的积极性,一改学生认为音乐理论枯燥乏味的第一印象,使得学生对学习音乐知识以及音乐艺术之美产生浓厚的兴趣。

(2) 提高专业技能,培养音乐素养

在对于声乐、器乐等其他音乐学科的学习方面,应梳理、衔接相应经过辅助变化音内容,做到跨学科内容重组,相互促进,让学生在理论知识得到扩充的基础上将理论用于实践。教师可以让学生思考、回忆所学声乐器乐作品之中运用了经过辅助式变音的旋律片段,并从理论分析和音乐赏析角度,对自己所学过的作品的旋律组成、旋律的发展、加变音装饰后与主题动机之间的关联,作曲家运用了何种经过辅助音,所表达了何种情绪以及作品创作时期背景等方面进行分析,更深层解读作品,从而得以让学生从更专业的角度提升音乐审美高度,让音乐赏析更有层次,更具底蕴,同时为学生对声乐器乐作品的赏析和练习起到一定辅助提升作用。

(3) 增强艺术审美,深化艺术感知

最后,在理论知识铺垫和专业技能提升的基础上,让学生进一步理解音乐情感和情绪的表现,让学生独立创作与经过辅助音相关的单旋律,表达、抒发个人情感,与调式调性结合体现音乐情绪,进一步以感知的形式从创作中去体会,并演唱、演奏自己的旋律片段,加固声乐器乐演唱演奏技能,达到视唱与听音乐理等理论课程和声乐器乐课程相辅相成的效果,以此提高音乐基础素养和音乐艺术审美技能,从而进一步对音乐艺术创作技巧中的"美"形成一定感知能力、共情能力和理解能力,最终达到以音乐课堂为载体的"美育"教学。

3. 统筹规划,构建教学方案层级

本校本课程结合了学校的办学特色和学生实际情况以及本地人文环境、学校设备条件等因素。进行了教育资源的合理分配,自主研发了系统的教学大纲,并科学地规划课时课程。在指导学生对辅助式变音学习的过程中,充分考虑学生学习阶段情况,结合课堂理论与舞台实践,科学、合理地安排和规划课程课时。

本单元在音乐理论知识层面上有三个章节的学习内容,从入门的了解和基础的练习,到进阶的提升,都是在为之后的教学做衔接,最后再让学生接触到半音化音乐多调性音乐体系,达到提升专业技能和音乐审美的效果。教学过程的安排具有严密的布置和分层,让学生一步步深层次体会此类音乐结构的风格特点和情感特点。尤为重要的是,经过音和辅助音的学习虽属于技能类理论知识的学习,但并不与音乐实践、音乐情感、音乐背景脱钩,理论最终要用到实践中去。在练习经过音辅助音的过程中,教师必须提示学生不要将所有注意力放在和弦外音上,而是要将音乐片段作为整体,去感悟和体会音乐中情绪风格的细微变化,做到音乐感知能力的提升。在例题中,老师引导学生将经过辅助变音与各类节奏相互组合,发挥学生的创作意识,同时用节奏的韵律带动学生的学习情绪,烘托课堂音乐氛围,让学生在学习经过辅助变音的同时感知音乐节奏的韵律之美。在这种组合中,学生往往能够找到更多音乐性的东西,相对于枯燥乏味的书本知识,这种实践中的知识更容易体会和理解。

在教学中还需要结合学生实际情况,采用大班制和小组课结合的教学方法。在大班课上理论与实践结合,首先讲解变音、辅助变音概念,让学生对基础有了解;其次进行简单练习,逐步加大练习难度。练习的例题素材全部结合学生实际情况自编,具有原创性。小组课则针对个人问题辅助学生进一步理解和练习,并安排学生分组开展相关内容的音乐创作,给予舞台展示的机会,让学生融汇音乐各科目,进一步体会此类音乐的情绪及其特点。与此同时,还需要将视唱听音与乐理的内容相关联,与音乐专业曲目相关联,在视唱练习后对听音加入同样内容进行练习和强化,相互联系,达到课堂的统筹规划,形成视唱与听音科目内部课程内容的闭环联系,规避课堂内容孤立的问题,建立系统化课堂机制以增强课堂音乐氛围。此外,还可以结合声乐器乐同类重点问题,与声乐器乐老师多进行专业上的沟通交流,可适时邀请声乐器乐老师走进视唱与听音课堂,对单元内容进行多角度多方位的解读和教学,创新课堂形式,让学生体会音乐课堂的丰富性,感受音乐形式的多元性,领悟音乐课堂的艺术性。教学时需要灵活运用 PPT 以及钢琴带唱等形式,丰富课堂形式和内容,加快学习进度。

在评价方式方面,应以激发学生对音乐艺术的兴趣,开发学生的艺术特长,从而提升艺术感知能力、艺术审美能力为主要目的,同时发现学生的不足并加以指导,调整课本内容和课堂教学实践。将课堂表现、课堂活动参与度、课后创作创新度、完成度作为主要参评依据,其余对于变化音视唱音准即听音的考核以例题形式对学生进行问题排查。此外,学生从初步接触视唱中的变化音,到可以独立地视唱带有经过辅助式变化音的各类较复杂视唱条目,从随堂的例题练习,到课后的作业布置检查,形成体系化的评价。科学合理地做好课堂和课外的衔接、教学和评价的衔接,并对完成视唱作业和例题突出的学生进行表扬和激励,激发学生的学习动力,最终体现评价机制的闭环性、诊断性、表现性和激励性。

本课程贴合初步接触音乐专业理论的学生的学习程度,建立对艺术专业课的基本感知,承接了前期基本识谱、节拍、节奏等基础的视唱练习,为引导进入半音化体系教学以及为后期的多调式音乐的赏析,提升专业技能专业素养、审美能力等作了良好的铺垫,让学生初次接触此类型音乐时就形成全面的系统的感知和体会,起到了重要的过渡作用和铺垫作用,适合本校学生的阶段性学习,也切合本校学生实际情况,符合专业发展与培养方向,为三年的高中学习打下基础,具有科学性、合理性、实用性、实践性、前瞻性和连续性。

4. 建立师生联系,引入协商式评价办法

教学过程中充分结合实际,帮助学生发挥主观能动性,从学生角度出发思考问题,如结合日常生活中流行的音乐作品,现场利用钢琴或电子音乐元素即兴创作等,鼓励学生加入创作活动,与学生问答互动等。关注学生心理、情感方面的切身感受,以教材为载体,以丰富多元的形式,结合课堂,真正使学生的艺术兴趣、艺术技能、艺术素养得到全方位提升。

学生应重点理解经过辅助变音的学习重点和学习方法。教师应引导学生主动去感知和体会。教师可带领初学者运用滑音的方式,从基本音往上往下滑音。可运用情境教学,让学生利用二胡、琵琶、小提琴等弦乐器进行课堂展示、解析,结合弦乐器的滑音,模仿本单元音乐形式的音响感觉、音响效果,以此更加具象化地展示和体会半音化音乐形式的产生和由来,感受半音化的音乐感觉、音乐韵律、音乐情绪的美感,提升初步的音高感知能力,培养音高感和音高记忆能力等相关的音乐基础素养和技能。此外还可以结合一些音频进行教学,运用多媒体课件展示更加丰富的经过辅助音体现形式,丰富课堂形式。

对于音乐感知能力偏弱的学生,要帮助其建立其音高感,要激发学生的兴趣、乐感。老师与学生通过协商的方式了解并明确学习目的,提高学生的课堂积极性和学习效率,从而使学生更进一步理解音乐中的各类基本组成元素,提高音乐感知力。

5. 明确目标导向,细化活动设计与拓展

教学活动设计是将校本课程落实到课堂的重要环节。活动设计应着重考虑学生和教师双方的任务,以学生为课堂主体。在本单元内容的学习中,应从理论知识角度让学生接触变化半音的各类形式,再用多元化的活动将学生引入课堂,最终达到提升音乐素养、音乐审美和音乐感知的目的。

首先,教师通过理论知识讲解、声乐器乐作品展示,使学生学习乐理相关知识,了解分类与学习步骤、学习方法,并提出大单元框架、相关基本乐理问题;通过理论基础的填充扩充音乐常识,拓宽眼界,为提高学生的音乐鉴赏能力、音乐艺术理解能力,提供理论课程的知识储备支持。

其次,教师运用钢琴和自编例题,带领学生练习经过辅助音,通过带有创作性、发散性的练习,让学生体会音乐旋律进行中半音化的美感,从而提升音乐审美感知,体会音乐进行的多元性。

最后,教师在课后让学生自选一首带有经过辅助式变音的音乐作品进行赏析,指出经过辅助变音的出现位置和形式(培养音乐赏析能力、音乐感知能力),并尝试自编一条带有经过辅助变音的视唱旋律(培养音乐艺术创作能力,创新思维)。

为完成项目任务,达成教学目标,教学中应整合相关教学资源,课前对教学的具体内容、具体步骤通过教研会议进行探讨,并邀请其他音乐专业的教师对演唱演奏进行指导,提出建议,如声乐老师负责指导学生变化音的演唱方式方法,器乐老师给学生讲解弦乐器滑音的形成和技巧,结合对视唱与听音课堂理论知识的填补和扩充,使其专业技能得到全方位的提升,为学生进一步多方位发展提供课程支持。

综上所述,经过辅助半音是多调性音乐的启蒙,是音乐旋律赏析和感知在技能层面的基础。在课堂中突出体现以鼓励、激励为主的评价,调动学生的学习积极性,为学生接触多调式音乐作铺垫,让学生获得更多艺术知识和技能的储备,为学生多样化升学提供课程支持。在价值观念培养方面,充分强调艺术审美的重要性、必要性,强调视唱与听音是一切音乐学科内容学习的基础,是培养音乐审美、音乐感知能力的前提,使学生形成正确的学习观念和学习态度,了解适合的学习方法,并对音乐艺术产生兴趣,学习运用音乐倾诉、抒发情感,也给美育课堂注入了新鲜的活力。

6. 效果与反思

本课程方案的设计符合整体课程目标和要求,以奠定音乐基础素养,培养乐感乐思、表达能力、赏析能力、听辨能力为主要目标,使学生具有对音乐的感知能力、欣赏能力、表达能力、见解能力和记忆能力,对于其在音乐道路上的长期发展具有重要的作用和影响力。

课程设计具有一定科学性、合理性,教师在教学前做较充分的准备,以 PPT 和视唱例题为主要教学方式进行课堂教学,以课堂作业练习和课后作业练习作为检验和评价的标准,例题具有专业性。练习和课程教学过程有总目录、标题和每小部分的教学目标,由简至繁循序渐进,符合教学规律。

在可改进的环节方面,教师可以更加注重课堂内容的精细化,缩减每课时的教学内容,照顾到大班制教学不同学生的学习进度。与此同时可以增加更多的音乐赏析体验元素,如加入带有本章节经过辅助式内容的歌曲,可以是流行歌曲或合唱作品等音乐作品的五线谱视唱练习,用大家耳熟能详的音乐作品导入学习,更加生动地体现课堂强调的重调,激发学生的学习兴趣,也能在一定程度上提高学生的音乐赏析能力、听辨能力等综合音乐素养,体现课堂的综合性与拓展性。

另外,教师还可以结合更多半音化的知识点,帮助学生开阔眼界,在教材的基础上进一步提升视唱与听音乐理专业能力。

# 第四章

# 分类办学与特色课程
# 建设的评价与成效

《普通高中学校办学质量评价指南》指出要以评促建,这对改进学校管理、促进学校有效地开展创建特色的实践活动具有重要意义。在分类办学的建设过程中,集团对于各校的评价考核要求进行了调整,新的要求更强调各校在分类办学过程所取得的成效能否满足国家要求、社会需求和学生需要,能否体现出分类特色,又是否能够将影响辐射到更大范围,促进乡村教育振兴。而各校在集团的总体布局下,也都以国家关于高中教育的整体安排为基础,结合各自差异化的办学目标和教学实际,提出和改进了教育评价体系。总结分类办学正式实践以来的教育成效,可以看到四所学校都在很大程度上达成了自身定位的要求,实现了预定目标。

# 第一节 集团与学校的评价机制

## 一、集团分类办学评价

海亮教育对各校的分类办学评价采用了当下主流的评价模型——CIPP 评价模型。CIPP 评价模型又称为决策导向或改良导向评价模型,是美国著名教育评价专家斯塔弗尔比姆于 1967 年在对泰勒的目标评价模式进行反思的基础上提出来的。该模型由背景(Context)、输入(Input)、过程(Process)和结果(Product)四个评价环节构成。CIPP 评价模型通过其全程性、过程性、反馈性等特点,能够使教育评价作为改进教育活动、提高教育效果的工具。

背景评价主要包括对了解项目相关环境、分析教育项目真实需求、诊断项目特殊问题、确定教育项目具体目标等所做的评价,其中,分析教育项目真实需求和确定教育项目具体目标为首要任务。输入评价是在背景评价的基础上,对方案的可行性和效用性进行判断,即对收集项目资源保障信息、考察教育项目已有资源、明确有效利用现有资源达到目标的具体方法、各备选方案的相对优点以及预算资金满足需要的程度等所做的评价。教育项目能否真实有效实施,过程评价至关重要,过程评价需要发现教育项目运行过程中可能导致失败的潜在因素,找到排除相关因素的方案,观察并分析在项目运行过程中实际开展及保障运行的情况,判断实施情况与项目目标之间存在的差距。结果评价是对目标达到程度所做的评价,包括检测、判断、解释方案的成就,考察预期目标的实现程度,确认人们的需要满足程度等。

本研究借鉴 CIPP 这一教育评价模式的评价框架,在此基础上,结合浙江省对特色高中建设提出的十六方面考核要求,根据四所学校的实际情况做了一定修改完善。在此评价框架下,背景评价主要了解集团分类办学的主要信息,可获得的外界支持以及相应的办学方向、办学理念;输入评价主要了解资源输入要素的利用以及资源输入方式的选择;过程评价主要考察课程建设安排的合理度、课程程序落实的流畅度、课程实施调整的灵活度;成果评价主要考察课程成效、课程影响以及可持续发展性。海亮教育对各校分类办学的评价标准如表4-1所示:

表4-1 海亮教育普通高中分类办学的评价标准

| 一级指标 | 二级指标 | 三级指标 | 评价标准(请按照1—5分打分,其中1、3、5分标准如下) |
|---|---|---|---|
| 办学方向和理念(10%) | 办学方向 | 学校经过调研,充分掌握社会、教师、学生对于学校分类办学的发展需求 | 1分:没有开展过相应调研工作或对于分类办学的需求了解不清晰<br>3分:经过调研,对于分类办学的需求有较为清晰的了解<br>5分:经过调研,对于分类办学的需求有清晰的了解 |
| | | 学校能够根据调研需求,结合自身办学基础、办学资源、办学历史等明确分类方向 | 1分:没有关于总体目标和发展方向的设想或设想不合理或不可行<br>3分:对于学校的总体目标和发展方向的设想较为合理,具有一定可行性<br>5分:对于学校的总体目标和发展方向的设想合理,并经过可行性论证 |
| | 办学理念 | 学校办学思路清晰,有自身的办学理念 | 1分:对于自身的办学理念不明确<br>3分:对于自身的办学理念较为明确<br>5分:对于分类办学理念有清晰准确的了解 |

（续表）

| 一级<br>指标 | 二级<br>指标 | 三级<br>指标 | 评价标准（请按照 1—5 分打分，<br>其中 1、3、5 分标准如下） |
|---|---|---|---|
| 办学方<br>向和理<br>念(10%) | 办学<br>理念 | 学校能够根据分类办学定位，提出清晰和有特色的教育哲学 | 1分：没有对应的教育哲学或教育哲学不明确，无法彰显办学特色<br>3分：教育哲学较为明确，能够体现一定的办学特色<br>5分：教育哲学明确，办学特色彰显 |
| 办学资<br>源和规<br>划(20%) | 投入<br>要素 | 分类办学有充足的人力支持，包括教师队伍和管理队伍 | 1分：欠缺关于人力支持的考虑，或教师队伍、管理队伍无法保障建设需求<br>3分：教师队伍和管理队伍能够基本保障建设要求<br>5分：教师队伍和管理队伍人员充足，质量较高，且结构完整，能够支持学校的分类办学探索 |
| | | 分类办学有充足的资金支持 | 1分：欠缺关于资金保障的了解，或者资金无法保障建设需求<br>3分：资金能够基本保障建设要求<br>5分：资金充裕，能够支持学校的分类办学探索 |
| | | 分类办学有充足的资源支持，包括集团资源、社会资源、学校自身资源 | 1分：欠缺关于社会资源的考虑，或者可利用的社会资源无法保障建设需求<br>3分：可利用的社会资源能够基本保障建设要求<br>5分：充分利用社会资源，支持学校的分类办学探索 |
| | 投入<br>方式 | 教育教学改革的顶层设计符合分类办学需要 | 1分：欠缺关于教育教学改革的顶层设计，或设计与分类办学定位不契合<br>3分：顶层设计基本满足分类办学定位<br>5分：顶层设计能够满足分类办学定位 |

（续表）

| 一级<br>指标 | 二级<br>指标 | 三级<br>指标 | 评价标准(请按照1—5分打分,<br>其中1、3、5分标准如下) |
|---|---|---|---|
| 办学资<br>源和规<br>划(20%) | 投入<br>方式 | 组织建设的设计规划<br>符合分类办学需要 | 1分:欠缺关于组织建设的设计,或组织<br>建设无法满足分类办学基本要求<br>3分:组织建设基本满足分类办学要求<br>5分:组织建设能够有效满足分类办学<br>要求 |
| | | 管理制度的设计规划<br>符合分类办学需要 | 1分:欠缺关于管理制度的设计,或管理<br>制度不能满足分类办学基本要求<br>3分:管理制度能够适应分类办学基本<br>要求<br>5分:管理制度能够有效适应分类办学<br>要求 |
| 课程体<br>系设计<br>与实施<br>(30%) | 国家<br>课程 | 学校能够对于国家要<br>求的高中必修课程,进<br>行合理有效的校本化<br>设计与实施 | 评价标准:<br>(1) 总体性:教育教学总体安排是否满<br>足国家课程要求<br>(2) 特色性:国家课程校本化与分类办<br>学定位是否契合<br>(3) 多元性:国家课程能否回应不同层<br>次、不同兴趣学生的学习需求<br>(4) 质量要求:国家课程的教育教学<br>质量<br>1分:不符合以上标准<br>3分:基本符合以上标准<br>5分:十分符合以上标准 |
| | 校本<br>课程 | 学校能够通过设计与<br>实施校本化课程,实现<br>育人的个性化 | |
| | 特色<br>活动 | 学校能够利用各类资<br>源,设计各类特色活<br>动,实现学生特色化<br>发展 | |
| 学校组<br>织与管<br>理(20%) | 规范<br>办学 | 学校在分类办学过程<br>中依法合规,注重校风<br>和师德建设 | 评价标准:<br>(1) 合规性:招生环节和培养环节中没<br>有违反国家法律法规和相关政策的行为<br>(2) 规范性:教学行为是否规范,学校教<br>育教学是否平稳有序<br>(3) 示范性:学校管理是否以人为本,师<br>风师德建设是否取得成效<br>1分:不符合以上标准<br>3分:基本符合以上标准<br>5分:十分符合以上标准 |

（续表）

| 一级<br>指标 | 二级<br>指标 | 三级<br>指标 | 评价标准（请按照 1—5 分打分，<br>其中 1、3、5 分标准如下） |
|---|---|---|---|
| 学校组织与管理（20%） | 师资建设 | 学校师资队伍建设符合分类办学要求，教师的待遇及自身成长均得到了充分保障 | 评价标准：<br>（1）师资队伍建设是否分层分布有序进行，形成了适应自身定位的师资体系<br>（2）教师队伍待遇和培训是否落实，教师业务水平提升成效如何<br>（3）教师群体能否参与到分类办学课程和项目研究中，是否承担了相关课题任务<br>1 分：不符合以上标准<br>3 分：基本符合以上标准<br>5 分：十分符合以上标准 |
| | 质量保障 | 学校为分类办学和教育改革设置了质量保障体系，实现良好有序运行 | 评价标准：<br>（1）保障性：是否建立了保障教育教学质量的组织体系，并出台了相关制度，完善对于教育教学，特别是校本课程的审核机制以及质量监控机制<br>（2）激励性：是否有措施鼓励和保障课程开发<br>（3）研究性：教研氛围是否浓厚，课程开发能否实现多元化<br>1 分：不符合以上标准<br>3 分：基本符合以上标准<br>5 分：十分符合以上标准 |
| 办学绩效（20%） | 学生成长 | 学生实现了个人的全面发展，促进了自我个性的培育成长 | 评价标准：<br>（1）学生的思想品德发展情况<br>（2）学生学业表现，升学达标<br>（3）学生的身心发展和素质培育情况<br>（4）学生的兴趣培育和满足情况<br>1 分：不符合以上标准<br>3 分：基本符合以上标准<br>5 分：十分符合以上标准 |

（续表）

| 一级<br>指标 | 二级<br>指标 | 三级<br>指标 | 评价标准（请按照1—5分打分，<br>其中1、3、5分标准如下） |
|---|---|---|---|
| 办学绩<br>效（20%） | 学校<br>发展 | 学校的发展获得了师<br>生、家长的认可 | 评价标准：<br>（1）学校取得的各项奖励和荣誉<br>（2）师生满意度（满意度4.5分以上，即<br>为满意度高）<br>（3）家长满意度（满意度4.5分以上，即<br>为满意度高）<br>1分:不符合以上标准<br>3分:基本符合以上标准<br>5分:十分符合以上标准 |
| | 辐射<br>引领 | 学校对于分类办学的<br>探索实践具有可推广、<br>可迁移性，能对于乡村<br>振兴提供有益参考 | 评价标准：<br>（1）学校的课程建设和教育教学改革创<br>新特色的可迁移性、可复制性<br>（2）相关建设工作开展过程中，学校的<br>教育科研工作结果<br>（3）对于区域共建，特别是对于乡村振<br>兴和县域教育发展的提振作用<br>1分:不符合以上标准<br>3分:基本符合以上标准<br>5分:十分符合以上标准 |
| 请对学校分类办学进行评价（必填）： | | | |

## 二、各校分类办学评价

### （一）共性评价

共性评价是指各校都关注到了教学常规考核、教师专业发展模块，但在评价方式上采取了适应本校发展的路径。

1. 教学常规考核办法

（1）海亮高级中学

海亮高级中学设置了满分为8分的教学常规检查，每学期根据以下细则进行量化考核，计入教师学期考核。

① 备课

备课要求(总分 3 分):(1)清楚且符合进度的教案;(2)正确而具体的教学目标;(3)准确而恰当的重点难点;(4)规范而好用的板书设计;(5)有效而多样的教学方法;(6)组织相宜的教学步骤;(7)体会深刻的教学反思;(8)体现集中备课。

教研组长或备课组长按照学科人数的比例进行赋分,标准如下:(1)2.8—3分:占备课组总人数 30%;(2)2.5—2.7 分:占备课组总人数 30%;(3)2—2.4 分:占备课组总人数 40%。

② 作业批改

作业批改要求(总分 3 分):(1)作业批改要及时,认真做到全批全改;(2)教师一律用红笔批改作业,批改符号要清晰明白,批改文字要清晰;(3)根据学生作业的认真程度和正确与否,赋予评价等级;(4)对作业书写要求明确、规范,及时写出指导性评语。

教研组长或备课组长按照学科人数的比例进行赋分,标准如下:(1)2.8—3分:占备课组总人数 30%;(2)2.5—2.7 分:占备课组总人数 30%;(3)2—2.4 分:占备课组总人数 40%。

③ 听课

对于三年以上教师的听课要求(总分 2 分):(1)2 分:20 节及以上;(2)1.8—1.9 分:16 节—19 节;(3)1.6—1.7 分:12 节—15 节;(4)1.4—1.5 分:8 节—10节;(5)1.4 分以下:7 节及以下。

对于一到三年(含)教龄教师的听课要求:(1)2 分:30 节及以上;(2)1.8—1.9 分:26 节—29 节;(3)1.6—1.7 分:21 节—25 节;(4)1.4—1.5 分:16 节—20节;(5)1.4 分以下:15 节及以下。

对于一年以内教师的听课要求:(1)2 分:40 节及以上;(2)1.8—1.9 分:36节—39 节;(3)1.6—1.7 分:32 节—35 节;(4)1.4—1.5 分:28 节—31 节;(5)1.4分以下:27 节及以下。

④ 教研组评分

(1) 若备课组人数大于等于 4 人,则由备课组长进行评分,教研组长对备课组长进行评分;若备课组人数小于 4 人,则统一由教研组长进行评分,教学处对教研组长进行评分。(2)三项常规检查以外,教师对本教研组建设的贡献度也是考核标准之一,包括:组内集中备课的参与度、教研组建设的积极性、公开课开设情况等。(3)教研组长可根据组内教师对本教研组的贡献度酌情调整教师的常规分数及排名。

(2)海亮实验中学

① 课程实施

在课程实施阶段,对教学情况进行动态评估。采用学生评价、教师自评、听评课制度、教研活动、经验分享等方式,对课程的教学效果进行评估,评估结果及时反馈给教师,以便进行课程的改进和优化。

② 教学评估与反馈

在教学评估与反馈方面,教师课后及时收集学生自评或小组互评量表,了解学生在课程中的学习情况、教学效果和教学中存在的问题;与各学科教研组同步,于期中和期末两个时间节点,对教师进行教学常规检查,包括对教案、备课资料、作业批改情况等方面的检查;进行学生作业和成果展示,教师通过设置课后作业、课题研究、实践活动等形式,要求学生展示在课程中的学习成果,了解学生的学习情况,评估课程的实际效果。最后,教师自身的评价和反馈也是教学评估的重要环节。教师可以对课程的教学设计、教学策略、教学资源等方面进行自我评估,并结合学生的表现和反馈进行综合评价。

③ 教研活动与经验分享

在教研活动与经验分享方面,特色课程须设立教研组,由课程的核心开发成员和主讲教师组成。教研组定期组织教研活动,包括课程设计、教学策略、教学资源等方面的研讨和交流。通过教研活动,教师分享自己的教学经验和心得,了解其他教师的授课情况,互相启发和借鉴,激发教师的教学创新意识,从而推动课程的优化和改进。其次,邀请相关学科教研组教师进行听课和评课,从同行的角度对特色课程的实施情况进行评估,提供有针对性的反馈和改进意见,从而不断优化课程的实施效果。

(3)海亮外语中学

① 课程实施规划

依据国家课程设置要求,结合特色化办学目标、学生特点和实际条件,制定满足学生多元发展需要的课程实施规划,开齐国家规定的各类课程,并保证对应科目的教学时间总量;同时充分挖掘自身在外语特色学校建设方面的课程资源,开发、开设丰富多彩的外语特色选修课程;因地制宜,科学安排综合实践活动,发挥综合实践活动在促进学生发展中的独特作用。

② 学生发展指导

学校建立了学生发展指导制度,采用专职教师与兼职教师相结合的方式,组建专门升学指导团队,加强对学生理想、心理、学业、生活、生涯规划等方面的指导,开展多种多样的指导活动,帮助学生正确地认识自我,更好地适应高中阶段的学习与生活,处理好兴趣特长、潜能倾向与社会需要的关系,选择适合的升学方向和发展方向,提高生涯规划能力和自主发展能力。

③ 具有外语特色的教学改革

深入理解普通高中课程改革要求,准确把握课程标准和教材,围绕核心素养展开教学与评价,建立带有鲜明外语特色的教学研究制度,建立平等互助的外语特色教学研究共同体,完善带有鲜明特色的教学管理制度,创新教学组织形式与运行机制。

④ 教学评价体系

建立学分认定和管理制度,完善学生综合素养评价制度,建立优质的教师教学评价系统和课程文本评价系统。

⑤ 充分开发和利用课程资源

统筹各方力量,创设课程实施条件与环境,开发课程实施所需的资源,为学生提供丰富、便利的实践体验机会。

(4) 海亮艺术中学

海亮艺术中学设置了教学常规检查及评定方案,并对备课和作业布置做出了单独的要求。

① 教学常规检查及评定方案

(1)检查分为每月检查和不定期抽查。(2)每月检查由教师把教案、听课本上交到固定地点,由教研组长进行检查。教研组长检查完后在最后一个教案结尾处盖章。(3)抽查分两种形式,一种形式是教务处在工作群公布被抽查名单,被抽查到的教师需要在规定时间内把教案交到教务处,由教务处进行数量和质量的检查。另一种检查方式为进办公室随机抽查。(4)期末终评得分根据各次检查情况综合评定。如在抽查中发现备课不认真、敷衍了事等情况,将直接影响期末终评得分。(5)教案检查分为教案数量检查和教案质量检查。每月教案数量应不低于平均周课时计划数×3,如遇当月放假较多或受研学游、运动会等重大活动影响的,由教研组长与教务处共同确定教案标准数。教案质量检查分为以下几个项目,由当月教案中重点抽取2—3篇教案检查,教案检查评定项目如表4-2所示。(6)教案评定,根据教案的数量和教案的质量划分为A、B、C、D四个等第,A所占比例为25%、B所占比例为40%、C所占比例为30%、D所占比例小于5%。教研组长为教案评定的第一责任人,如教案等第与实际情况不符的,教研组长负连带责任。(7)作业检查包含作业布置情况检查与作业批改情况检查,检查形式分为平时抽查、期中期末检查。(8)作业布置数量由教研组长与教务处根据各学科实际情况进行评估确定(如课时数的80%),作业应全批全改,批改后的作业应注明批改日期。(9)在检查中,各教研组把作业批改情况按质量和数量分A、B、C三等。关于三个等第的说明如表4-3:

表4-2 教案评定项目及要求

| 项目 | 备注 |
|---|---|
| 教学目标 | 目标是否清晰、明确,是否符合学生实际 |
| 教学重难点 | 教学重难点是否明确,重难点内容是否突出 |
| 教案内容 | 内容是否完整、详细,条理是否清晰,有层次 |
| 教案结构 | 结构是否完整,教学目标、重难点、教学过程是否齐备 |
| 教案书写 | 书写是否清晰 |

表4-3 作业批改情况等第说明

| 等第 | 说明 |
|---|---|
| A | 作业数量符合要求,根据学生实际情况布置作业,有层次;作业批改认真,全批全改 |
| B | 作业数量符合要求,全批全改,批改认真 |
| C | 作业布置及批改数量不足(扣考核0.2分) |

② 备课基本要求

(1)备好课是上课的前提,不备课不得上课。(2)备课必须根据教材内容、课程标准的要求和学生实际确定教学目标和教学重难点,做到切实可行,操作性强。(3)统一安排教学进度。各学科根据学校特色及学生特殊性精简教材,制定好教学计划,并严格按照既定的课程计划实施教学。(4)各学科至少提前一天备课并写好教案,内容包括:教学目标、教学重难点、教学过程、板书设计、练习作业、时间安排等,教案本上不标记使用日期的一律不算教案数。入职三年及三年以内的教师写详案,而且课后要有教学反思。入职三年以上教师可写简案。(5)教案要求一课一案,教案数量要求与各年段课时计划相符。(6)教案为手写教案,反映教师的授课思路。(7)习题课教案应在教案本上注明习题出处或附上相关题目,教案中有对题目的详细解析和考查知识点的说明。(8)教案要保证质量,不得抄袭。一篇教案与原稿相同比例达 70% 及以上,视为抄袭。全校性印发的示范教案,如被举报抄袭并查实,学期考核等级降一等;非全校性印发教案,经查证为抄袭的,扣考核分 0.5 分。

③ 作业要求

(1)每节课后应布置适量作业,单次作业量以 20—30 分钟为宜。(2)作业布置要有效,既能使学生掌握、巩固知识,发展智力,培养能力和进行思想教育,又要考虑减轻学生过重负担,避免无思考性的机械重复甚至惩罚性作业。(3)作业布置可分成必做作业和选做作业两大块,作业应有一定层次,在根据教学的基本要求布置必做作业外,每位教师还可根据自己对教材的理解和学生的特殊情况,再布置适当的选做作业。(4)语文学科和英语学科的作文按每周一篇的数量来布置。(5)作业批改要做到全批全改。(6)批改的作业没有标注批改日期的不计作业批改数量。

2. 教师专业发展

(1)海亮实验中学

课程方案应考虑教师培训和支持的问题,包括对教师进行培训、指导和反馈,以提高他们的课程实施能力和教学效果。学校应提供相应的教师培训计划和资源支持,确保教师具备合适的教学能力和知识背景。

(2)海亮艺术中学

(1)教师须认真参加教研组、备课组组织的教学研究活动,承担教研组、备课组指定的教学研究任务。(2)教师应积极争取承担学校和上级教研组织提出的教学研究任务,争取开校级以上的公开课、研究课。(3)教师应根据自己教学实践中遇到的小问题开展小课题研究,研究课题争取在校级或上级教研机构立项。(4)教师应积极参加听课评课活动,每月教师听课数应不少于 3 节,每次听评课后应有记录。(5)教师应认真总结自己的教学经验并进行理论探究,争取有论文在公开刊物上发表,或争取在各级论文评比中获奖。(6)教师应积极参加各级教学基本功比武活动,争取好的成绩。凡是诸暨市级及以上的大型考试,如条件允许,所有45周岁以下教师与学生同场进行考试,考试成绩按学科排名反馈,成绩优秀的教师给予表彰,对成绩不够理想的老师进行谈话。

(二)特色评价

特色评价是指每所学校因校制宜,发展出了符合自身的评价要求、评价方式等。

1. 海亮高级中学

海亮高级中学就选修课程给出了一套详细的评价办法,立足国家课程标准,综合考虑学校办学特色,结合学校、学生、家长、社会对学校的要求,优化已有的课程评价方案,对课程实施的师资条件、教材使用、教学内容、评价方式等方面进行多维度评估,建构起符合数理科技高中健康发展现实需要的特色课程评价体系,从而推动特色课程不断优化,促进学生学科素养的真正提升。学校制定《海亮高级中学教学常规管理办法》,对教师的教学常规进行跟踪检查。学校通过海亮高级中学教学教研管理平台,跟踪管理教师的课堂教学,通过教研组的教学常规检查、教学处的教学常规抽查、备课组和学校的推门听课抽查,动态完成对教学情况的监督。学校检查涉及教师的备课、作业批改、听课教研等各个方面,全方位把握教师的授课情况,检查结果在学校平台予以公布,计入教师的个人考核。学校通过规范化、制度化的管理,规范教师的教学行为,确保教学高效、有序。

(1)从课程定位进行评价

要求课程目标明确、理念先进、特色鲜明、具有一定创意,符合新课程理念,符合素质教育要求,符合本校实际,与创建数理科技高中的建设目标契合。同时课程本身需要具有较高的推广价值。

(2)从课程设计进行评价

学校要求课程需要有完整的课程纲要,有教材或活动方案,目标设计科学,内容编排合理,实施规范有序,保障体系完备,课程管理到位。

(3)从课程实施进行评价

在课程实施阶段,学校对教学情况进行动态评估。评价围绕课程的推进,通过教师自评、学生评教、家长评教、推门听课、教研活动等方式,对课程的教学效果进行多维度立体评估。评估结果通过教学处及时反馈给教师,帮助老师优化、改进教学,达到教学评一体化。

（4）从课程效果进行评价

课程效果的评价主要从两方面展开。一方面是课程符合本校实际,能满足学生发展的实际需要,已开设并有学生选修,受到学生欢迎;另一方面是从学生的期中和期末考试、学业水平考试等方面设定考核标准。

表 4-4　海亮高级中学选修课程评比评分表

| 开设教师 | | 总评分 | | 评委 |
|---|---|---|---|---|
| 项目 | 要求 | | 赋分 | 得分 |
| 课程价值 | 课程目标明确,理念先进,特色鲜明,具有一定创意,符合新课程理念,符合素质教育要求。具有较高的推广价值。 | | 20 分 | |
| 课程纲要 | 课程有完整的课程纲要,课程纲要一般包括课程目标、课程内容、教材编写原则、课程实施建议等四部分组成。 | | 30 分 | |
| 课程教材 | 课程有完整的教材或活动方案,目标设计科学,内容编排合理,实施规范有序,保障体系完备,课程管理到位。 | | 30 分 | |
| 开设效果 | 课程符合本校实际,能满足学生发展的实际需要,已开设并有学生选修,受到学生欢迎。 | | 20 分 | |
| 合计 | 100 | | | |
| 简要评价: | | | | |

2. 海亮实验中学

海亮实验中学建构了符合校情的特色课程评价体系,除前所述的课程实施体系外,从课程、教师和学生三个维度对课程建设进行评价。

（1）对课程的评价

开发基于课程实施及开发不同阶段的评价机制。在课程开发阶段,建立审核机制与评审组——课程核心开发成员与学校优秀教师组成的评审组定期举行会商会,对课程的教学目标与需求、教学内容与资源、教学方法与策略、教师培训与支持四个维度进行精细化考评。在教学目标与需求方面,课程方案应明确规定课程的教学目标和学生的学习需求,确保与学校的教学目标和学生的学习需求相一致。课程的目标应该明确、具体、可操作,并与学校教育教学理念相符合。在教学内容与资源方面,课程方案应包含合适的教学内容和资源,如教材、教辅资料、教具等,以保障教学的全面、科学、系统性。课程的内容应与学科知识、学生兴趣和实际需求相匹配,资源应当丰富、实用、适用。在教学方法与策略方面,课程方案应明确课程的教学方法和教学策略,包括教学组织形式、教学活动设计、教学评价方式等。教学方法应科学、灵活、多样化,以促进学生的全面发展和自主学习能力的培养。最后,特色课程在正式授课前,需要进行试讲,评审组需要对试讲效果进行量化评估。

(2)对教师的评价

基于现有的考核机制,建立一套科学有效的评价机制,主要从教师的专业水平和教学态度两大维度进行评价。专业水平方面以教师教学成绩进行考核,计算带班指标完成情况,计算考核分数,同时将教学常规如备课、批改作业、听课情况纳入专业水平考核中。对教师教学态度的考核也是非常重要的部分,通过课堂训练和晚自习巡查通报情况进行加减,结合行政评议后进行汇总计算。

(3)对学生评价

构建多元评价维度,从表现性评价、过程性评价等角度来进行评价,减少纸笔测试,着重考查学生综合素质的提升,并通过一定的奖励来促进评价的正向反馈。

3.海亮外语中学

(1)明确课程体系的育人方向

以语言为切入点培养学生的思维、视野与格局,倡导协作式与探究式的学习方式,重点培养开阔的视野、比较的思维与视野,以及直面人类共同难题的胸怀,让学生在中华优秀传统文化和全球多元文化的滋养中,成长为具有家国情怀、理解世界规则、拥有未来视野的国际型社会精英和未来领袖。

(2)形成具有鲜明特色的外语特色课程体系

学校以"学以成人"作为学生培养的主线,以国家普通高中课程方案为基础和核心课程,配以具有鲜明外语特色的校本课程。目前学校的课程规划以国家普通高中课程方案为基础和核心,以"进一步提升学生综合素质,助力发展学生核心素养,以使学生成为有理想、有本领、有担当的时代新人"为目标,以教育部制定的最新版《普通高中课程方案(2017年版2020年修订)》为基础,开设语文、数学、外语、思想政治、历史、地理、物理、化学、生物学、技术(含信息技术与通用技术)、艺术(或音乐、美术)、体育与健康和综合实践活动、劳动等国家课程;基于学校国际化的办学方向,同时基于未来城市发展和人才需要、学生个性需求、校内外育人空间等途径,开发校本课程,与国家课程形成互补与进阶的关系,学生自主选择修习。具有外语特色的校本课程关注学生语言与知识、思维与品格的提升,同时兼具深度学习与学科实践,整体服务于国家课程要求的外语特色校本化实施。

(3) 建立课程实施保障体系

① 组织保障

学校成立以王婷婷校长为组长的外语特色学校建设小组,以教学处为核心、学部为主线、年级为单位落实执行,学校各处室合力联动。

② 制度保障

为确保外语课程的顺利开展和落地,学校制定了一系列制度措施加强外语师资队伍建设,如开展新进语言教师培训,组织优秀教师上公开示范课、新教师上成长汇报课等。

③ 师资保障

学校拥有大批教学经验丰富的国内外优秀教师,成立了以各语言教研组为单位的课程开发小组,确保具有外语特色的校本课程的顺利开发。学校结合实际情况,完善教师工作量核定办法,改进教师奖惩机制,充分调动教师的积极性和创造性。

④ 实施保障

根据课程实施需要,学校持续完善教学设备、图书资料等教学技术设备,改善教学环境与教学条件,配齐专用教室与场馆,保障技术(含信息技术和通用技术)、艺术(或音乐、美术)、体育与健康、综合实践活动等课程及有关科学实验等开设。创设良好的课程实施环境,提供足够的图书资料、设施设备及耗材。

4. 海亮艺术中学

课程评价在课程体系建设过程中作为质量监控的关键环节,起着重要的激励导向作用。学校在探索分类办学和特色课程建设的过程中,始终重视艺术类课程独具特色的评价体系构建。基于学校办学理念以及"美美与共、向美而生"的办学愿景,为了实现培养向美少年的育人目标,特色课程的评价以培养学生发现美、审视美和创造美为核心,以审美性、情感性、具象性、创新性为个性特色,围绕课程、教师和学生构建艺术类高中的课程评价体系。

审美性是艺术的本质,是艺术课程的价值所在。在教学实践中,艺术课程更要注重教学氛围的整体营造,教学场景的布置,教材教具的使用,教学内容的选择以及课后的练习设置,让高度审美贯穿整个过程。艺术课程是一种追求情感共鸣的课程。情感共鸣的一大益处是拉近学生和高雅艺术之间的距离,从而得到沉浸式体验,更好地在艺术表现中表达出艺术本身的情感。在艺术课程的教学中,要通过授课教师充满激情和情感的教学,将优秀艺术作品的精华传达给学生,真正实现提高审美、治愈心灵的作用。艺术教育离不开理论教学,更离不开具象思维。艺术教育要突出具象思维在教学过程中的呈现。在艺术课堂上教师应注重利用好艺术形象的作用,和学生加强观点交流。艺术课程对学生要有创新性的培养。在教学过程中,教师要将创新的思维传递给学生,通过教学技法、风格的创新,也让学生逐渐找到属于自己的特点。

(1)课程评价

基于以上原则,学校制定了一系列制度,建立了"向美课堂"评价体系,通过学风竞赛、课堂巡查等手段,关注课程是否有以下特质:针对学生个性化发展的特点,注重培养学生的创造力和想象力;通过多元化教学手段、活动形式,注重教育实践性和情感性,强化美育、文化育人的功能;课程设计具有科学性、实用性和创新性,教材、教学设计贴近社会需求和时代发展;与其他学科融合,增加学生的综合素质,提高学科交叉操作能力和创新思维能力;培养学生的审美观念和文化品位,提高学生的审美能力和文化素质;强化社交性和协作性,注重学生与团队成员之间的互动和交流。学校构建了"五美"课程评价体系,从语言美、仪态美、内容美、艺术美、氛围美五个维度对教师课堂教学进行评价。

(2)教师评价

艺术生的教学有一定特殊性,需要教师具备必要的艺术知识和技能,同时也需要具备敏锐的艺术感知能力和审美能力。学校始终坚持文化课和专业课并重,在对文化课老师和专业课老师评价时根据各自的教学特点,分别制定了对应的考核制度,从教学实绩、课堂管理、课堂氛围、学生反馈、干部评议等角度进行综合评价;同时根据教学进度,也安排了对老师的阶段性考评。从整体上,学校对教师的评价标准中着重关注以下方面:具有一定的艺术教育理念,了解艺术教育的目的和意义;具备一定的艺术知识和技能;能够根据学生的表现和作品,对教学效果进行评估和反思,并及时进行调整和改进;通过多种评估方式,促进对学生发展和成长的了解。

（3）学生评价

学校对学生的评价以表现性评价、个性化评价、过程性评价、总结性评价为主。首先在评价主体上,构建了学校、教师、家长、学生为一体的评价体系:学校从整体上考量学生的综合素质表现,以季度、学期和高中生活为阶段,通过三好学生、向美少年、优秀毕业生等评选对学生进行评价;教师可细分为班主任、任课教师、生活教师等,分别从学生不同场景下的表现进行过程性和总结性的评价;家长对学生的评价同时也是对学校、对课程的评价,主要反馈渠道在家校沟通的过程中;学生互评融合在特色活动中,例如音乐会、汇报演出、画展、摄影展等活动中,根据活动受欢迎程度,对学生进行质性评价。

# 第二节　分类办学的多元主体评价

## 一、集团管理者和外部专家评价

以评促建,是推动分类办学工作最有效最直接的手段。在分类办学的建设过程中,集团对于各校的评价考核标准进行了调整,新的评价标准更强调各校在分类办学过程所取得的成效能否满足国家要求、社会需求和学生需要,能否真正做到多样化发展,并将影响辐射到更大范围,促进乡村教育振兴。各校在集团的总体布局下,都以国家关于高中教育的整体安排为指导,结合各自特色化的育人目标和教学实际,提出和改进了教育评价体系。分类办学是一个复杂而持久的教育工程,不仅需要高瞻远瞩地制定战略规划,更需要脚踏实地地扎实落实,目前四所特色高中在分类办学的工作中都取得了阶段性的突破,得到了集团的高度认可。

集团为了规避内部评价的固有缺陷,邀请了更加权威、客观的第三方专家团队进行系统、全面的评价,具体的评价标准参照第四章第一节的评价内容。本次评价采用学校自评、互评、集团管理者评价、外部专家评价等多种评价方式开展。评价不仅仅是为了得到一个分数,更重要的是了解当前的困境,找到痛点,从而让每所学校能够在每学年向前进一步。

(一)总体评价结果

根据 CIPP 评价理论,结合分类办学的需要,对办学方向和理念、办学资源和规划、课程体系设计与实施、学校组织与管理、办学绩效五个方面进行诊断,形成了对于各校分类办学实践成效的总体评价,评分结果如下:

表 4-5  分类办学多元主体评价

| 一级指标 | 二级指标 | 海亮高级中学 | 海亮实验中学 | 海亮外语中学 | 海亮艺术中学 |
|---|---|---|---|---|---|
| 办学方向 | 办学方向 | 4.33 | 4.51 | 4.53 | 4.43 |
| | 办学理念 | 4.18 | 4.32 | 4.53 | 4.50 |
| 办学资源和规划 | 投入要素 | 4.47 | 4.31 | 4.19 | 4.23 |
| | 投入方式 | 4.19 | 4.06 | 4.12 | 3.94 |
| 课程体系设计与实施 | 国家课程 | 4.28 | 4.06 | 4.06 | 3.89 |
| | 校本课程 | 4.17 | 3.97 | 4.11 | 4.00 |
| | 特色活动 | 4.22 | 4.14 | 3.86 | 3.97 |
| 学校组织与管理 | 规范办学 | 3.92 | 3.83 | 3.86 | 3.94 |
| | 师资建设 | 3.78 | 3.94 | 4.17 | 4.14 |
| | 质量保证 | 4.19 | 4.00 | 3.92 | 4.19 |
| 办学绩效 | 学生成长 | 4.33 | 4.06 | 4.00 | 4.06 |
| | 学校发展 | 4.39 | 4.03 | 4.11 | 3.89 |
| | 辐射引领 | 4.14 | 4.06 | 4.28 | 4.08 |
| 总体评价 | | 4.21 | 4.14 | 4.11 | 4.09 |

由上表可见,四所中学在分类办学过程中均取得了较好的成效,海亮高级中学的总体评价得分最高,四校的总体评价差别不大,在不同的一级指标中的表现各有亮点:

1. 在办学方向维度中,海亮外语中学在办学方向和办学理念上最为清晰明确与合理,海亮实验中学在办学方向的把握中同样表现优异。

2. 在办学资源和规划维度中,海亮高级中学在要素的投入种类、数量和投入方式上表现突出。

3. 在课程体系设计与实施维度中,不同学校也各有特点。海亮高级中学在国家课程体系建设中取得了较好的成效,而在校本课程建设中,海亮高级中学和海亮外语中学的表现都很突出,在特色活动的设计和开展中,海亮高级中学和海亮实验中学表现不凡。

4. 在学校组织与管理维度中,海亮艺术中学在规范办学和质量保证两个维度中的表现得到了普遍认可,同样在质量保证维度中表现突出的是海亮高级中学,而海亮外语中学则在师资建设这一维度中表现优秀。

5. 在办学绩效维度中,海亮高级中学在促进学生成长和学校发展这两个维度中表现优异,而海亮外语中学则有效发挥了辐射引领作用。

（二）各校评价结果

1. 海亮高级中学

集团领导和专家团队认为海亮高级中学办学思路清晰、办学理念明确,以数理为特色,办学成效突出。学生学业表现优异,无论是五大学科竞赛还是高考成绩都是区域内翘楚,项目式学习、跨学科教学、论文比赛、学术讲座等活动有效培养学生的科学素养和学术素养,师生满意度、家长满意度高。其在分类办学过程中积累的经验可以归纳为以下三点:

一是以课程为依托,以数理科技为特色,进行国家课程的校本化实施探索与校本课程的特色化探索,以此构建起了以国家课程为本、特色竞赛与强基校本课程为两翼、研究性学习和项目式学习并行的课程图谱。二是注重落实新课程改革理念,开展课堂教学的改革与创新,在单元整体教学、项目化学习等方面积累了丰富的经验,较充分地彰显了学校紧追教改前沿的勇气与魄力。三是合理有效地利用资源,有针对性地开展师资队伍建设。集团和学校投入了充足的资金,重视师资建设,储备和培养了一大批优秀师资,如竞赛教练和特教名师,以满足学校特色发展和特色课程建设。

总体而言,海亮高级中学的办学业绩受到了社会与家长的好评。其经验已经向区域内推广并服务于乡村振兴一线,数理特色课程和分类办学中的课程设置、教学管理及评价方式改革已在泸西、石屏、景东、龙口数个县域推广,服务数万名学生,起到了很好的辐射引领作用。

在未来发展中,海亮高级中学还需要注意加强教研的管理机制,以及课程架构还需要进一步增强数理科技特色。如何能让特色不同于简单的"特长"同样是需要考虑的问题。许多优质普通高中通常以数理化见长,因而往往顺理成章地将大量的精力用于数理特长生的培养上。然而,特长不一定就意味着特色。特色建立在特长的基础上,但同时也需要彰显差异性与创新性。如何在众多优质普通高中脱颖而出,彰显学校特色,需要有"文化"的衬托,有体系化、精品化的课程体系、社团活动为依托,从这一意义上说,学校特色须是一个整体,特色理念须渗透到学校办学的诸多方面。海亮高级中学同样面对这一问题,需要斟酌凝练其育人目标,真正将数理科技特色从外部升学取向转为融入精神血脉之中。

2. 海亮实验中学

集团领导和专家团队认为海亮实验中学作为文史类高中办学定位清晰,办学理念、教育哲学紧紧围绕"博雅健行"育人目标,能够在保障教学质量的同时,大胆开展多样、特色发展探索,打通特色办学与教育质量提升之间的助力关系。特别是海亮实验中学将课程建设与教学改革创新作为学校特色办学的核心路径,倾注了大量的精力进行课程体系建设。其围绕育人目标,对国家课程进行重组和丰富,开发学校人文特色校本课程,打造了博课程群、雅课程群、健课程群、行课程群,构建了符合学校实情的国家课程校本化实施范式。同时,也结合新课程改革导向,开展大单元教学设计与探索,在大概念的统领下对不同章节内容进行整合,在教学形式、方法上进行与之相匹配的课堂教学探索。学校对国家课程的校本化实施及教学改革创新思路总体清晰、明确且保障得力。相应的经验可供其他学校学习借鉴。学生发展全面,师生满意度、家长满意度高,博雅课程体系已经服务于乡村振兴一线。

若从更高质量特色办学这一追求看,学校后期需强化两个方面的建设:一个是课程体系的内涵建设。在关注课程类型多样、数量丰富的同时,需强化对现有课程内容的打磨,在课程内容、实施方式、必修课程与选修课程、活动课程的层次性、衔接性上下功夫,让有兴趣、特长的学生,在课堂学习中"没吃饱"的学生以及对未来发展有清晰规划的学生,有更多的机会接受更系统的课内与课外的课程学习与活动锻炼;二是注重人文环境的熏陶与建设。实验中学已是一所人文特色高中,这样的高中培养的学生要在"博雅健行"方面彰显较高的素养,这需要通过系统性的课程引导达成,但是也需要学校文化土壤的滋养。

3. 海亮外语中学

集团领导和专家团队认为海亮外语中学"多元发展"的顶层设计满足外语特色高中定位,较好地符合学生和家长对国际化特色教育的需求,在满足学生个性化成长等方面取得显著成效。海亮外语中学的分类办学不仅体现在育人目标上,更体现在具体的课程中。尤其是在外语类校本课程的开发上,学校结合国际课程的视角和材料,为学生发展提供了多样化的选择和可能,同时还能以特色活动来进行支撑,总体实施质量较高。这与海亮外语中学的办学历史密不可分,也与其始终注重学情、教情、校情调研,以及特别重视课程建设与教学改革创新密不可分。海亮外语中学始终将课程教学置于学校特色办学的核心位置,不仅深度进行国家课程的校本化实施探索,也抓住了学校办学的关键,在多数学校存在的薄弱之处进行了有价值、可借鉴的探索,校本化课程与学生发展指导制度结合,给学生带来了多样的选择空间和全面的发展空间。

通过学校提交的材料依稀看到以下问题,评审团队也建议学校进一步完善愿景、办学定位和课程实施规划。首先,在学校愿景上,"世界即学校、生活即学习、教育即未来"的内涵还可以进一步阐释,特别是组织全校师生进行"愿景"勾勒,让师生在亲身参与中感悟、认同、接纳学校种种规划设计,为学校发展建言献策。其次,在育人目标上,"培育具有中国素养、理解世界规则、拥有未来视野的国际型社会精英和未来领袖"与学校特色办学定位相呼应,彰显了一定的大视野、大情怀、大格局,但部分表述还有待澄清,例如"中国素养"的概念较为模糊,"拥有未来视野的国际型社会精英和未来领袖"的定位可结合学校和国家特色修改为"拥有家国情怀、国际视野的时代引领者与开拓者"。最后,在课程实施上,"国家课程的校本化实施"和"校本课程特色化"方面,需要对学校现有课程体系、社团活动进行再度整合,将学校特色理念贯穿其中,凸显必修课程、选修课程、社团活动的系统性、衔接性,避免彼此分割、各自独立的样态。

4. 海亮艺术中学

集团领导和专家团队认为海亮艺术中学的艺术特色鲜明,办学规划和办学理念清晰,"向美"文化深入学校的每一个细胞,以"美美与共,向美而生"为理念,无论是国家课程校本化、艺术特色课程建设还是学校德育体系牢牢抓住了培养"向美少年"的育人目标。海亮艺术中学作为一所较年轻的学校,能在5—6年内彰显艺术教育之长,将有艺术兴趣、特长的学生送入心仪的高等院校,一定程度上足以表明该校探索多样、特色发展的良好成效,艺术特色课程已服务区域其他学校和乡村振兴一线。

与集团内其他学校一样,海亮艺术中学始终关注学情、教情、校情以及对师生需求、意见的调查,并据此进行学校制度、课程等的调整与创新,实属难能可贵。也正因为如此,学校在课程体系建设、教学改革创新方面彰显了诸多亮点。学校能够在语文教学方面结合学校艺术特色,大胆开展大单元教学探索,不仅契合新课程改革理念,紧跟教改前沿,更是赢得了学生对该课程的喜爱与认可,足以表明学校在该方面探索的成效。该方面的探索经验值得集团校其他学校学习、借鉴,也建议在后续办学实践中继续强化类似的探索,争取在更多学科体现"融合"教育理念,为其他学校提供教学样板。当前,国家尤其重视中华优秀传统文化在艺术教育中的融入与渗透,海亮艺术中学目前的探索恰恰能够较好地顺应这一趋势。

外部评审建议海亮艺术中学在课程体系建设与课堂教学改革方面,继续开展大单元教学探索,丰富课程体系,凸显中华优秀传统文化元素,打造特色经验,寻求特色发展,让师生在学校特有文化的沐浴下汲取思想精华,实现自我成长。一方面,需要精心打磨学校的办学理念,带领师生共同凝练办学愿景,开展校园文化建设,比如让师生发挥艺术优长,将艺术教育成果、艺术创作体现在校园里、围墙上、走廊中,甚至体现在对某个角落、建筑的设计中,以此不仅增强师生对学校文化的认同感与归属感,也为项目化学习拓展实践路径;另一方面,需要进一步加强国家课程校本化建设,探索艺术特色如何更好地融入国家课程校本化实施的实践。同时,逐渐判明每个个体的优势潜能,在此基础上确定每个学生的专业培养方向。尽可能为每个学生确定适合的培养方案。

## 二、教师评价

所有特色课程的改革和开展,作为实践者和使用者的师生群体的感受才是最终评价。因此,分类办学课题组对四所特色高中展开了专项调研活动,主要采用问卷调查和个别访谈的方式,了解目前分类办学在各校开展的情况、效果和不足。以下从教师评价和学生评价两个方面对四所学校的调研结果进行分析和总结。

（一）海亮高级中学

2022 年 4 月,海亮高级中学组织开展了专项调研活动,主要采用问卷调查的方法,向海亮高级中学全校各年级、各年龄段的教师发放匿名、自填式问卷并回收,通过统计、考察、分析有效数据,得出初步结论:一方面,海亮高级中学教师对学校分类办学与特色化发展的认知水平较高,非常清楚"数理科技特色高中"这一海亮高级中学分类办学与特色化发展的目标,非常明晰分类办学与特色化发展的重要性,清晰认识到这一过程需要学校师生、家长等不同主体的共同参与;另一方面,教师在学校分类办学与特色化发展过程中的实际参与度,还有进一步提升的空间。

本次问卷设置题目:请教师从 14 门科目中,选出海亮高级中学优势最显著的 3 门高考科目;再从 9 门选修课中,选出教师心中最受欢迎的 3 门选修课。根据统计可知,无论是高考科目还是选修课,在所有科目、课程中,数学都遥遥领先。这充分反映了学校数学学科的发展全面、基础雄厚、实力强劲,数学学科的建设得到了在校教师的普遍高度认同。由此亦见,海亮高级中学建设"数理科技特色高中""数理科技特色课程",是基于自身特点与学校实际发展情况的,是脚踏实地、扎根实际的。

通过本次问卷调研亦知,海亮高级中学教师普遍认为,数理科技选修课程在整个基础教育课程体系中占有比较重要的地位,对学生科学素养和个性发展具有较大作用。以上数据充分反映出,海亮高级中学教师对学校分类办学与特色化发展的认知水平是比较高的。

特别值得注意的是,通过本次调研可知,一方面,教师普遍认为学校对数理科技选修课程实施所采取的保证措施的力度较大(选择力度"很大""比较大"的教师,占比高达 86%);但另一方面,有一些教师认为,学校用于数理科技选修课程教学的基础设施建设(如学科教室,实验室,录播教室等)还不能满足当前教学的需求。可见在基础设施建设方面,学校还有进步、提升的空间。

另一个值得重视的点在于,一方面,大多数教师都认为,数理科技选修课程教育并非单方面的学校行为,而是需要学校、家长、社会的共同努力;但另一方面,本次调研直观地反映出,多数在校教师较少向学校有关领导提出有关数理科技选修课程实施的建议。由此可见,教师在学校分类办学与特色化发展过程中的实际参与度还有进一步提升的空间。这又提示学校,在未来建设工作中可以采取一些措施来鼓励教师提出意见和建议,增进教师参与提议的积极性、主动性。如关于数理科技选修课程教学的基础设施建设,具体在哪些方面需要改善、提高,就可以更多收集、咨询、听取各位一线教师的意见。

通过本次问卷调研还可以发现,海亮高级中学教师普遍重视对学生自身兴趣、能力的培养,对于"职业技能""成功职场人士"等内容,相对较少关注。

(二)海亮实验中学

总体来说,教师对海亮实验中学分类办学和特色课程建设过程较为了解,参与度较高,评价相对来说也较为满意,当然其中仍有需要改进的不足之处,教师也提出了相关建议,以下将分点陈说:

1. 教师对学校分类办学各项教学目标及特色课程建设较为了解

无论教龄多少,90%以上的教师都能够准确说出海亮实验中学的办学目标和育人目标,都能够说出 4 个以上人文特色课程的名称,说明海亮实验中学分类办学和特色课程建设深入人心,受到了教师的肯定与支持。

2. 教师对学校人文课程体系搭建的整体满意程度仍需提高

目前学校人文课程体系搭建处于由基础走向完善的攻坚阶段,课程设置较为完善,但是各个课程间教学目标、培养目标等培养相关能力间的衔接度还需提高,所以整个体系的搭建仍有挑战性,需要以高屋建瓴的眼光全盘考虑后做出依次调整,明确每个学期的培养目标,设置相应课程达到匹配目的。同时,基于高考压力,学校特色课程的课时安排情况仍需调整,在高一、高二的夯基阶段须提高课时量,因为如果没有相应课时的设置,明显无法达到教学目标;高三冲刺阶段设置轻松且能开阔视野的人文课程,帮助学生调整考前心态,所以从设计课程到落地完善,实现完整体系的搭建需要自上而下的宏观把控与全面践行。

3. 教师认为学校分类办学的特色明显,但特色课程建设的评价体系仍需完善

教师认为评价一门课程质量最重要的因素是课程内容的选择和课程是否达到了开设目标。而为减轻学子的学习压力,海亮实验中学特色课程多不以考试方式进行教学评估,过程中的评估方式也不够明确有效。因此,对于特色课程,我们需优化教学评价方式,不以结果为导向,强化对过程性与参与度的考查,可选择小组或班级竞争等形式,以每课或每周为单位制定详细的评价体系,

设置教师、学生、家长、社会等多元评价主体,授予每门校本课程学习效果最优的个人或班级校级荣誉,以此提高学生的积极性与荣誉感,提高特色课程实施质量。同时,海亮实验中学特色课程的活动性与实践性目前正呈现显著提高的趋势,因此需及时配套树立成果意识,给学子提供成果展示平台。基于海亮实验中学校情,不能多次组织大规模展演,但可以在学校官网上设置相关平台,对设计、制作、讨论、表演等学习成果做集中展示,这既是对学子学习效果的认可,也可以加强学校与家长、社会的沟通交流,提高海亮实验中学分类办学的品牌力度。

4. 教师对学校分类办学和特色课程建设持肯定态度,支持力度大

80%以上老师认为学校开设特色课程给老师带来了更多的动力而不是压力,充分说明了老师们对学校分类办学和特色课程建设持肯定态度,这不仅有利于学生学科素养的提高,更有利于教师自身教学能力的跃升,反促教师增加对教学方式方法、教学艺术的思考。

同时,老师们也愿意为分类办学和特色课程建设积极建言献策。老师们以个人、教研组、年级组为单位,在课程设置、课时分配、评价方式、素养提高、如何与高考接轨等方面都提出了行之有效的建议,为建设好海亮实验中学特色课程,实现分类办学目标建言献策。

老师们也表示愿意开设特色课程,为分类办学提供力量。目前、海亮实验中学各学科都有教师在积极筹备特色课程,语文、历史学科已形成相对完善的学年制课程体系;文理相关学科也筹备开设跨学科课程,如政治、生物合作开设职业生涯规划课程,为学生提供不同的职业发展路径供学生参考选择。各教研组也积极开办相关论坛,探讨人文课程建设的相关内容及课程设置,充分发挥教研组合力,持续推动特色课程建设,赋予分类办学以强大生命力。

5. 教师认为除课程建设外,可以从多种角度、以多种方式促进分类办学发展

教师认为目前学校校园环境建设较为先进、现代化,可以在校园环境布置中增加人文元素,让学生沐浴在人文氛围中,提高人文气韵。学校社团活动丰富多样,但培养目标不够明确,因此应增设人文类社团如国学社、书法社等,并扩展文史社的覆盖面;可以增设人文主题活动,如以班级为单位开展吟诵比赛、课本剧表演赛、国风节等,让学子沉浸式感受人文素养散发的魅力;可以

邀请人文大家来学校开设讲堂如红学讲堂等,既可激发学生的学习积极性,也可扩展老师的教学思路,引发全校思考,开展师生论坛,让人文之风吹拂校园,也让人文特色融入社会;也可以将分类办学实践结果纳入考核,对促进分类办学做出贡献的教师给予增加适当考核分数的鼓励,使教师积极投入分类办学实践。

就此看来,海亮实验中学分类办学和特色课程建设发展较为稳定,教师总体评价较好,满意度较高。同时,学校教师乐于投身并深入思考、积极探索分类办学和特色课程建设实践,也证明了分类办学的目标适应学校发展和学生培养目标,因此海亮实验中学分类办学发展前景广阔,发展势头强劲,能够助推学校健康持续发展,助力培养符合社会主义现代化发展的高素质、全方面发展的综合性人才,以此提高学校的知名度和社会影响力,使学校逐步发展为人文类高中示范校。

(三)海亮外语中学

海亮外语中学通过整合自身在师资、课程和办学成果方面的优势,细致梳理办学历史、办学资源与条件,梳理学校当前在课程建设方面所存在的系列问题,重构学校的教育哲学,进一步明确了特色办学的方向,并通过调查和访谈的形式对学校办学成果进行过程跟进。截至目前,海亮外语中学已经在学生录取、竞赛获奖、语言成绩、教师获奖等方面取得了丰硕成果。

为了进一步总结经验、发现问题,进一步完善外语特色课程体系,进而实现学校教学质量的新发展,海亮外语中学于2022年12月开展了针对全校师生的关于外语特色学校建设满意度的问卷调查和访谈,并在此基础上形成相应的调查报告。

本次问卷调查覆盖教师达130人。就性别比来说,其中含男性教师37人,女性教师93人。就学部分布来说,致雅部教师占79人,致新部教师占51人。就年龄分布来说,年龄20—30岁的教师68人,30—40岁的教师53人,40—50岁教师8人,50岁以上教师1人。就教龄分布来说,教龄5年以下教师68人,教龄5—10年教师42人,教龄10—20年的教师16人,教龄20年以上教师4人。就职称状况来说,其中71人尚未定级,38人为初级职称,20人为中级职称,1人为高级职称。

就本次调查的性别、年龄、教龄、职称等基本信息来看,问卷调查与访谈分布比例与学校的实际情况相符合,因此本次调查报告的数据具有代表性。

结论一:目前学校教师对外语特色学校的建设总体上是满意的。

"对当前我校外语特色学校课程体系满意程度"的调查结果显示,50%的教师表示满意,42%的教师表示基本满意,还有8%的教师表示需要改进,0%的教师表示不太满意。由此可见,从整体上来看,学校教师对目前学校外语特色课程体系建设是满意的。

"对我校当前各类课程的课时安排满意度"的调查结果显示,47%的教师表示满意,43%的教师表示基本满意,9%的教师表示需要改进,1%的教师表示不太满意。因此可以初步得出结论,从总体上看,教师对目前学校的课时安排是满意的。

"学校对外语特色类课程所实施保证措施的力度"的调查结果显示,59%的教师认为整体保证力度比较大,33%的教师认为很大,6%的教师认为不太大,2%的教师认为很小。因此可以看出,绝大部分教师认为学校对外语特色学校课程所实施的保证措施是相对较大的。

"对我校课程实施保障满意度"的调查结果显示,50%的教师对学校当前的课程实施保障措施表示满意,44%表示基本满意,6%的教师表示需要改进。由此可见教师整体对学校的课程实施保障措施是满意的。

"对我校GPA评价机制的满意度"的调查结果显示,42%的教师表示满意,42%的教师表示基本满意,16%的教师表示需要改进,0%的教师表示不满意。由此可见大部分教师对学校的GPA评价机制是满意的,但是有16%的教师表示整体GPA评价机制有改进的空间,整体所占比例仍然不小,因此后续有必要针对全体教师做关于GPA评价制度的专项意见征集,以此来进一步完善外语特色学校的GPA评价机制。

"对我校俱乐部课程质量的满意度"的调查结果显示,41%的教师表示基本满意,40%的教师表示满意,18%的教师表示需要改进,其中有1%的教师表示不太满意。由此可以见大部分教师对学校俱乐部课程的质量是满意的,但是有20%左右的教师认为俱乐部课程的质量有待提高,结合访谈所得到的结果进行分析,原因可能解释为当前俱乐部课程的内容设置还有待优化、学生重视程度不足,由此导致俱乐部课程的课堂效果还有很大提升空间。后续有必要针对俱乐部课程的改进建议进行专项的意见征集,由此来提升俱乐部课程的整体质量。

"对我校社团课程质量的满意度调查",其中41%的教师表示满意,41%教师表示基本满意,14%的教师表示需要改进,4%的教师表示不满意,由此可知,超过80%的教师对社团课程的质量是满意的。

结论二:目前教师在课程评价方面,更关注授课目标的达成与教学内容的选择。

就评价一门课最重要的因素来说,39%的教师认为课程是否达成了开设目的最重要,37%的教师认为课程内容的选择最重要,13%的教师认为授课教师的投入与课程的形式最重要,11%的教师认为学生、家长和领导的认可最重要。整体来说,学校教师群体更加关注授课目标的达成和教学内容的选择。

结论三:教师对外语特色课程的概念有一定认知,但是认知整体上有待深化。教师总体上认为语言类课程最能体现外语特色,而开设外语特色课程的意愿有待挖掘。

根据访谈结果,多位教师对学校外语特色课程体系的构成有相对清晰的认知,都能够敏锐地意识到语言类课程、双语类课程、俱乐部课程中的部分课程和社团课程中的部分课程可以划归到外语特色类课程;也有教师对外语特色课程的概念作了进一步延伸,认为目前学校正在开设的学术写作类课程其实也可以纳入到整个外语特色学校的课程体系中去;有部分教师对外语特色课程的概念做了过度的延伸,认为类似于射箭、射击类的部分俱乐部课程、学考类课程以及象棋、刺绣等非外语授课的俱乐部课程也可以算作外语特色类课程;也有部分教师对于外语特色课程的理解停留在语言学科的课程上;也有部分教师虽然自己在任教双语类课程,但却对自身课程的性质缺乏清晰的认识,但很少有教师能够把活动类课程归入到外语特色的课程体系中。由此可见部分教师对于各种外语特色类大型活动的认知还有待加深。从整体上来看,关于"最具外语特色课程"类别这一问题来说,多位教师表示语言类课程始终是最能体现外语特色的课程类型。

就"最能体现外语特色的课程"的调查结果来说,63%的教师选择了语言类课程,22%的教师选择了带有鲜明外语特色的活动,13%的教师选择了俱乐部课程中的外语及外国文化类课程,2%的教师选择了社团课中的外语及文化类课程。由此来看,在教师们看来,直接教授外国语言的课程最能体现外语特色,类似于多语种戏剧节等大型外语特色活动,也同样具有鲜明的外语特色,而目前开设的涉及外语和外国文化的课程在整体教师的视野中则并不算具有鲜明的语言特色,这可能和此类课程的比重和内容设置有关。

就"是否开设过外语特色类课程"和"未来是否打算开设外语特色类课程"来说,38%的教师表示开设过外语特色类课程,62%的教师表示未开设过外语特色类课程;就"未来是否打算开设外语特色类课程"来说,41%的教师表示未来打算开设,59%的教师目前还没有开设外语特色课程的打算。将"是否曾经开设"和"未来是否打算开设"数据相对比,发现回答肯定答案的教师比重有少量增加,但是整体比重增加不明显,这说明目前教师参与外语特色学校课程体系搭建的意识还有待充分挖掘,后续可以鼓励更多教师参与到外语特色学校课程体系的搭建中。

就课程类别的拓展来说,多位教师表示学校可以适度增加关于外国文化类的特色课程,帮助学生在出国前更多了解国外的风土人情,提前了解国外的文化和环境,并在此基础上提升学生的学习兴趣;也有教师表示可以增加类似于欧洲历史、中东历史等课程,一方面是帮助学生进一步理解国外的文化背景,为将来出国做好充分的准备,另一方面也是进一步拓展学生的知识面,促进综合素养的提升,与此同时应该更多地增加口语和听力课程,实现听说读写的并重,适度调整和改变当前侧重于阅读的语言教学模式;也有教师表示可以适当增加配音类的课程,来提升学生参与对应课程的积极性;也有教师表示可以增加更多与留学相关的实用类课程,比如留学生常用口语速成课、留学国家文化体验课(包含研学)等;也有教师表示可以直接增加一门与戏剧相关的选修课程,从而将戏剧对学生综合素养的锻炼功能发挥到极致;也有教师表示可以适当增加新闻类相关的课程,从而让学生在提升语言能力的同时进一步增强对当前时事的了解与认知;也有教师表示可以增加外语名著阅读类的课程;也有教师表示希望能够增加与志愿服务相关的外语特色活动;也有教师表示应该增加知识竞赛类的外语特色活动;也有教师表示可以进一步增加学术论文类的指导课程。

（四）海亮艺术中学

海亮艺术中学在几年的分类办学探索过程中,通过国家课程校本化和校本特色课程"两条腿"走路,同时借助特色活动的载体,使得学校的育人目标逐渐深入人心,并且在办学成果上已经有所体现。为调研学校教师队伍对分类办学和特色课程建设工作的了解程度，以及当下实际教学实践中存在的问题和困惑，项目组通过调查问卷和现场集中访谈的方式进行了调查。考虑结果的科学性以及实施的时间和人力成本，本次调查充分考虑了受访者的代表性，在教师队伍总人数的30%中开展了调查研究，在具体人员选择上，照顾了学科、年龄、教龄、职称、职务、性别等要素，做到了最大程度的程序科学。

在问题设置时，项目组从学校育人目标、国家课程校本化、校本特色课程、保障措施等角度进行了调查。在回答"我校的育人目标是让学生拥有精彩的生活追求、多彩的审美眼光、出彩的幸福人生，你是否了解并认同"的问题时，九成的教师均表示了肯定，并对育人目标层级化的安排表示赞赏。但在受访者中也有入职时间较短、教龄不长的新教师，对学校的育人目标不够了解，在访谈中经过双向沟通，虽然表达了对现有育人目标的理解，但在教学实践中还存在落实不充分的问题。这表明在新教师入职培训及后续培养中，需要更加重视育人目标的贯彻落实，尤其注重师徒结对的效果呈现，可以借助师父带教、办公氛围营造等措施弥补对育人目标不够了解的缺陷。

在回答"你觉得我校国家课程校本化过程中，你的学科教学是否达到了校本化的要求？有哪些具体体现？"和"你觉得我校哪一门学科的国家课程校本化做得比较出色？有哪些好的经验？"的问题时，近六成教师表示在学科教学中实现了国家课程校本化，在课堂中能融入美育元素和艺术氛围，不仅完成课程目标，还能够挖掘学科深层的美育特质；表示国家课程校本化仍有差距的教师表示某些学科教学比较特殊，还没有找到比较自然的方法实现美育和智育的最佳结合。在各位教师推荐的国家课程校本化优秀案例中，语文学科及历史学科被提及次数最多，多位教师表示在听课评课过程中，能显著感受到美育课堂的魅力，而这样的课堂效果无论是在成绩，还是学生个人成长上都有明显体现。此外在评价方式上，以语文学科的教学为例，利用项目立项发言纲领、人物分析简表、剧本改编样本，提供学习支架，帮助学生掌握发言、人物分析、剧本改编的基本方法，按照相关标准进行评价，让学生在真实情境中学习，在做任务中完成学习任务，在活动过程中评价学生的学习情况。同时引入人物小传、剧本评价标准，让学生依据标准进行评价，发现优点和不足，改进学习。充分发挥学生的主体作用，让学生学习评价、自我调整和改进。综合以上可以得出以下结论：学校教师在国家课程校本化中已经取得了一些成果，但仍有较大数量的教师需要接受国家课程校本化的培训；对于已经在国家课程校本化方面做得比较出色的学科教研组和学科教师，我们需要总结经验，形成可复制的有指导意义的共性经验。

在回答"你觉得我校校本特色课程建设过程中，你的学科教学是否达到了校本课程的标准？有哪些具体体现？"和"你觉得我校哪一门校本课程做得比较出色？有哪些好的经验？"的问题时，受访的专业课教师均表示自己任教的专业课程均已实现校本课程的建设，在提高学生艺术专业水平和美育气质培养上均有比较好的成果展示。在推荐典型例子时，"视唱与听音"被较多教师提及，在优秀做法上，大部分教师认为该课程对学情分析非常透彻，充分考虑学生内在的学习需求，结合教学内容实际，对评价方式进行了改革：提高学生自信心和学习效率，让学生学会自主学习，自主评价，善于发现个人视唱练耳问题，完善音高概念，强化音高记忆，提升音乐审美和综合音乐素养，集中体现课堂评价的多主体、多角度、多方位，具有全面性；同时让学生、家长、教师共同参与评价，并对学生的平时情况进行实时共享，形成评价信息网，发挥评价的正面鼓励与激励作用。这说明学校的校本课程目前发展得比较成熟，在育人目标的实现上有较大影响，能够显著促进高中生体验艺术、深入了解艺术甚至于创造艺术。

在回答"你觉得我校哪些特色活动具有艺术中学的特质？是什么样的特质呈现？"的问题时，各位受访者的回答比较分散，相对来说传媒专业的"项目化学习"、音乐专业的主题音乐会和美术专业的画展被提及次数较多，此外还有成人礼和毕业典礼的仪式教育、学生展现个人风采的"艺周星"等。综上所述，可以看出学校非常重视特色活动这个载体，并且追求在各项特色活动中融入育人目标的要求，让学生在活动中沉浸式体验美育的熏陶。

在回答"你觉得我校在设施设备保障方面是否充分？"和"你觉得国家课程校本化和校本课程实施过程中，还需要怎样的设施设备支持？"时，五成受访者表示学校目前的设施设备条件基本能满足教学要求，基本能够促进分类办学和校本特色课程的建设；但也有一半的受访者认为，学校目前的设施设备不足以让学校实现高位发展，距离建成知名艺术普高的目标还有较大的差距。除了场地、乐器等基本设备数量不够之外，还有设备老化的问题。在建议中，也有受访者提出需要专门的资金支持实现设施设备的升级改造。

### 三、学生评价

（一）海亮高级中学

在面向学生的问卷调研中可以发现,海亮高级中学课程体系架构数理科技特色明显,契合学生发展需求,主要表现为以下五个方面:

（1）学生在选择高考选考科目时以理科为主,数理特色明显,这是海亮高级中学建设数理科技高中的重要依托。从单个科目来看,物理、化学和生物是学生选考最多的三个科目,其中尤以化学学科和物理学科居多。从科目组合来看,有将近三分之一的学生选择了物化生组合,物化组合选科率甚至超过了 65%。

（2）学校开发的特色校本课程深受学生欢迎。通过对优势数理科技资源的充分整合利用,海亮高级中学开发了数理通识类、数理实践类和学科拓展类三类特色校本课程,学生通过"限定选修"和"自主选修"等方式参与到了校本特色课程的学习中。调研结果显示,数学竞赛、物理竞赛和化学竞赛是最受学生欢迎的三门选修课;有三分之一的学生都自主选修了数理强基类课程;绝大多数同学都是出于兴趣特长的原因自己决定选修课程,超过 60% 的学生对所修习的选修课程持"非常喜欢"和"喜欢"的态度。

（3）在数理科技特色高中的建设过程中,学生的学习方式发生了较大转变。根据调查,学生学习方式呈现出多样化特点,只有 47% 的学生采取了传统的"听老师讲为主"的学习方式,而超过一半的学生则是采取了自主阅读学习、网上学习等相对积极、自主的学习方式。

（4）本次调研突出考虑学生发展相关情况,注重了解学生生涯规划。调查结果显示,大部分学生在选择高考选考科目时的主要依据是"个人兴趣"和"意向专业要求",超过 90% 的学生确定将来就读专业的方式是"自己选择";超过一半的学生希望通过高中生涯教育了解自己的兴趣、能力和性格。

（5）根据"对我校当前数理科技特色学校课程开展的整体满意度"的调查结果,55% 的学生表示满意,24% 的学生表示基本满意,16% 的学生表示一般,5% 的学生表示不太满意,总体上来说,绝大部分学生对目前学校的数理特色课程开展表示满意。

除问卷调研外,本次还开展了面向三个年级段不同班级的 30 名同学的访

谈,访谈结论如下:

（1）谈及"你是否知道学校在建设数理科技特色高中"时,大部分学生都表示"知道",即使不知道的同学也表示能在日常学习和活动中感受到学校浓厚的数理学习氛围。比如最近正在开展的"数理学术节"活动就吸引了许多同学参与,日常也能听到周围同学探讨相关问题。

（2）谈及"觉得哪一门课最具海亮高级中学的特色"问题时,超过5/6的学生认为学校最具特色的课程是五大学科荣誉课程和数理强基课程,选修过相关课程的学生对任教老师和课程质量都评价较高。

（3）就对数理特色校本课程的实际参与体验而言,大部分学生都表示体验良好。有同学认为选修的特色课程可以促进对知识的理解。一位参加过学校物理强基课程的同学就聊到自己喜欢这门课程的原因是随着强基课程的学习,他看待物理学知识的视角更加高远,物理课堂上没学懂的知识也似乎一下子融会贯通了。有同学觉得数理特色课程的学习改变了自己的学习方式及习惯,有利于主动思考、主动学习,极大提升了学习积极性;还有一些同学认为特色课程的方式体现了选择的自主性,可以多尝试课程,提前体验课程,有益于自己的生涯规划;但也有一些同学认为额外的特色课程学习会加重负担。

（4）谈及对学校特色课程开展的建议时,有学生建议可以增加实践类课程,增强操作能力,加深对相关课程的理解,有学生建议在学术节活动之外,可以增设更多数理活动,比如专家讲座、科技展、学生论坛等;针对学校的评教机制,有学生建议给予学生更多的自主性,让学生放心表达;而在对学生的评价方面,有学生建议结果性评价和过程性评价应该并重,这样可以提升学习兴趣;就课程安排方面而言,有部分学生建议课程安排可以更加集中并对课程结构做出适度调整,增强连贯性的同时可以满足不同学生的学习需求。

（二）海亮实验中学

高中分类办学和特色课程建设是当前高中不断创新的重要举措。为更好地对分类办学和特色课程进行深入探讨,海亮实验中学面向全校30%的学生,就目前以"博雅健行"为主题而开展的特色课程进行了问卷调查,同时在各年段抽样10名同学进行了访谈,并请他们提出了自己的看法和评价。

（1）通过专业化教学提高个人学习效率

访谈中,学生们普遍认为通过分类办学的模式,可以更加精确地选择自己感兴趣的课程;同时让自己更有针对性地进行学习,能够有机会发挥自己的兴趣和优势,更加有效地扩大知识面。如一位高二学生表示:"我比较喜欢语文和政治,但我平时上课不太发言回答问题,所以我选择了模拟法庭课程,可以有舞台展示自我。"

特色课程往往聚焦于某个领域的深度探究,例如艺术、科技、体育、社会实践等,开设特色课程的老师教学资质高,经验丰富,学生通过特色课程加强了专业化的学习,从而能真正掌握某个领域的知识和技能。因此,特色课程能够提高学生的学习效率,能够使他们在更短的时间内掌握更多的专业知识,并且在实践中不断巩固。

(2)通过解放思维让学科学习更有趣

分类办学可以让学科学习更有趣,有利于兴趣的深入和扩展,从而激发学生的学习热情。如一位高一学生表示:"我在中学阶段就对历史感兴趣,所以在选择高中的时候我选择了人文高中的海实,让我可以更好地关注和学习历史,而且让我在历史方面有了更深的了解。"

可以说在特色课程开设中,学生的学习任务变得更加灵活和自主,没有那么多的标准答案和常规的思维方式。这种解放思维的学习方式可以激发学生对知识的探究和创造,使学生能够在更自由的环境中发挥想象力和创造力。

(3)提供多元化学习途径使知识更全面

学生表示海亮实验中学的特色课程与一般授课不同,摒弃了一成不变的教学模式,提供了更多元化的学习途径和方式。高三的一位同学说:"通过参加志愿者的社会实践,让我更深入地思考了学校和社区联动的问题。同时也在三位一体的面试中有了更出色的表现。"

特色课程让学生可以通过线上学习、课外实践、社会调研等方式,在不同的情境中掌握不同的技能和知识点。这种灵活、多样的学习方式,有助于学生更好地应对未来的学习和生活挑战,能让他们更加高效地获取知识和技能,更好地获得成功。学生们普遍认为分类办学可以让自己接触到更多科目的知识和思维方式,加深对各科的理解,更有利于全面提高综合素质。

(4)拓展兴趣,体验不同学科的魅力

学生们认为特色课程可以让自己体验不同学科领域,全面拓宽自己的知识结构,开阔眼界。如一位高二学生表示:"我在选考中并没有选择生物课,但学校开了'生物萌芽社团课',觉得名字挺好听的,就试着报名参与了。在活动中和老师一起做叶脉书签、生态瓶,发现生物没有传统课堂上说得那么抽象。让我对未来的生物学领域有了更多的了解,让我慢慢喜欢上了探究生命的奥秘。"

学科的学习往往以理论知识为主,学生容易感到无趣或枯燥,从而放弃一些学科的学习。而特色课程往往通过设计个性化的教学计划、实践操作和展示活动,让学习变得有趣和具有挑战性。这种趣味性是提高学科魅力的重要因素之一,能够让学生对学科产生浓厚的兴趣,提高学生对学科的参与度。

（5）培养实践经验和创新意识

特色课程为学生提供更多自主探索和参与的机会,以实践和体验为基础的特色学习环节,可以有效提高学生的综合能力和实践经验。如一位高三学生表示:"我选择了博雅辩论课程,这让我在校内也有了更多的自主思考、自主讨论的机会,还培养了我的团队协作和创新思维能力。"

（6）通过自主选择强化教育与职业的衔接

海亮实验中学的特色课程不仅强化了知识整合和应用能力,促进互动式的学习氛围,更拉近了未来职业选择和专业需求的科目的关系。如一位高一学生表示:"我选了音乐课程,这门课程的教学有专业的音乐老师指导发声和钢琴的学习。从课程设置到教学方法都很有新意,让我更加喜欢学习音乐,坚定了之后选择考音乐学院的想法。"

可以说在海亮实验中学,特色课程的学习可以让学生更好地了解职业天地,学会选择未来的专业领域,更好地为升学和就业做准备。

（7）特色课程和专业课学习难两立

访谈中如一位高二学生表示:"我挺喜欢去上特色课的,但是平时作业比较多,有时候走班还是在晚上,导致课务冲突,上特色课程有点心有余而力不足。"很多学生平时应付考试就花费了大量的时间和精力,所以学生认为特色课程往往需要投入更多的时间和精力,在专业课程的压力下没有时间和精力去精心学习和探究解特色课程。

（8）结语

以上几点是高中生对特色课程建设的评价。通过此次访谈,我们可以发现海亮实验中学的学生对分类办学和特色课程的评价总体较高,学生可以从中发掘自己的兴趣、优势,以及发现不足之处。学生还认为特色课程能够发掘自己的潜能,有助于提高自己的学业水平,培养自己的兴趣爱好和创新能力,帮助自己更好地选择未来的专业,长远来看还可以增强自己的竞争优势,也更有利于未来的职业发展。此外,学生们也提出了一些建议,如学校可以更加注重特色领域的拓宽性,协调特色课程和专业课程,更好地丰富和优化特色课程的安排。

综上所述,高中特色课程为学生提供了一个全新的学习机会,特色课程的出现,丰富了学校的课程设置,增加了学生多样化的学习途径,同时在增强学生综合素质和竞争力上,具有非常重要的意义。海亮实验中学接下来在分类办学和特色课程的制定过程中应综合考虑学生的诉求和反馈,以确保学生们受到更好的教育和培养。

（三）海亮外语中学

海亮外语中学通过整合自身在师资、课程和办学成果方面的优势,细致梳理办学历史、办学资源与条件,梳理学校当前在课程建设方面所存在的系列问题,重构学校的教育哲学,进一步明确了特色办学的方向,并通过调查和访谈的形式对学校办学成果进行过程跟进。截至目前,海亮外语中学已经在学生录取、竞赛获奖、语言成绩、教师获奖等方面取得了丰硕成果。

为了进一步总结经验、发现问题,进一步完善外语特色课程体系,进而实现学校教学质量的新发展,海亮外语中学于 2022 年 12 月开展了针对全校师生的关于外语特色学校建设满意度的问卷调查和访谈,并在此基础上形成相应的调查报告。

本次调查共计涉及 953 名学生,占在校学生的 67%。就性别来说,包含男生 575 人,女生 378 人。就学部来说,包含致雅部学生 526 人,致新部学生 427 人。就年级分布来说,包含高一年级 308 人,高二年级 297 人,高三年级 348 人。

本次参与调查和访谈的学生样本的性别、学部、年级等分布符合学校的实际情况。

结论一:目前学生对学校的特色课程体系建设总体上是满意的。

根据"对当前我校外语特色学校课程体系的整体满意度"的调查结果,52%的受访学生表示满意,35%的学生表示基本满意,10%的学生表示基本满意,3%的学生表示不太满意。总体上来说,绝大部分学生对目前学校的外语特色课程体系表示满意。

根据"对我校目前各类课程的课时安排情况的满意程度"的调查结果,50%的受访学生表示满意,36%的学生表示基本满意,11%的学生表示需要改进,3%的学生表示不太满意。由此可以看出,目前学生群体对外语中学的课时安排情况是相对满意的。

根据"与其他课程相比,学校对外语特色类课程实施所采取的保证措施力度大吗?"的调查结果显示,49%的学生表示比较大,35%的学生表示很大,13%的学生表示不太大,3%的学生表示很小。由此可以看出,大部分学生认为学校对于外语特色类的课程建设采取了相对充裕的保障措施。

根据"对我校课程实施保障的满意程度"的调查结果显示,54%的受访学生表示满意,36%的学生表示基本满意,7%的学生表示需要改进,3%的学生表示不太满意。因此从总体上看,学生对于学校目前所实施的课程保障是相对满意的。

根据"对我校 GPA 评价机制的满意程度"的调查结果显示,47%的学生表示满意,36%的学生表示基本满意,11%的学生表示需要改进,6%的学生表示需要改进。从结果来看,绝大部分学生对学校目前的 GPA 评价机制是相对满意的。但是也需要关注到,累计 17%的学生认为目前 GPA 评价机制有改进的空间,后续可以有针对性地开展学生意见征求会,了解学生对于 GPA 评价机制的想法,作为未来建设外语特色评价机制的重要参考。

根据"对我校俱乐部课程的满意程度"的调查结果显示,55%的学生表示满意,34%的学生表示基本满意,9%的学生表示需要改进,2%的学生表示需要改进。由此可以看出,目前大部分学生对学校的 GPA 评价机制是基本满意的。

根据"对我校社团课程的满意程度"的调查结果显示,54%的学生对社团课程表示满意,34%的学生对社团课程表示基本满意,9%的学生表示需要改进,3%的学生表示不太满意。由此可以看出,绝大部分学生对学校社团课程的质量是基本满意的。

结论二:学生认为语言类课程具有最鲜明的外语特色,并且认为特色课程质量较高,部分学生对外语特色课程体系的认知存在偏差。

根据"你认为目前在外语中学的课程体系中,最能体现外语特色的课程是哪一类"的调查结果显示,46%的学生认为是语言类课程,32%的学生认为是带有鲜明外语特色的活动,16%的学生认为是俱乐部课程中的外语及外国文化类课程,6%的学生认为是社团课中的外语及文化类课程。由此看来,学生群体认为语言类课程和外语特色类活动具有最鲜明的外语特色。

综合访谈结果可知,大部分学生同样认为语言类课程最具有外语特色,对任课教师的评价也普遍较高,认为教师很负责任,并且上课质量很高;也有学生表示升学指导类课程具有更加鲜明的外语特色,因为可以帮助他们明确自己未来的升学目标。

就实际参与外语特色类课程的体验来说,大部分学生表现出了明显的兴趣,并表示收获颇丰,也有部分学生表示在最开始的时候,因为自己对语言并不算熟悉,所以表现出了一定的不适应,但随着自己语言水平的整体提升,逐渐适应并喜欢上了语言课。

根据"你之前是否参加过外语特色类课程"的调查结果显示,70%的学生表示参加过外语特色类课程,30%的学生表示没有参加过外语特色类课程。该结果与学校实际的课程安排存在一定偏差。按照学校的教学体系安排,外语特色类的语言课都纳入到了各个行政班的统一课时安排之中,而仅有70%的学生表示参与过外语特色类课程,这说明目前还有部分学生对于"外语特色类课程"的概念理解存在偏差,后续还需注意外语特色学校相关文化在学生层面的宣贯和影响程度。

大部分学生对"外语特色课程"的概念有相对清晰的认知,但是也存在着部分学生会误把学考语文类课程当作是外语特色类课程,也有部分学生对当前学校整体的课程体系和课程架构并没有非常清晰的了解,比如在学校已经有射箭课的基础上,仍在访谈中表示希望学校能增开射箭课,在学校已经有生活体验课的基础上,仍然希望学校增开烹饪课。

结论三:学生整体更关注教师授课的趣味性,希望增加更多语言类课程和文化类课程。

根据"为了激发大家的学习兴趣,你觉得老师可以尝试的做法"的调查结果显示,58%的学生表示应该注重提高教学内容的趣味性,24%的学生表示应该增加活动项目,11%的学生表示应该进一步积极鼓励和支持同学们的学习和创作,7%的学生表示应该使用先进的教学媒体。由此看来,学生对教学内容的趣味性关注最高,这也可以成为后续外语特色课程建设的重点参考方向之一。

就希望新增的外语类课程和外国文化类课程来说,很多学生表示希望能够增加三外类课程,比如对致雅部的学生来说,除了英语、日语(或韩语)外,还希望能够学习法语、西班牙语等三外;也有学生表示希望能够增加更多的文化类课程,如日本文化类和方言类的课程,以此为基础来加深自己对相应文化的认识和了解;也有多名同学表示希望能够增加外国饮食文化与实践类的课程。

（四）海亮艺术中学

本次调查充分考虑了受访者的代表性,在学生总人数的 30% 中开展了调查研究,在具体人员选择上,兼顾专业、年龄、年段、性别、生源地等要素,最大程度确保程序科学。

在学校育人理念的认同层面,学校在育人目标的宣传上尚有欠缺,需要强化在集会活动或校园环境中体现育人目标的内容,同时确保学生对育人目标逻辑的理解,从而达成学生和老师双向奔赴的理想效果。在国家课程校本化成果比较显著的科目中,大多数学生选择了语文学科,他们认为语文学科的学习充满艺术元素,老师在上课时比较注重艺术氛围的营造,比如利用歌曲、戏剧等艺术形式加深对课文内容的理解。在评价方式上,受访学生也表示语文学科课堂上老师对学生表现的多元评价能极大调动自己学习的积极性。这说明我们在对老师开展校本化培训时应注重对学习氛围营造、课堂活动设计和评价方式科学性方面的强调。

在分类办学的课堂活动方面,多数同学认为在"项目制"的学习过程中,能领略到多学科的综合魅力,尤其是能发现一些国家课程之外的艺术魅力。例如语文学科中文本的写作美、历史学科中人物的阅历美等。受访学生认为这些活动能让自己更直观地接触到艺术,体会到艺术给自己带来的灵魂共振。由此可以看出,同学对于艺术氛围的营造、艺术情感的体验非常重视,因此在组织艺术特色活动时,要杜绝形式主义,要更加注重活动的艺术内涵。受访同学还认为艺术气质的培养不应该是通过应试教学来实现,只有鉴赏类校本课程才能让学生真正理解艺术对于生活的意义。

在教学设施方面,半数学生都表示目前的设施设备不能满足特色课程开展的要求,例如钢琴房、舞蹈房等设施设备的落后和不足的问题。受访学生表示,设施设备的保障是非常必要的。由此可以看出,为了进一步发展校本特色课程,助力艺术高中的高位发展,设施设备问题的解决是迫在眉睫的。在访谈结束后第一时间,学校就进行了更加全面的调研,充分了解了师生对设施设备的意见和建议,设施设备的修缮和完善工作已在规划和开展之中。

# 第三节　办学成效

## 一、海亮高级中学的办学成效

（一）探索数理科技高中办学模式,学业质量显著提升

近年来,作为成长型学校的海亮高级中学办学成绩显著,走上了一年一突破的快速发展之路。数理科技高中创建工作推进以来,学校办学成绩稳步提升,学生培养获得了社会各界和知名高校的认可。以数理学科竞赛和强基课程为依托,海亮高级中学通过高考强基计划、北京大学数学英才班、清华大学丘成桐数学科学领军人才培养计划、丘成桐数学英才班、北京大学物理卓越计划、全国五大学科竞赛国家集训队保送等途径,为国内一流大学输送了一批优秀人才。

随着数理科技高中建设进程的深入推进,海亮高级中学在高考、学科竞赛上全面奋进。学科竞赛在近几年获得了"12 金 8 银 1 铜"的跨越式发展,史皓嘉同学成为绍兴历史上首位入选 IMO 国家队的选手,学校竞赛团队迅速进入省内第一梯队。平均每年有近百名毕业生被清华、北大、浙江大学等 C9 名校录取。被双一流建设名校录取的学生每年已接近两百名。2021 届高考,学校被北京大学录取 4 人(含保送),被清华大学录取 3 人,被中科大少创班录取 4 人,此外还有数十名优秀生通过强基计划和高水平三位一体被顶尖名校录取。2022届高考,通过多渠道升学途径,学校被北京大学录取 4 人(含保送),被清华大学录取 3 人,被中科大少年班录取 3 人(占全省五分之一,排名全省第二)、少创班录取 3 人,被教育部"双一流"大学以上院校录取 180 人。在以上多渠道升学途径中,数学、物理等学科的竞赛和强基培养尤为重要,数学和强基课程的支撑和优秀的师资团队是成功的关键。"数理科技筑基英才培养,高远发展服务国家需求"的办学定位初露锋芒。在 2023 届高中考,邱璞同学以 701 分的成绩夺得诸暨市高考最高分,史皓嘉同学获得清华、北大保送资格,李子灏、郑哲安、谢金泽 3 位同学通过强基计划被清华、北大录取,吴钶、庞希来、杜俊豪三位同学通

过丘成桐领军计划被清华大学录取,胡林敏同学通过专项计划被北京大学录取。另外,有 5 位同学进入中科大少年班,1 位同学进入西湖大学,特控线上线率达到 77%。在学科竞赛上,我校也取得了耀眼的成绩,史皓嘉同学一路过关斩将,在第 64 届国际数学奥林匹克竞赛中以满分的成绩夺得金牌,为祖国赢得了荣誉。这一突破,填补了诸暨教育乃至绍兴教育在国际数学竞赛领域的空白,是对诸暨教育事业走上国际舞台的一次生动诠释,这份令人振奋的殊荣,正是海亮高中深耕数理科技高中办学,努力践行党的教育方针的有力佐证。全面开花的成绩让学校在数理科技高中办学精神引领下的"一体、两翼、多通道"的人才培养模式逐步成型,走向成功。

除此之外,海亮高级中学还注重数理科技人才的基础素养提升。学校于 2016 年就创建了创新科技实验室,其中包含创客实验室、机器人实验室、声光电实验室。实验室自创办以来取得了优异的成绩,不仅令学生们感受到了创新科技乐趣,也为其生涯发展提供了良好的平台。海亮高级中学每年还以名校科技文化等为主题举行至少两次研学活动,不仅加深了学生对于课本知识的理解,更能够提升理想信念,弘扬科技报国的情怀。基于这样的全方位培养,海亮高级中学毕业生的质量获得了重点高校、学生家长和社会的普遍认可。

(二)凝练数理科技高中办学经验,服务乡村振兴

"县域教育一日不振兴,海亮教育一日不收兵",这是海亮教育面对教育初心和情怀做出的紧跟时代发展的响亮回答,海亮高级中学在不断完善数理科技高中建设过程中,及时凝练数理科技特色,紧跟集团站在更高的视角,以参与共同富裕、乡村振兴为使命,将全部的精力奉献给乡村教育振兴,希望能够凭借自己的力量,输送优质教育服务,共享优质教育资源,尽可能多地改变浙江山区 26 县、革命老区,以及教育相对薄弱地区的教育现状,从留住优质生源、培养优秀教师、引入杰出人才等各个维度、各个领域,全方位实现县域教育的全面振兴。

海亮高级中学与云南景东海亮高级中学等多所乡村振兴学校结对,在数理科技特色课程的赋能下,乡村振兴学校也取得了数理学科特色发展的初步成果,采用学校学科教研线上线下交流学习、双师课堂、名师送教、驻校学习等途径助力乡村振兴县域学校教师成长。具有学科特长和深度学习兴趣的拔尖创新人才培养也取得了突破性进展:数学学科竞赛协助培养学生童麟翔以全省前 10 名的成绩入选省队并获得银牌,有希望通过强基获得清华、北大破格录取资

格；信息学竞赛协助培养学生时庆钰获得金牌并保送北京大学图灵班。海亮教育乡村教育振兴行动开展不到 2 年的时间，海亮高级中学已经在全国 19 省服务 70 多所学校，无一例外均取得了显著的成果。就在刚刚过去的 2023 年春节，有接近 30 个县域，以党委政府和教育主管部门的名义发来感谢信，这给了海亮高级中学很大的鼓励和极大的信心。相信在 5 年或 10 年之后，甚至在更远的将来，海亮教育走过的县域，海亮团队服务过的乡村，教育会有改变，而由教育带来的经济与社会的连锁反应也会不断浮现。

## 二、海亮实验中学的办学成效

海亮实验中学坚持"人皆有才，人人成才，让每个生命出彩"的办学理念，秉持"博雅健行"的育人目标，致力于培养具有"一等人文气质、一等君子风范、一等身心素养"的博雅英才。建校以来，学校先后获得"全国特色民办示范学校""中国民办教育十大品牌学校""浙江省重点中学""浙江省数字校园示范学校""浙江省健康促进学校""绍兴市平安校园"等荣誉称号。办学理念和办学成果获得家长充分认可，已经在诸暨乃至绍兴和全省形成一定的知名度。近年来随着分类办学的提出，海亮实验中学积极拥抱变革，主动做出改变，依据自身特点和优势提出将学校打造成地区领先、全省突出、全国知名人文高中的办学目标，在这一目标的引领下，海亮实验中学的办学质量和水平又进一步得到提升。

（一）学生规模不断扩大，生源质量显著提升

学生规模逐年扩大，从建校初的不足千人，发展到目前在校生数超 4800 人，海亮实验中学已经成为海亮教育旗下学生人数最多的学校，在诸暨地区乃至绍兴地区都是单体规模最大的高中，这主要得益于在分类办学的背景下学校办学质量的提升在家长中树立了口碑，慕名而来的学生络绎不绝，学校规模不断提升。

在学生人数不断增加的同时，生源的质量也在不断地提高。从原来的学校规模优先到学生数量和生源质量并重的发展追求的这一改变，使得生源质量得到显著的提升，目前，博雅班是海亮实验中学重点打造的王牌班型，该班型的学生以冲击双一流名校为目标，每年高考成绩超过特控线的学生达 90% 以上。在学校发展的较长一段时间里，博雅班型数量往往只有 1—2 个，而近年来以博雅班型为代表的优秀生班级已达 10 个以上，如计入北大基地班等班型，优秀生班

级数占比接近一半,而这一比例还在逐步增大,并且在此类班型中不乏诸暨市中考前 50 名的学生。

（二）师资结构不断改善,名优特教师比例逐步提高

随着学生数量的增加和生源质量的提升,原规模情况下的教师配置已经不能够满足发展,因此,近年来海亮实验中学引进大量的优秀教师,并持续投入大量资源进行教师培养,目前成效已经显现。

师资结构明显改变,从年龄来看,目前海亮实验中学教师平均年龄 41 岁,正值教师的黄金年龄,精力充足,经验丰富;从毕业学校来看,招聘要求越来越高,从传统文理科二本院校毕业的教师减少,从双一流院校甚至北大毕业的教师不断增加。

从学历组成来看,目前有研究生 42 人、博士生 1 人,98％以上的教师都具有本科及以上学历;从职称来看,目前有高级职称教师 21 人,一级及以上职称的教师占比 45％,比例逐年增加。

此外,学校持续引进名优教师并建立名师工作室。目前有常驻省级名师工作室 2 个,特级教师 6 人,正高级教师 1 人,有省级优质课一等奖及以上教学类竞赛获奖教师 10 人,市级以上教学竞赛获奖教师百余人。作为具有地区性影响力的"人文高地",学校文科团队优势突出,特级教师、全国优质课一等奖获奖教师、省教坛新秀皆备,教学水平首屈一指;理科团队由特级教师、正高级教师、全国优秀教师、省春蚕奖获得者倾力打造,综合实力强劲。

（三）升学考试成绩亮眼,多途径升学成效突出

近年来,学校历次高考指标均能超额完成教体局的要求,超过特控线的人数在不断增加,获得了家长认可。

以 2022 年高考为例,海亮实验中学有 2 名学生考取北京大学,C9 名校录取 36 人,"双一流大学"以上院校录取 106 人,超过特殊控制段及本科线人数呈倍数增长。同时,学校注重多途径升学,如:体育高考途径,在 2022 年高考中 1 名学生的体育综合分列全省第一名,被华东师范大学录取;在美术高考中,1 名学生的美术综合分列全省第十一名,被上海交通大学录取;还有多名学生通过三位一体、强基计划、提前批等实现高考跨越。

（四）课程体系不断丰富,关注学生全面发展

在分类办学背景下,学校特色课程体系建设尤为重要。目前,海亮实验中

学已经形成具有匹配人文高地建设目标的特色课程体系,致力于培育全面发展的博雅海实学子。

以国家课程为基础,结合地方特色、学校特色及学生学情进行校本化实施探究,打造具有海实特色的国家校本化课程体系,目前已经在语文、历史、地理等学科探索成功并开始落地实施,形成可借鉴、可复制的教学案例,学生反响良好,业内专家认可度高。

以"博雅健行"为育人目标,打造四大类校本课程群(即博课程群、雅课程群、健课程群、行课程群)。校本课程群的建设是学校育人特色发挥的重要途径,通过四大类课程群的构建和实施,旨在培养博观天下、温文尔雅、健康阳光、自主探究的博雅海实学子,如通过"演讲力"课程的学习,培养了学生的思辨能力,拓展了学生的知识储备。

作为课程的另外一种形式,学校向来非常重视以全面发展为追求的博雅特色活动,特别是在人文高地办学目标提出后,学校打造了一批受学生欢迎的特色活动,如心语话红楼、辩论赛、诗歌朗诵等。2022 年,学校体艺竞赛全面开花,成绩显著,获全国金牌 1 项、一等奖 10 余项、浙江省级奖项 100 余项。

(五)品牌效应不断扩大,社会声誉进一步提高

办学成效就是最佳的品牌宣传,随着一系列办学成果的呈现,海亮实验中学在各级各类官方媒体上的亮相频率增加,推送的相关短视频收获点赞率累计达千万以上,还有媒体在头版头条报道学校的相关事迹。在诸暨地区,海亮实验中学已经是家长心中的第一梯队学校,是学生想要努力考入的名校。在浙江省其他地市,海亮实验中学也几乎是家喻户晓,地区的影响力得到了显著的提高。此外,学校得到同行的高度认可,有很多兄弟学校组团来学习办学经验。

## 三、海亮外语中学的办学成效

(一)重构科学教育哲学,持续优化课程体系

自海亮外语中学启动分类办学以来,重构了学校教育哲学,明确了办学方向、办学愿景、办学使命和育人目标。在此基础上整合学校课程体系,全面实施国家课程、推动国家课程校本化,并开发具有鲜明外语特色的校本课程,同时关注学生的语言与知识、思维与品格的提升,并配套以专业完善的课程实施体系和课程保障体系,全方位保障学生的优质升学,最大限度地达成学校的育人目

标和办学目标。

（二）升学成绩不断提升，名校录取屡创新高

通过系统的语言学习、应试准备与背景能力提升，海亮外语中学在 2022 年斩获颇丰。在 2022 年的升学季中，海亮外语中学致新部高三 32 名学生共收获 129 封录取通知书；3 名同学被 G5 大学录取，18 名同学共获得 28 封世界/全美排名前 50 的大学的录取通知书，22 名同学共获得 53 封世界/全美排名前 100 的大学的录取通知书。海亮外语中学致远部毕业生 81 人，共收到 364 封录取通知书，人均 4.5 封，13 名学生被 G5 大学录取，占学生总数的 16%，49 名学生被 TOP50 大学录取，占学生总数的 60%。海亮外语中学致雅部日语特色班学生中，赵梓萌获得日本早稻田大学（日本私立大学综合排名第 1）和日本北海道大学（2022 日本 THE 大学排名第 6 名）录取通知书，另有 2 人获得日本东京理科大学（日本私立大学综合排名第 3）录取通知书，3 人获得日本立命馆大学（西日本地区私立大学综合排名第 1）录取通知书。致雅部韩语特色班学生中，3 名同学获得在韩国排名第 2 的延世大学的录取通知书，9 名同学获得在韩国排名第 5 的高丽大学的录取通知书，23 名同学获得在韩国排名第 4 的成均馆大学（QS 世界排名第 99）的录取通知书。

（三）学生荣誉持续突破，教师获奖不断

与此同时，通过系统性的思维训练，海亮外语中学的学生在各类学科竞赛中同样收获颇丰：多人在澳洲 AMC 数学竞赛、美国数学思维挑战赛、澳大利亚科学奥林匹克竞赛、英国物理思维挑战赛、加拿大初级化学奥林匹克竞赛等学科竞赛中获奖；在 2021 希望之星全国盛典中，1 名同学获得全国一等奖，3 名同学获得全国二等奖；在第 22 届世界华人学生作文比赛中，2 人获得三等奖。得益于系统、科学的语言训练，在 2022 学年，有 2 名同学分别获得托福 105 分和 99 分的高分，2 名同学获得雅思 7.5 分的成绩，7 名同学取得日语等级考试最高等级 N1，另有 3 名同学获得韩语 TOPIK 5 级。

正所谓教学相长，在进行特色课程体系建设的过程中，学校教师的素养也有了非常大的进步：在诸暨市教育技术（信息化）优秀论文评比活动、诸暨市中小学（幼儿园）课堂教学评比活动中，多位老师获得奖项。与此同时，在海亮教育的系列评奖中，外语中学同样收获颇丰：王婷婷校长获得第八届"感动海亮十大人物"；海亮外语中学致雅部获得 2021 年度海亮教育管理集团先进集体；詹

岳姗、陈丹霞获得 2021 年度海亮教育管理集团优秀教师；陈炎炎、柴梦成获得 2021 年度海亮教育管理集团优秀班主任；方颖、陈维均获得 2021 年度海亮教育管理集团先进工作者。除此之外，海亮外语中学积极参与最佳办学提炼工作，将在创建外语特色学校过程中沉淀的经验积极共享，助力海亮教育的乡村振兴建设。在第二期海亮教育"最佳办学实践"提炼工作中，谈磊老师所提交的"模拟联合国"课程获得优质资源类二等奖，代鑫鑫老师提交的"拯救同学们眼中的'异类'——特殊身心学生的引导教育案例"获得优质案例类三等奖和优秀个人奖，海亮外语中学获得最佳团体奖。目前在第三期办学提炼工作中，外语中学提交的申报选题数达 52 项，在海亮教育旗下学校中排名第一。

## 四、海亮艺术中学的办学成效

海亮艺术中学在特色办学理念的引领下，通过发展规划的项目落实，逐步凝练并形成了"向美校园"的办学特色，学校课程"文艺融合"的特色逐渐凸显。

（一）课程研发循序渐进，教学管理相辅相成

在教学层面，学校积极研究国家课程、开发校本课程，尝试在国家课程中融入美育元素，体现特色化教学，目前已开设美术、音乐、传媒三大专业。在管理层面，学校思考并探索合理的团队考核方案，目前已经形成《海亮艺术中学文化教师考核方案》《海亮艺术中学专业教师考核方案》《向美教师评比方案》等多个鼓励教师精进教育教研的管理文件。

（二）师资结构不断优化，教师素质逐步提高

在教科研和教师培养方面，海亮艺术中学不断探索科学管理方式，逐步实现学校科研管理规范化、制度化，全方位提高教科研质量，打造了一支具有现代教育、美育教学理念的会学习、会反思、会研究的科研骨干教师队伍。学校鼓励教师总结、交流和推广科研成果，力争产出一批艺术教学、美育融合等领域的教科研成果。在集团内部、市级及以上教科研活动相关评比中，获得论文评比一等奖及课题获奖的成果屡见不鲜。例如张春宇老师的"艺术类专业理论教学校本课程建设规划方案"荣获 2022 年诸暨市高中学科课程建设规划方案一等奖，吕珂鹏老师"学生课间玩闹导致意外受伤"荣获诸暨市校园伤害纠纷调解工作典型案例二等奖，赵立伟老师荣获诸暨市第十届中小学班主任基本功大赛三等奖等。

**（三）校园文化深入人心，德育美育深度融合**

德育管理方面，在"立德"和"向美"的价值引领下，以德为先，以美为重，通过文化、课程、管理、活动、实践、协同六大育人方式，以美德、美心课程为主要载体，根据年段分为：向美启航，向美续航，向美远航三个课程群，助推学生获得多彩的审美眼光，学会精彩的生活追求，最终拥有出彩的幸福人生，使学生德育素质不断提高。

**（四）升学考试成绩不断突破，身心健康全面发展**

在升学方面，自 2016 年建校以来，海亮艺术中学办学成果斐然，被知名院校录取的人数屡创新高，获得名校校考合格证的人数逐年攀升，本科院校上线率也逐步提高。多位优秀学子考入意大利佛罗伦萨音乐学院、英国皇家戏剧学院、中央戏剧学院、北京电影学院、中国美术学院、上海音乐学院、浙江音乐学院等海内外顶尖艺术学府，同时还有多名学生进入中国地质大学、重庆大学、厦门大学、华东理工大学、南京信息工程大学等双一流院校学习。海亮艺术中学始终注重文化课和专业课双优生的培养，建校仅仅 6 年，涌现出一批文化专业双优毕业生。仅 2022 届毕业生中，就有 6 名同学被中央戏剧学院、中国美术学院和上海音乐学院录取，近三届毕业生被"国字头"名校、双一流综合类大学录取的人数逐年攀升。建校以来共有 41 名学生考入国家"双一流"建设高校，51 名学生考入省重点建设高校。另外，还有 166 名学生考入西安美术学院、浙江音乐学院、广州美术学院等知名艺术类院校。在生源质量不理想的情况下，2022年的高考中学生本科上线率近 50%，真正做到了"分类办学、错位发展"。在历届诸暨市中小学艺术节比赛中，海亮艺术中学多次获得中学组声乐一等奖、中学组器乐一等奖、高中组绘画一等奖、高中组摄影一等奖等奖项。另外，在"李斯特纪念奖"国际钢琴公开赛，"白玉兰"国际音乐节国乐竞演大赛等国际、国家级的艺术类比赛中，海亮艺术中学学子也都取得了优秀成绩。在学生活动方面，以 2022 年为例，学校积极组织多项活动，如传媒专场海艺新青年我们"耀"青春、"琴时鸣乐"民乐音乐会、"黑白人生"钢琴音乐会、"时光正好"钢琴音乐会、"艺梦之声"声乐音乐会、各类画展、美术写生、台历书签创作等，为高三学生提供舞台实践机会，获取宝贵舞台经验，同时也为高一高二同学树立榜样，提升学生的自信心与艺术欣赏能力。

（五） 办学经验凝练总结，积极助力乡村振兴

在经验成果辐射方面，海亮艺术中学积极参与海亮教育"最佳办学实践"提炼工作，将本校在特色办学过程中取得的优秀成果形成案例，分享给偏远地区教育资源不够充裕的中学，为乡村振兴贡献海亮力量。此外学校还和江苏镇江江河艺术高级中学、中央美术学院衢州附属中学形成结对关系，在特色办学实践中加强沟通、互帮互助的同时，也促进了海亮艺术中学课程体系的进一步建设和完善。

# 第五章

# 分类办学与特色课程建设的讨论与建议

多样化发展是普通高中学校顺应学校发展需求和时代发展要求的重要举措,由于国家行政部门学校特色建设计划于 2010 年才具体提出,所以国内致力于建设特色普通高中的学校并不是非常多。在推进普通高中特色化建设道路上,海亮教育作为先行者,努力做出了很多开创性的工作,且经过实践取得了明显成效,其具体做法具有参考性。四所学校的经验沉淀可以为其他地区或学校找准学校特色定位、打造学校特色、创建特色高中提供参考和借鉴。

# 第一节  分类办学的共通路径

在分类办学与特色课程建设的过程中,四所学校所获得的经验体现出了一定共性。四所学校均高度重视教师团队组建,说明师资力量建设是分类办学和特色课程建设的重中之重。除此之外,还有对于顶层设计重要性的强调,以及在重要节点把控、因材施教以及校园文化建设上产出的优质经验,都具有普遍的参考价值。而除了共性经验之外,四所特色学校也有着各自独特的经验,也可供其他正在数理、文史、外语以及艺术方向进行或即将进行分类办学的学校参考。

## 一、学校顶层设计先行

分类办学不只是不同学校研发不同的特色课程,更是需要从顶层设计对育人目标、办学方向、办学愿景、办学思路等进行一定的重新梳理和优化。各校对于顶层设计的经验主要集中在以下几点:

（一）确定办学方向

四所学校均在分类办学之初梳理了本校办学历史、办学成就、办学基础,并分别邀请了来自南京大学、华东师范大学等校的分类办学领域专家进行了多次指导,确定了各校的办学方向、愿景、目标等。

具体来说,为响应集团分类办学的号召,各校分别开展了针对本校办学现状的调研,并结合调研结果以及未来发展的实际需要,对本校的教育哲学进行了重构。例如,海亮外语中学最终将办学愿景明确为"世界即学校、生活即学习、教育即未来",以立德树人为根本任务,以学以成人为育人主线,旨在打造多语种、多体系、多出口、多元化的外语特色高中,学校的育人目标也在此基础上明确为"培育具有家国情怀、理解世界规则、拥有未来视野的国际型社会精英和未来领袖"。

（二）成立办学小组

在确定了本校的办学方向之后,各校均成立了分类办学小组,在校长的带领下,以教学处为核心,以学部为主线,以学生处、财务处、后勤处等为保障,以年级为单位落实执行关于学校分类办学顶层设计具体落地的各项工作。分类办学小组会定期召开分类办学专项会议,由主要践行者教研组长汇报分类办学的工作进展情况,各小组成员围绕制约分类办学发展的突出问题和师生关心的热点难点问题,查实情、找问题、谋良策,及时把经会议研讨形成的一系列意见建议,转化为推动工作的思路、办法和政策举措,切实推动分类办学成果落地见效。

（三）建设办学制度

在分类办学提出时,四所学校的管理团队就着手制定分类办学的相关制度规划,进行相应顶层设计。学校管理制度的建设,主要是人财物制度,例如办学规划、一校一品管理制度、教师考核与激励制度等。海亮实验中学在《海实一校一品》中完整梳理了人文高地的育人目标、办学理念、学生特质、教师特质等内容;同时,在《海亮实验中学分类办学规划》中提出分类办学路径,让教师能够清晰地看到学校的规划,而不是摸着石头过河,这是在分类办学过程中收获的重要经验。海亮艺术中学也在不断完善《海亮艺术中学特色办学方案》,包括但不限于办学理念(学校文化)、办学思路、课程规划、课程实施与评价等。

## 二、特色师资团队建设

分类办学建设也是建设人才队伍的重要契机,事情能不能办好,人才是关键,分类办学和特色课程的建设离不开一支专业性极强的教师队伍。因此,四所学校均高度重视本校的教师团队建设,通过各种举措培养本校的教师人才队伍。

（一）打造人才智库

人才是分类办学和特色课程建设的重要保障,各校在积极引进地区一线名优教师同时,也与高校专家建立良好的关系。在分类办学和特色课程建设的各关键事件中,均吸收并采纳了专家们的宝贵建议,通过聚合专家的经验,为本校的分类办学和特色课程建设发展打下基础、找到方向。在人才智库的打造中,各校均构建人才外部引进路径,为分类办学和课程建设提供了强大的智力支持。

（二）培养内部教师

除了人才外引,在分类办学和特色课程的建设过程中,集团同样注重人才的内培。在分类办学过程中,团队建设至关重要,集团内部有助力教师发展的双通道培养学校——干部铁军学校和名师发展学校。四所学校借由干部铁军学校培养了大批管理干部,他们在理论和实践的锻炼下,迅速成为各个部门的管理骨干。在名师发展学校的培养下,各校每年组织教师内训,通过师徒带教、教师比武、业务考核等方式实现优胜劣汰,完成教师结构向优完善。在培养内部教师的工作中,海亮艺术中学每年至少组织一次教师外出考察浙江省各艺术特色高中,提升教学实践和演奏演唱水平,学习管理模式、课程设置、教学手段。

（三）招聘英才教师

特色师资团队的建设除了打造人才智库和培养内部教师之外,也需要各校积极引进名校毕业生以及有着丰富经验的优秀教师,扩充内部师资团队。各校现均已招聘到大批国内外优秀教师,教师队伍中涵盖北京大学、南京大学、浙江大学等国内双一流名校的毕业生和日本九州大学、立命馆大学、美国哥伦比亚大学、澳大利亚墨尔本大学等国际名校的毕业生。英才教师的招聘为分类办学下的特色课程体系建设提供重要智力支撑。

### 三、关键节点精准把握

由于分类办学的学生在常规高考之外也需要参与竞赛或艺术等额外考试,学生和教师面临很多重要节点。因此,各校在分类办学中注重将各种关键节点与日常课程深度结合,从而生成特色课程规划方案。

（一）课程规划与关键节点结合

各校针对竞赛学生的课程设计综合考虑高考规划和竞赛规划。例如海亮高级中学针对竞赛创新英才团队学生课程的设计综合考虑高考规划和竞赛规划,在高一、高二前置实施竞赛课程,利用周一、周三、周五、周日晚自习一、二、三、四节课的时间,有计划、有规划地展开竞赛课程的实施。高考和强基尖子生团队学生课程设计主要考虑了高考规划。在高一高二前置实施高水平和强基笔试课程,结合竞赛,在晚自习和其他可利用的课余时间,有计划、有规划地展开强基课程的实施,避开了高三冲刺首考阶段和冲刺二考阶段这种时间过于紧张、无法充分准备强基考试的时段。开课和执教教师由部分竞赛教练兼任。

（二）学生发展与关键节点结合

在具体的课程规划之外,也需要对学生发展与关键节点的结合制定出相应方案。海亮艺术中学绘制了艺考生三年考试时间轴,以考试为节点,明确中心工作,有舍有得,制定三年"状元"培养计划,提高艺术教师自身对校考的认知,重视整体的教学规划。

## 四、因材施教贯彻落实

在分类办学中,学生的发展方向高度多元化,那该如何为每位学生制定个性化的发展规划呢？在此方面,海亮外语中学和海亮高级中学均沉淀了丰富的因材施教实践经验。

（一）开展小班化教学

为了保证合适的师生比例,各校开展了小班化教学。其中,较为突出的是海亮外语中学,学校设立了致雅部和致新部两大学部,均采用小班化教学（20—30人/班）,每个班级均为中外教师联合执教,根据学生升学方向和未来职业发展,坚持以普通高中课程为核心,同时设置英语、日语、韩语、西班牙语、法语等多语种课程体系和多样化国际课程体系,帮助每位学生打造与众不同的个性竞争力,实现留学英国、美国、澳大利亚、西班牙、新加坡、韩国、日本等国家的世界名校的梦想。

（二）制定"一生一课表"

真正的因材施教需要做到从学生实际出发,根据学生的个体差异设置相应的课程规划。在分类办学和特色课程建设中,面对渠道多样的升学模式,尤其要设计好各条升学途径的备考节奏,协调好素养提高课程和文化课程之间的关系,将学生能力提升的效果最大化。因此,各校纷纷制定了适合本校生情的"一生一课表",做好学生的独立规划,根据学生的成绩背景,确定适合学生的培养通道,为最后的成功奠定良好基础,最大程度助力学生成功升入理想高校。作为竞赛强校的海亮高级中学会协调好教师团队和教练团队,由于除了竞赛保送和丘成桐计划,无论强基、高水平三位一体,还是中科大少年班等其他升学途径,都需要文化课的加持,所以在"一生一课表"的制定过程中,海亮高级中学根据学生竞赛备考的节点,做好学生的文化课跟进,让两类课程相辅相成,不可或缺。

### 五、校园文化自然落成

分类办学也应当通过物质文化建设和精神文化建设来促进校园文化建设,从而让分类办学的氛围深入人心,多角度成就分类办学。

#### (一)精神文化建设

分类办学的种种措施可以靠行政手段迅速进行全方位改变,但真正能够渗入人心,达成共识则需要校园氛围的烘托,依靠对校园精神文化的建设。在校园精神文化建设的过程中,各校特色深入人心,在高考选科上,海亮实验中学学生选择文科类的比例达80%,海亮高级中学的学生选择理科的比例高达80%。同时,各校会举办独具本校特色的社团活动,让师生能够感受到这所学校的"魂"。其中,海亮实验中学通过举办辩论赛、演讲、诗歌朗诵等活动营造本校的人文气息;海亮外语中学的整体特色活动安排则以学校的"艺术节""体育节"和"戏剧节"三大节为核心,以学年为单位安排多元化的特色活动,突出了鲜明的外语特色。

#### (二)物质文化建设

校园文化也可以是看得见的。学校的一草一木、一砖一瓦都在诉说着学校特有的故事,反映着学校的教育价值观。集团和学校敢投入、善投入,每一所学校都有特色的硬件设备进行特色支持,如海亮实验中学的历史泛论教室、海亮高级中学的数理科技大楼、海亮艺术中学的艺术楼和声乐教室、海亮外语中学的各国特色文化教室和模拟联合国等专用教室等。

## 第二节　分类办学的多元取径

除以上共性经验之外,每所学校都获得了极具本校特色的实践经验:海亮高级中学通过设立学段贯通班来招收拔尖人才;海亮实验中学通过意识宣传和落地方案保障了分类办学和特色课程的成功实施;海亮外语中学深度研究国家政策,制定并优化自身校本课程,同时结合实施规划和评价体系形成闭环;海亮艺术中学则获得了组织教研活动、"向美少年"评定、课程改革、完善教学设备设施的宝贵实践经验。

## 一、海亮高级中学

海亮高级中学在建设数理科技高中的过程中,积累了宝贵的分类办学和特色课程建设经验,可以简要概括为以下四点:

### (一)知识传授与能力培养的结合

海亮高级中学采取以基础课程为本、特色竞赛与强基课程为双翼、研究与创客并行的课程图谱。在特色课程的建设中,学校突出强调以数理学科为基础,加强数学、物理、化学、生物等基础课程建设,通过学科辐射,深化基础学科的课程影响力和扩展黏性,形成特色的数理品牌课程群。

同时,在知识传授的基础上,学校致力于培养学生优秀的数理思维品质、突出的创新运用能力和坚忍的钻研探究精神,实现科学思想、科学方法、科学知识和科学精神的统一。在数理学科的基础上,学校通过特色科学课程的建设对基础课程进行深化和拓展。针对不同培养需要,开设信息、创客、编程、实验等科学性课程,为数理学科提供更多元的发展渠道和更广阔的应用空间,让课程对接学生的知识融合,对接学生的社会生活,对接学生运用能力,采用多管齐下的方式,切实培养学生的数理学科素养。此外,教师在教育教学中通过转变教学方式和学习方式,做好大单元设计、深度学习、学科实践等特色教学活动,引导学生发现和提出问题、分析和解决问题,养成独立思考、自主学习和合作交流的习惯,强调从注重概念的讲授向注重概念的建构转变,强化自主钻研和合作探究。

### (二)夯实基础与拔尖创新的结合

所要夯实的基础既包括知识基础,也涵盖了人生基础。前者表现为在特色课程的建设过程中关注知识体系的完整性,从课程结构来看,要求课程具备完整的课程纲要、课程实施计划以及课程评价等;后者则要求课程应有助于培养完整的人,即追求的不单单是智力效果而是全面的发展,要求学生在具备完整的知识储备的同时,也要有完备的社会适应能力和技巧。海亮高级中学在教育教学体系设计中始终坚持五育并举,从文化基础、自主发展、社会参与三个方面构建框架,突出德育实效,提升智育水平,强化体育锻炼,增强美育熏陶,加强劳动教育,促进学生形成正确的世界观、人生观、价值观。

拔尖创新则意味着教育需要匹配学生的高阶成长需要,将学生发展成长和学科深化拓展相结合。在建设数理科技特色高中的过程中,海亮高级中学通过与高校、院所等科学研究机构合作的方式,将科研资源以课程和项目的形式引入,形成特色化、系统化、模块化的跨学科培养体系,满足国家对于拔尖创新人才的培养需要和学生个性化的发展需求;同时通过对优势数理科技资源的充分整合利用,将其辐射到全体学生,培养学生普遍的科学思维和意识,构筑未来投身科学研究的知识和能力基础。未来,学校还将通过以即将落成的海亮高级中学科技大楼为代表的硬件建设,以及通过电子图书资源、生涯测评系统、心理测评系统等软件准备,在全面满足数理科技高中建设和运转的各类高标准学科建设工作的同时,全方位为学生的发展奠基。

(三)个性发展与国家需要的结合

海亮高级中学在校本课程体系的建设过程中,关注课程对于不同阶段、不同需要的学生的适配度。对于高中低年级学段,着重引导学生培养学习兴趣,发现自己的兴趣;而对于中高年级学段,则通过课程帮助学生为科目选择和大学升学、未来择业做好准备,同时着重引导学生从基于自身特点和兴趣的不同发展途径提高自己的知识修养和能力水平,增强学生的实践能力和研究能力,形成专业兴趣和职业兴趣,为今后的专业发展和职业发展奠定基础。而在教育教学上,也注重学生基于兴趣开展的自主探究。课程设计注重激发学生的好奇心和求知欲。借助特色活动的持续开展,让学生将自己的奇思妙想通过研究和创造表现出来,充分发挥学生的想象力水平,以更好地激发学生参与活动的热情。

学校在鼓励学生探寻个性的同时,也在积极引导,将学生的个人发展导向国家需要的方向,为高校和社会培养可堪大任的未来人才。学校在推动教育创新时,注重"创新"与"守正"的结合,全面贯彻党的教育方针,坚守与深化国家课程,推动基础教育课程改革,培育社会主义核心价值观,将立德树人的根本任务落实在课程中。在课程设计中,通过选取素材创设情境,不仅可以激发学生的学习兴趣,而且可以将学生的学业学习与对社会发展进步的关注相结合,使得学生借由学习的过程，树立起学业报国、科技报国的理念，将当前的知识学习和能力培养与国家的长远发展联系起来。

（四）立足实际与外部推广的结合

海亮高级中学在创建数理科技高中的过程中所取得的成就，与学校自身长期发展的积淀，以及海亮教育的支持密不可分。学校在课程体系建设中，充分考虑了师资、学情和软硬件条件，发挥比较优势，激活内部潜能，补齐不足之处。在近年来实现了一年一突破，取得了令人瞩目的跨越式发展。而与此同时，学校并没有满足于此，而是紧跟海亮教育县域教育振兴的步伐，积极开展数理科技高中经验模式的推广，为乡村振兴结对学校输送优质教育服务，共享优质教育资源，进行教育赋能。可喜的是，对口学校中对具有学科特长和深度学习兴趣的拔尖创新人才的培养也取得了突破性进展，这不仅为县域教育发展和学生成长助力，也是对于海亮高级中学数理科技高中建设模式的成功检验，为今后的进一步探索积累了宝贵经验。

而在实践过程中，海亮高级中学也在不断对自身提出更高的建设目标。为此首先需要在顶层设计方面继续下功夫，准确把握本校学生的身心发展特点，进一步分析本校国家课程实施的现实情况，深入思考数理学科校本化课程扎根国家课程的方向和力度。同时，对于教研组建设、教师培养、改进学生综合评价体系等各方面进行改进，实现更有效率的多方联动，以便更加细致、高效、稳定和持续性地推进课程校本化工作。还需要随时关注教育需求和学生兴趣爱好的变化，不断创新和改进课程设计和特色活动的内容和形式，以更好地激发学生学习和参与的热情。

## 二、海亮实验中学

海亮教育已经开始探索旗下学校的分类办学和多元发展，海亮实验中学以其显著人文性的特点，且积极拥抱分类办学变革，致力于打造一所地区一流的人文高中。分类办学有利于学校办学水平的进一步提升，是避免学校混沌发展的重要改革举措，通过差异化的竞争实现办学质量的弯道超车。实现分类办学下的转变，关键还得靠特色课程的设计，特色课程是分类办学实施落地的重要举措。

（一）文化知识与人文素养并重

海亮实验中学以国家课程为基础，基于学校实际和学生学情，探索国家课程校本化实施，并在历史、地理、政治等学科打造了优质的校本化实施案例，旨在提升课程水平，进一步带动其他学科进行校本化探究，帮助学生更好地掌握学科课程知识。

在学科知识传授的同时，学校通过打造诸如阅读、礼仪、演讲等"博雅健行"特色课程，举行心语话红楼、历史学科知识竞赛、话剧表演等人文特色活动，进一步帮助学生开阔视野、提升人文素养、培养思辨能力。文化知识传授与人文素养的提升是学校在分类办学下特色课程建设的出发点和最终归宿。

（二）内涵提升与经验传授并行

通过建设特色人文课程体系，学校的人文内涵得到了提升，在海亮实验中学的校园，随处散发着人文气息，学生的博雅气质越发凸显，在人文类的学科成绩、人文类的学生比赛及组织的人文类活动等方面均有着不俗的表现。不断提升不断总结，在内涵提升和发展的同时，学校也在总结人文特色分类办学和特色课程建设经验，积极向兄弟学校传授，在传授过程中进一步促进自身发展，做到内涵提升与经验传授并行。

## 三、海亮外语中学

（一）优化课程方案，完善课程设置

自全面实施外语特色高中建设以来，海亮外语中学以全新重构的教育哲学为指引，明确了"培育具有家国情怀、理解世界规则、拥有未来视野的国际型社会精英和未来领袖"的育人目标，以对学校既有的课程资源盘点和师资盘点为基础，搭建起以国家标准课程为核心的课程体系，并在此基础上开发以外语为核心的特色课程，按照语言、知识、思维与品格等多个维度进行特色课程设置。学校重视学生语言能力的提升、学科知识的精进、思维能力的锻炼和思想道德的养成，尤其突出批判思维的训练、项目式学习的贯彻以及国际化视野的养成。

（二）制定实施规划，完善评价体系

在全面优化学校课程体系的基础上，海亮外语中学合理制定课程实施规划。针对学生的国际化升学方向，学校一方面注重基础学科和语言教学目标的达成，另一方面则关注学生背景能力与综合素养的提升，助力学生的优质升学。

除此之外,外语中学建立学分认定和管理制度,完善学生综合素养评价制度。目前学校已经响应数字化转型的号召,搭建起了科学高效的 GPA 评价系统和学生德育系统。通过课程评价体系 GPA 系统,结合学生在校表现、出勤、作业、平时测验、期中考试、期末考试,以实现全面、准确评价学生学习成果的目的。与此同时,学校制定了学生综合素质评价实施方案,建立学生综合素质档案,指导学生客观记录成长过程,记录集中反映综合素质主要内容的具体活动。

## 四、海亮艺术中学

### (一)重视美育精神,关注学生全面发展

学校课程建设是为了学生更好地成长与发展,艺术是美育的重要载体,也是健全学生内心的有效方式,学生对学习艺术的需求越来越高,也正在成为必然。海亮艺术中学为了满足学生的发展需求,实现学校的特色化发展,实施分类教学体系,建立艺术高中特色课程体系,做好各学段各学科课程的衔接和整合,为学生的全面发展提供保障。学校追求和谐的多元,包容有差异的美,让不同生命竞相绽放,这既是落实立德树人任务的途径之一,也是发展美育教学的方法之一。在学校实施的分类教学体系中,艺术作为人类文化的重要载体,其独特艺术魅力和社会功能,以及在高考录取中的特殊性,一直被教育部门和广大学子重点关注着。许多高中为了追求升学率,纷纷开设了艺考班。但在我国,对艺考生的培养途径和测评手段尚未形成统一的标准。在现有的课程体系中,艺考生的相关培养多依托于具体的课程来承担,水平参差不齐。文化课与专业课之间的配合也存在不少问题,导致学生在文化课、专业课水平上呈现不均衡、不平衡的情况,最终影响升学。最新的艺考政策改革中,再次加强了对文化课学习的重视。由此出发,学校试图对艺考生在学情、考情等各方面,进行全面而具体的考察,构建更科学、更有效、更符合这类学生群体的更具针对性的课程体系,提升学习效率,让他们的潜力得到最大程度的挖掘,获得真正的发展。

### (二)核心课程引领,教研活动助力

海亮艺术中学以核心课程为引领,以课程评价为导向,积极组织各类教研活动应对高考,努力做到精益求精。首先,除文化科目之外,学校每学期都会组织多次分科艺术教学研讨活动,活动主要针对每个阶段的教学计划和任务进行分配和资源整合,总结经验及不足,为各专业教师指明教学方向。同时,针对下

一阶段的教学进行宏观规划,制定阶段性教学计划。其次,艺术培优辅差活动是教研活动的中心。教研组积极开展培优辅差活动,辅导对象主要集中于低分段与高分段学生,意在提升学生整体专业成绩。同学科教师集思广益,最后达成一致思路,为学生找到最优解决办法。通过这些举措,不仅使艺术教研组的内部资源得到充分发挥,为教师之间的多方面交流创造条件,还有效避免闭门造车的现象。

特色课程是艺术特色学校发展的基石和载体,只有开发出适合学生发展的课程,才能提高学生的核心竞争力;只有构建了特色课程体系,才能实现学校可持续发展的目标。海亮艺术中学不断深化课程改革,通过特色课程体系的构建,以促进学生个性发展为目的,实现文化课与艺术课的协调发展,为其他特色学校的发展提供可借鉴的途径和方法,实现课程的育人价值。

第六章

# 分类办学的总结与不足

对于海亮教育而言,高中分类办学既是国家政策方针的要求,也是海亮教育主动求索的实践,既是对"人皆有才,人人成才,让每个生命出彩"办学理念的落实,又是解决县域内多所大规模普通高中特色化、差异化发展的尝试。这对于海亮教育诸暨区域内的高中而言是意义重大的经验总结提炼,将会在更大范围内发挥宝贵作用。这是身为教育者的责任,也是作为改革者的期待。

## 一、分类办学总结

如果从 2018 年算起,海亮教育践行分类办学理念已经走过了五个年头。在起初申请课题时,海亮教育就试图对此种尝试予以总结凝练,在认真领会《国务院办公厅关于新时代推进普通高中育人方式改革的指导意见》《浙江省普通高中学校实施分类办学促进特色发展的改革试点工作方案》两份文件精神基础上,经过近两年不断的投入和实践摸索,课题研究也逐渐深入。四所高中通过办学理念提炼、特色课程建设、师资队伍培养、教学评价优化、校内外资源充实等一系列实践探索,各校办学特色鲜明,品牌辨识度不断提升,"高远海高""博雅海实""向美海艺""多元海外"享誉全国。课题不仅没有局限于总结凝练,更是推动了各校的特色化发展。

特色化办学在激发了各学校的创新意识的同时,也进一步提升了课程开发能力。各校在国家课程特色化呈现和校本特色课程体系建设上做了有益的探索,开发了众多的精品特色课程和特色活动,形成了完整的特色课程体系,如海实的"博雅健行"课程体系。特色课程的评价也更加多元,更为关注表现性评价、形成性评价和协商式评价等关注综合素养的评价方式,如海亮外语中学的模拟联合国、海亮艺术中学的画展、海亮实验中学的历史剧等。特色课程建设促进了各校的交流与学习,每一次课题组的课例展示活动都是一次碰撞和激发,每一次课题组专家指导都是一次升华与飞跃。特色课程的开发和建设不仅促进了四所高中自身的发展,还在乡村教育振兴事业中发挥了巨大的作用,各地学校根据需求可选择与四所高中最适合的学校进行校级结对,共享特色课程,比如海亮高级中学的数理强基课程通过双师课堂惠及全国 10 余所海亮服务的教育相对薄弱区域的县域高中,海亮实验中学的博雅课程也进入了巫山二中、开化马金中学、青田温溪中学等。相信不久的将来,众多县域会出现独具特色的数理高中、人文高中、艺术高中,为更多的学生提供适合的多元化的教育。

分类办学还促进了海亮生涯课程体系建设。为确保学生能够基于自己的兴趣爱好和个性特长自主选择学校，海亮教育设置生涯规划部，积极开发生涯课程。海亮各初中就已开设生涯规划课，加强对学生理想、心理、学习、生活、生涯规划等方面指导，帮助学生树立正确的理想信念、正确认识自我，以更好地选择适合自己的学校。从高一到高三开设了生涯认知、生涯测评、大学专业或职业调研介绍、志愿选择填报等系列课程，中心有专业的生涯指导老师对各校教师进行生涯培训，推广导师制，学生遇到问题可以找导师、学长以及家长志愿者咨询，学生有充分的时间和空间去认识自己，去唤醒内心那份驱动自己不断前行的力量。

分类办学是育人方式改革的重要举措，它与分层办学相比，最大的区别在于高中的录取不以分数论，学生可以根据自己的兴趣特长选择适合自己的学校，从而受到更专业的教育和更全面的辅导，比如海亮高级中学和海亮实验中学学生在高二选课走班时的选课差异就很好地体现了两校特色，海亮高级中学选择理化的学生占比 80% 以上，而海亮实验中学选择政史地的学生占比 70% 左右，通过分类办学，学生可以更加专注自己擅长的领域、探究自己的潜能，学校可以有针对性地配备更多的资源，学生获得更多的机会和资源，实现自我价值的最大化。学校的特色活动也为学生的全面发展提供了展示的舞台，如海亮外语中学的多语种戏剧节、海亮高级中学的你问我答数理挑战英雄招募令。

充实师资力量是分类办学的另一个重要方面。分类办学需要有足够的专业教师支撑，才能保证教育质量和水平。四所学校为特色课程的建设储备了专业的教师，如海亮高级中学的竞赛教练，海亮外语中学的小语种老师，海亮艺术中学的美术、音乐专业教师。而更为重要的是国家课程校本化实施和特色化呈现，需要投入大量的培训和进修资源对全体教师进行培训，让教师不断提升自己的专业素养和教学技能，为学生提供更好的教育服务。海亮教育先后成立教师发展中心、名师发展学校、命题评价中心、专家委员会等机构对教师培训予以组织支持，建设海纳研习、鸿儒教研等数字化平台予以资源支持，结合外出交流、专家讲座、名校跟岗等多种形式，大幅度提升教师的课程研发能力，建成适应学校特色化发展的师资队伍。

由此可见，在海亮教育践行分类办学战略的过程中，投入了大量的人力、物力与财力资源进行保障，并有针对性地调整组织体系和管理体系。在这一过程中，各校差异化的实践殊途同归，汇聚在一起，凝成了共通的经验。例如在课程建设中关注校本课程体系与国家课程和特色活动的关联，打造起相互联系的教育体系，实现全面育人。

总的来说，分类办学让集团各校走上了内涵质量提升的快车道，海亮教育实力不断提升，学生综合素质水平有了明显的提高。未来，海亮教育还将在已有的篮球、排球、击剑、游泳、射击、射箭、橄榄球、足球等特色课程基础上，打造体育特色高中，为有体育特长和爱好的学生提供高质量教育服务。同时集团会利用数字化转型契机，加强对教师内驱力和学生内驱力系统建设，用数字化手段配合评价机制的改革，通过资源共享平台建设将特色课程惠及更多县域，打造更加多元化的高中教育生态，为学生的未来发展提供更广阔的舞台。

## 二、分类办学的不足与展望

本书对分类办学评价进行了初步的探索，在积累宝贵经验的同时，仍然存在一些不足。首先是特色课程建设需要进一步体系化，须借助外部专家力量，更深入、更全面、更有体系地思考如何协调国家课程、校本课程以及特色活动设计，使得课程作为一个有机结合的整体，促进分类办学目标的实现。其次是师资队伍建设。只有具备优秀的教师和管理者队伍才能将办学的特色支撑和延续下来。如何吸引、聚集人才，并让每一位老师教有所成、教有所乐，是海亮教育需要永恒研究的话题。第三是学生特色实践与成长。当前在具有学校特色的学生实践上做了初步的尝试，但如何让学生学习到的知识和能力"活"起来，为学生的发展开辟更广阔的空间，仍有一段路要走。第四是配套资源建设。为了让学生的个性化成长获得更专业的引领，海亮教育建立了生涯规划中心、留学服务中心等，服务形式、服务内容、服务体验等会不断更新升级，确保满足学生的多样化需求。

未来，海亮教育将持续深耕分类办学模式、特色课程建设、学生特色实践与成长、配套资源服务，同时基于持续增长的学生和家长需求，兴办一所体育特色高中，改变社会各界对体育特长生普遍存在的"成绩差"的刻板印象，进一步丰富办学类别，有效推进五育并举，实现"为国育人，为党育才"的目标！

# 参考文献

## 一、图书

1. 钟启泉.现代课程论(新版)[M].上海:上海教育出版社,2003.

2. 周三多,陈传明,贾良定.管理学——原理与方法[M].上海:复旦大学出版社,2014.

3. 钟启泉,崔允漷,张华.为了中华民族的复兴　为了每位学生的发展　基础教育课程改革纲要(试行)解读[M].上海:华东师范大学出版社,2001.

4. 李其龙,张德伟.普通高中教育发展国际比较研究[M].北京:教育科学出版社,2008.

5. 范俊明.中小学学校课程建设行动与思考[M].武汉:华中科技大学出版社,2021.

6. 陈剑钰.让个性自然发荣滋长:"引发教育"的理论寻源与实践探索[M].上海:华东师范大学出版社,2022.

7. 韩玉奎.普通高中高质量发展——济源一中多样化特色办学的校本实践[M].河南:大象出版社,2022.

8. 胡立德.中小学特色办学顶层设计指南[M].上海:上海社会科学院出版社,2020.

9. 广东省教育研究院,学校特色发展研究课题组.用课程夯实每一所特色学校:广东省中小学优秀课程方案24例[M].广州:广东高等教育出版社,2017.

10. 沈杰.教育公平视角下集团化办学新探索[M].北京:新华出版社,2021.

11. [美]泰勒(Tyler,Ralph W.).课程与教学的基本原理[M].施良方,译.北京:人民教育出版社,1994.

12. 吴鼎福,诸文蔚.教育生态学[M].南京:江苏教育出版社,2000.

13. Feinberg, W., Llibienski, C. School Choice Polices and Outcomes:

Empirical and Philosophical Perspectives［M］. Albany：State University of New York Press，2008.

14. Steve Bradley，Giuseppe Migali. The Effects of the Specialist Schools Education Policy on School and Post-School Outcomes in England［M］. London：Fondazion Giacomo and John Wiley & Sons Ltd,2014.

15. Philip Noden，Ian Schagen. The Specialist Schools Programme：Golden Goose or Conjuring Trick? ［M］. Routledg：Talor & Francis Group,2006.

16. Bryk，A. S.，Gomez，L.M.，Grunow，A.，et al.Learning to Improve：How America's Schools Can Get Better at Getting Better［M］.Cambridge，MA：Harvard Education Press，2015.

17. Terry Page，G. and Thomas，J. B. with Marshall，A. R..International Dictionary of Education［M］. London & New York：Kogan Page/Nichols Publishing,1979.

18. Craig Compbell，Geoffrey Sherington. The Comprehensive Public High School：Historical Perspectives［M］.Palgrave Macmillan.2006.

**二、期刊、学位论文、报纸及科技报告文献**

1. 陶西平.谈高中特色办学［J］.中小学管理,2009(8).

2. 梁云,陈建华.劳伦斯·克雷明教育生态学视域下的学校变革［J］.外国中小学教育,2016(6).

3. 霍华德·加德纳,沈致隆.多元智能理论二十年——在美国教育研究协会上的演讲［J］.人民教育,2003(17).

4. 占德杰.从生态学视角探寻特色普通高中建设的新思路［J］.中国教育学刊,2023(5).

5. 蔡文.普通高中特色建设进程中的教师发展［J］.教师教育研究,2023,35(2).

6. 曾德琪.罗杰斯的人本主义教育思想探索［J］.四川师范大学学报(社会科学版),2003(1).

7. 扈中平."人的全面发展"内涵新析［J］.教育研究,2005(5).

8. 王柠.高中教育到底"姓"什么——关于高中教育性质定位的讨论综述[J].基础教育课程,2013(C1).

9. 陆振权.特色普通高中建设的有效路径探索——以北京外国语大学附属上海闵行田园高级中学为例[J].上海教育科研,2022(8).

10. 刘启迪.关于构建中国特色课程理论的若干思考[J].湖南师范大学教育科学学报,2020(5).

11. 柯珊,刘汝明.中小学课程规划的现状研究——基于HD区学校课程规划文本的分析[J].天津师范大学学报(基础教育版),2019(2).

12. 周文叶,崔允漷,刘丽丽,宋一丹.学校课程规划方案质量的实证研究——基于Z市初中学校课程规划方案的文本分析[J].全球教育展望,2016(9).

13. 范国睿.美英教育生态学研究述评[J].华东师范大学学报(教育科学版),1995(2).

14. 戚湧,欧玲燕.我国高等教育发展质量评价指标体系研究[J].教育现代化,2020,7(46).

15. 刘绿芹.学习效果的协商式评价:内涵、价值及实施路径[J].中国考试,2022(6).

16. 李曾辉.浅谈高职院校公共艺术课程评价模式的构建[J].黄河之声,2016(5).

17. 康根东.浅析高等艺术院校艺术类课程评价标准[J].当代教育实践与教学研究,2016(10).

18. 梁文君.艺术教育本质视角下的艺术教育评价[J].美术教育研究,2021(3).

19. 陈烨君,章正言,杨艳.外语特色学生社团支持学校课程群建设的探索——以模拟联合国社团为例[J].教育参考,2019(3).

20. 陈媛媛.基于核心素养发展的外语类学校特色建设探究——以广州某校为例[J].教育现代化,2017,4(9).

21. 李洪奇.试论创办外国语特色学校需处理好的几对关系——以广州市越秀外国语学校为例[J].教育导刊,2014(12).

22. 王彩琴.试论外语特色教育的教学模式[J].山西师大学报(社会科学

版),2012,39(3).

23. 赵善源.创建外语特色学校　促进学校全面发展[J].教育导刊,2007
(10).

24. 王增昌.创外语特色　建精品名校——广东宏远外国语学校办学纪实
[J].中国教育学刊,2003(9).

25. 高金岭.学校特色发展战略研究——广西师范大学附属外国语学校个
案分析[J].基础教育研究,2002(C2).

26. 邓晓芳.开展一条龙服务,提高西部外语教学质量——大学与中学联合
创办外语特色学校的探索[J].四川外语学院学报,2002(1).

27. 屠吉祥.外国语学校要办出特色[J].中小学管理,2000(12).

28. 杨李生.体艺教育结硕果　特色办学显成效——大井中学体艺特色教
育简介[J].中学政治教学参考,2021(23).

29. 严济良.建设博雅课程体系　引领学校高品质发展[J].江苏教育,2018
(58).

30. 广东广雅中学.培广博之才　育雅正之人——广雅中学博雅课程的构
建与实施[J].教育导刊,2013(11).

31. 罗萍.聚焦"双新"开创区域高质量教研新格局——以大连市普通高中
新课程新教材国家级示范区建设为例[J].辽宁教育,2023(12).

32. 陈志恩.新课程新教材背景下高中数学校本课程建设研究[J].教师,
2023(15).

33. 黎聚才,陈鹏磊,张霞.普通高中精品选修课程建设探析[J].教学月刊·
中学版(教学管理),2023(5).

34. 黎晓曦,刘斌,黄钟燕.线上课程建设在高中英语教学中的应用[J].广西
教育,2023(11).

35. 杨峰.新课程理念助力高中化学教学课程建设的路径[J].中学课程辅
导,2023(11).

36. 黎聚才,陈鹏磊.普通高中精品选修课程的建设与发展趋向[J].教学与
管理,2023(10).

37. 孙振云,蔡旭静.新高考背景下高中生物学校本课程建设分析[J].中国
教师,2023(3).

38. 张宁善.关于高中数学课程建设的教学研究与思考[J].数学教学通讯,2023(3).

39. 张盛涛.新高考背景下加强高中物理课程建设的若干思考[J].新课程研究,2023(3).

40. 刘琳琳.高中通用技术课程思政建设教学研究[J].中学课程资源,2023,19(1).

41. 陈国祥.课程建设:高品质示范高中学科发展中心建设的核心要素[J].江苏教育研究,2023(2).

42. 梁正,汤希雁.高中学校课程领导力建设的行动策略研究[J].基础教育研究,2023(2).

43. 吴万春,钱卫东.适应城市发展需求的普通高中特色课程体系建设探索[J].福建教育,2022(50).

44. 张鹏举.县域普通高中校本课程建设的困境及出路[J].教学月刊·中学版(教学管理),2022(12).

45. 陈忞,寇志荣,彭怡.普通高中课程多样化建设探索——基于工业遗存改造的本土化思考[J].教育发展研究,2022,42(22).

46. 王爱利.高中特色劳动教育课程建设路径研究[J].教师,2022(32).

47. 李凯,闫月.普通高中特色课程建设的区域推进机制[J].福建教育,2022(46).

48. 梁康梅,陈旭升.高中政治主题活动型课程建设存在的问题与优化策略[J].求知导刊,2022(29).

49. 姜丽莉,李正福.以课程建设推动高中多样化特色发展:基本逻辑与操作策略[J].福建教育,2022(41).

50. 黄晓玲.普通高中多样化特色发展背景下的特色课程建设[J].福建教育,2022(41).

51. 李欣荣."江流宛转绕芳甸"——江苏无锡高中语文课程建设撷拾[J].教育研究与评论,2022(8).

52. 周健.高中语文"研创式大任务"课程建设谈片[J].教育研究与评论,2022(8).

53. 张英.高中音乐美育课程体系建设的可实施策略[J].教学管理与教育研

究,2022(15).

54. 徐霞,陈亚."学科＋":普通高中劳动教育课程建设的新路向——以江苏省江阴高级中学为例[J].中小学德育,2022(8).

55. 张廷宽.以特色校本课程建设撬动高中育人方式变革[J].中小学管理,2022(8).

56. 吕文文.浅析新课程标准下高中音乐特色课程建设[J].中国民族博览,2022(12).

57. 叶传平,鲁先法.区域高质量实施普通高中新课程新教材的实践与思考——以合肥市普通高中国家级示范区建设为例[J].教育文汇,2022(6).

58. 武秀霞.多样、特色与高品质教育——关于普通高中特色发展若干问题的反思[J].教育科学研究,2019(12).

59. 周彬.指向学生个性成长的高中教育转型——基于上海与浙江高考改革试点的实践研究[J].中国教育学刊,2017(4).

60. 张朝晖."尚理"引领的工程素养培育特色高中建设探索[J].上海教育科研,2020(11).

61. 徐士强.普通高中特色办学的育人要义及实践策略[J].上海教育科研,2017(9).

62. 吴景松.当前普通高中特色发展的制度困境与重构[J].教育理论与实践,2015,35(25).

63. 孔凡琴,鲍传友.英国"特色学校"探析[J].外国教育研究,2016,43(12).

64. 洪松舟.基于增值分析的英国特色学校绩效审视[J].外国中小学教育,2014(11).

65. 林莉.英国的公立中学特色化计划[J].浙江教育科学,2010(2).

66. 杨光富.国外普通高中教育多样化特色比较[J].外国中小学教育,2014(3).

67. 时晨晨.循证学校改进:美国学校改进新阶段[J].比较教育研究,2022,44(2).

68. 李天鹰,杨锐.美国普通高中多样化发展的经验与启示[J].东北师大学报(哲学社会科学版),2019(3).

69. 徐兆兰,陆洋.美国普通高中的课程设置及其启示——以美国华盛顿州为例[J].基础教育课程,2018(3).

70. 杨明全.美国高中课程多样化个案研究——以托马斯·杰弗逊科技高中为例[J].教育学报,2013,9(2).

71. 杨士军.对加州高中课程的设置与实施的认识——以亚凯迪亚高中为例[J].改革与开放,2012(6).

72. 陈易文,冯帮,周艳华.从美国高中教育制度看我国中学教育改革[J].教学与管理,2014(28).

73. 李景春.生态位理论视域中的教育生态系统及其发展[J].教育科学,2006(3).

74. 张旭东.普通高中多样化有特色发展的路径探析[J].现代教育科学,2020(A1).

75. 周菁菁.协同与贯通:日本高中与大学教育衔接政策研究[D].武汉:华中师范大学,2020.

76. 邹馨.民办外语特色学校英语教师参与校本课程开发的问题及对策研究[D].成都:四川师范大学,2018.

77. 蔡星.论外语特色学校的建设[D].长沙:湖南师范大学,2004.

78. 顾霁昀.普通高中特色发展路径研究[D].上海:华东师范大学,2022.

79. 罗瑜.我国普通高中多样化发展研究[D].上海:华东师范大学,2020.

80. 张鹏.打响"特色"牌,为学生铺设适合发展之路[N].文汇报,2022-07-07(06).

81. Schagen, S., Davies, D., Rudd, P. & Schagen, I. The impact of specialist and faith schools on performance[R]. Slough:NFER,2002.

82. AJenkins R. Levacic. Evaluating the effectiveness of specialist schools in England[J].Cee Discus-sion Papers,2006(3).

83. Perla, R. J., Provost, L. P., Parry, G. J.Seven propositions of the science of improvement:exploring foundations[J]. Quality Management in Healthcare,2013,22 (3).

84. Specialist schools:A briefing paper for section 5 inspections[J].Office f or Standards in Education. 2008(11).

85. Steve Bradley,Giuseppe Migali. The Effects of the Specialist Schools

Education Policy on School and Post-School Outcomes in England[J]. Labour，2014(4).

86. Sotiria Grek，Martin Lawn，Jenny Ozga，Marina Shapira，Annie Weir. School Self-Evaluation in Scotland ［R］. Scotland：National Report，2010：2 - 10.

**图书在版编目（CIP）数据**

分类办学：为区域普通高中"千校一面"破局 / 彭蕾主编. — 上海：上海教育出版社，2023.10
ISBN 978-7-5720-2189-3

Ⅰ.①分… Ⅱ.①彭… Ⅲ.①高中－学校管理－上海－文集 Ⅳ.①G637-53

中国国家版本馆CIP数据核字(2023)第167895号

责任编辑　隋淑光
封面设计　陆　弦

**分类办学：为区域普通高中"千校一面"破局**
彭　蕾　主编

出版发行　上海教育出版社有限公司
官　　网　www.seph.com.cn
地　　址　上海市闵行区号景路159弄C座
邮　　编　201101
印　　刷　上海普顺印刷包装有限公司
开　　本　700×1000　1/16　印张 14.5　插页 1
字　　数　236 千字
版　　次　2023年10月第1版
印　　次　2023年10月第1次印刷
书　　号　ISBN 978-7-5720-2189-3/G·1952
定　　价　68.00 元

如发现质量问题，读者可向本社调换　电话：021-64373213